깜놀 히브리어·1

이요엘 지음

재미있게 배우는
그림 연상 히브리어

깜놀 히브리어•1

지은이 | 이요엘

초판 발행 | 2020년 7월 15일
3쇄 발행 | 2023년 9월 15일
등록번호 | 제1988-000080호
등록된 곳 | 서울특별시 용산구 서빙고로65길 38 두란노빌딩
발행처 | 사단법인 두란노서원
영업부 | 2078-3352 FAX 080-749-3705
출판부 | 2078-3331

책 값은 뒤표지에 있습니다.
ISBN 978-89-531-3791-2 04230

편집부에서 독자의 의견을 기다립니다.
tpress@duranno.com   http://www.Duranno.com

두란노서원은 바울 사도가 3차 전도여행 때 에베소에서 성령 받은 제자들을 따로 세워 하나님의 말씀으로 양육하던 장소입니다. 사도행전 19장 8~20절의 정신에 따라 첫째 목회자를 돕는 사역과 평신도를 훈련시키는 사역, 둘째 세계선교(TIM)와 문서선교 (단행본·잡지) 사역, 셋째 예수문화 및 경배와 찬양 사역, 그리고 가정·상담 사역 등을 감당하고 있습니다. 1980년 12월 22일에 창립된 두란노서원은 주님 오실 때까지 이 사역들을 계속할 것입니다.

　　이요엘 교수님이 쓰신《깜놀 히브리어》를 보고 한 마디로 "깜놀"이었습니다. '히브리어 깜놀 카드'는 더욱 더 "깜놀"했습니다. 선뜻 다가가기 힘든 성경 히브리 단어를 그림과 재미있고 친근한 내용의 연상법을 사용하여 대중과 호흡할 수 있도록 하였습니다. 교수님 특유의 독창적인 아이디어와 그래픽 솜씨가 돋보이는 걸작품에 아낌없는 찬사를 보냅니다.

권성달 박사 (웨스트민스터 신학대학원 구약학 교수/ The Hebrew University of Jerusalem, Israel/ Ph.D. in the Biblical Studies and Hebrew Language)

　　이요엘 교수님의《깜놀 히브리어》추천서를 쓰게 되어 기쁘게 생각합니다. 이 교수님은 미국의 유수한 신학 대학원에서 수학하시고 예루살렘 히브리대학교에서 3년간 히브리어를 배우신 신학과 언어에 능통한 분입니다. 또한, 한동대학교에서 히브리어와 성경배경학을 아주 재미있게 가르치기로 소문이 난 분입니다. 히브리어는 알파벳이 독특하고 창의적이기 때문에 배우기가 쉽지 않습니다. 더구나 현대인들은 글보다는 그림이나 영상에 익숙하기에 모음 없는 히브리어를 익히기가 여간 힘든 게 아닙니다.

　　이요엘 교수님은 이 점을 감안하여 히브리어를 외우기 쉽도록 그림 카드를 만들어 글자가 형상화되도록 하는 작업을 시도하였습니다. 때론 노래를 이용하여 언어를 배우는 것이 지루하지 않고 게임처럼 친근하게 접근하도록 배려했습니다. 이 교수님은 히브리어 강의를 할 때 본인이 직접 기타를 들고 히브리인 의상도 입고 노래하며, 말과 글을 배우는 것을 하나의 놀이처럼 가르칩니다. 이런 창의성과 도전 정신이 이 책에도 고스란히 담겨 있습니다. 모쪼록, 이 책을 통해 우리를 향하신 하나님의 메시지가 더욱 실제적으로 전달되길 바랍니다.

서병선 박사 (한국창조과학회 부회장, 한동대 명예교수/ 이스라엘 Weizmann Institute of Science in Israel/ Pㄱ.D.)

　　깜짝이야! 참 재미있는 히브리어 공부 교재입니다. 너무 쉽고 재미있어서 저도 열심히 읽으며 파안대소하고 있습니다. 이요엘 교수님의《깜놀 히브리어》, 정말 강추합니다!

조성욱 박사 (목동 평광교회 담임목사/ The Hebrew University of Jerusalem, Israel/ Ph.D. in the Biblical Studies)

CONTENTS

#	히브리어	뜻
1	אֲנִי	나는/I, I am
2	אַתָּה	너는/you
3	אַתְּ	너는/you
4	הוּא	그는/he
5	הִיא	그녀는/she
6	אֲנַחְנוּ	우리/we
7	אַתֶּם	너희는/you(m, pl.)
8	אַתֶּן	너희는/you(f, pl.)
9	הֵם	그들은/they
10	הֵן	그들은/they
11	בֵּן	아들/son
12	בַּת	딸/daughter
13	אִישׁ	남편, 남자/man, husband
13	אִישָׁה	아내, 여자/woman, wife
14	אֱלֹהִים	하나님/God
15	רוּחַ	성령, 바람/Spirit, wind
16	בָּרָא	창조하다/he created
17	שָׁמַיִם	하늘/heaven
18	אֶרֶץ	땅/earth, land
19	הַ	정관사 그/the
20	אֵם	엄마/mom
20	אָב	아빠/dad
21	בֹּקֶר טוֹב	좋은 아침/good morning
22	בַּיִת	집/house
23	לֶחֶם	빵/bread
24	יוֹם	날, 낮/day, daytime
25	לַיְלָה	밤/night
26	אֲדָמָה	땅, 흙/land, soil
27	גַּן	정원/garden
28	עֵץ	나무/tree
29	עָפָר	먼지, 띠끌/dust
30	חֹשֶׁךְ	어둠, 흑암/darkness
31	אוֹר	빛/light
32	פְּרִי	열매/fruit
33	מַיִם	물/water
34	מֶלֶךְ	왕/king
35	יָם	바다, 호수/sea, lake
36	טוֹב	좋은/good
37	גָּדוֹל	큰, 위대한/big, great
38	קָטֹן	작은/small
39	יָפֶה	예쁜/beautiful, pretty
40	זָקֵן	늙은, 늙은이/old
41	שֵׁם	이름/name
42	נֶפֶשׁ	영혼, 목숨/soul
43	הַר	산/mountain
44	סֵפֶר	책/book
45	עֶבֶד	종/servant
46	נָבִיא	선지자/prophet
47	כֹּהֵן	제사장/priest
48	עִיר	도시/city
49	כֹּל	모든/all
49	קוֹל	소리/voice
50	עִם	함께/together
51	אָמַר	말하다/to speak
52	הָלַךְ	가다, 걷다/to walk
53	זָכַר	기억하다/to remember
54	דָּבָר	말씀/word, thing
55	כֵּן	맞다/yes
56	לֹא	아니다/no, not
57	נָתַן	주다/to give
58	לֵב	마음/heart
59	צַדִּיק	의로운, 의인/righteous [one]
60	הֵיכָל	궁전/palace
61	עַם	백성/people
62	זֶה	이것/this (m남/s단)
63	זֹאת	이것/this(f여/s단)
64	אֵלֶּה	이것들/these (pl.)
65	שָׁם	그곳/there
66	גַּם	또한/also
67	רָם	높은/high
68	רַב	많은/many, much
69	רָעָה	나쁜/bad
70	חֶרֶב	칼/sword
71	אָכַל	먹다/to eat
72	קָרָא	부르다, 부르짖다/call, cry, shout
73	בָּא	오다/to come
74	עָשָׂה	만들다/to make
75	יָשַׁב	앉다/to sit down, dwell
76	הָיָה	되다/was, to be
77	שָׁמַר	지키다/to keep
78	דָּג	생선/fish
79	בָּנָה	세우다/to build
80	מָצָא	발견하다/to find
81	כָּבוֹד	영광, 무거움/glory, heaviness
82	רֹאשׁ	머리/head
83	חָכְמָה	지혜/wise
84	חָכָם	지혜자/the wise
85	לִפְנֵי	앞에서/before
86	מִן	~로부터/from
87	עַל	~위에/upon
88	שֻׁלְחָן	상, 책상/table
89	עַד	~까지/until
90	פֹּה	여기/here is
91	יַיִן	와인(포도주)/wine
92	יָלַד	낳다/to bear
93	יֶלֶד	소년, 아이/boy
94	חָזַק	강하게 하다/to strengthen
95	נָחָשׁ	뱀/snake
96	נָשִׁים	여자들/women
97	אֲנָשִׁים	남자들, 사람들/men, people
98	אָבוֹת	아버지들, 조상/fathers
99	אַחִים	형제들/brothers
100	יָצָא	나가다/he went out
101	שָׁלַח	보내다/to send
102	שׁוּב	돌아오다/to return
103	דְּבַשׁ	꿀/honey
104	חָלָב	우유/milk
105	יֵשׁ	있다/there is
106	אֵין	없다/there is no
107	דֶּרֶךְ	길/road
108	כֶּסֶף	돈, 은/money, silver
109	חָדָשׁ	새로운/new
110	יָמִין	오른쪽/right side
111	לָמָה	왜, 어찌하여/why
112	מָה	무엇/what
113	מִי	누구/who
114	אַל	아니다/no, not
115	בַּעַל	남편, 바알/husband, Baal
116	עַיִן	눈/eye
117	פֶּה	입/mouth
118	יָד	손/hand
119	אַהֲבָה	사랑/love
120	יָדַע	알다/to know
121	שָׁנָה	해, 년/year
122	כָּתַב	쓰다/to write
123	גִּבּוֹר	용사/warrior

124	חֶסֶד	인자, 자비/kindness
125	נַחַל	강, 시내/ River, stream
126	בָּטַח	믿다/trust
127	דּוֹר	세대, 시대/ generation, era
128	כְּמוֹ	~ 같은/as like
129	בָּשָׂר	고기, 육체/flesh, meat
130	קָטַל	죽이다/to kill
131	שָׁמַע	듣다/to hear
132	יָשַׁע	구원하다/to save, to rescue
133	עָזַב	떠나다/to leave
134	מִצְרַיִם	이집트/Egypt
135	נָשָׂא	들어올리다/ lift up
136	קוּם	일어나다/ to arise, stand up
137	לָקַח	가지다, 취하다/ to take, grasp
138	אֶתְמוֹל	어제/yesterday
139	גֶּשֶׁם	비/rain
140	אֱמֶת	진리/truth
141	מוּת	죽다/to die
142	פָּחַד	두려워하다/to scary
143	אֵשׁ	불/fire
144	עָלָה	올라가다/ to go up
145	תּוֹרָה	율법, 모세오경/ law, Pentateuch
146	אֲשֶׁר	관계 대명사
147	אָדוֹן	주인, 주/master, lord
148	עָמַד	일어서다/to stand up
149	רָאָה	보다/to see
150	פָּקַד	방문하다, 돌보다/to visit, to attend to
151	חָטָא	죄를 짓다/ sin, commit a mistake
152	עָבַר	건너다/pass through
153	מִשְׁפָּחָה	가족/family
154	עוֹלָם	세상/world
155	דָּם	피/blood
156	בְּרִית	언약/covenant
157	גָּרַשׁ	쫓아내다/drive out
158	עָבַד	일하다/to work
159	אָבַד	망하다/ to perish
160	יָרֵא	두려워하다/ to fear
161	כָּנָף	날개/ wing
162	מָגֵן	방패/ shield
163	יָשָׁר	정직/ upright
164	חֲלוֹם	꿈/dream
165	יָבֵשׁ	마른/dry up
166	פַּר	수소/ young bull
167	בָּקַשׁ	구하다, 찾다/to seek
168	זֶרַע	씨, 자손/ Seed, descendant
169	חֹק	규칙, 규례/ regulation
170	חֲצִי	절반/half
171	חָפֵץ	기뻐하다/to delight in
172	כְּלִי	그릇, 성전 기물/vessel
173	נָפַל	떨어지다/fall
174	אֹהֶל	장막/tent
175	מֵאָה	백 100/ hundred
176	אֶלֶף	천 1,000/ thousand
177	נָכָה	치다, 강타하다/ strike, smite
178	צוּר	바위/ rock
179	כָּבֵד	무거운/ heavy, severe
180	מַחֲנֶה	텐트, 야영/ Encampment
181	אֹיֵב	원수/ enemy
182	מַצָּה	무교병/ unleavened bread
183	מַעַל	꼭대기/ on the top of, above
184	עֶצֶם	뼈/ bone
185	מַתָּנָה	선물/ gift
186	דָּרַשׁ	구하다/ seek
187	כּוֹכָב	별/ star
188	מְדַבֵּר	말씀/word
189	מִדְבָּר	광야/wilderness
190	בָּמוֹת	산당/high place
191	זָהָב	황금/gold
192	חוֹמָה	성벽/wall
193	אוֹת	표, 사인/sign
194	מִנְחָה	소제/grain offering
195	שִׁיר	노래/song
196	מִזְמוֹר	시/poem
197	צָעַק	울부짖다/cry out
198	אָרוֹן	방주/ark
199	שָׂרַף	불지르다/he burned
200	אֳנִיָּה	배/boat
201	חֹדֶשׁ	월 month
202	שׁוֹפָר	뿔 나팔/a horn
203	פֶּרַח	꽃/flower
204	מָקוֹם	장소/place
205	פָּנִים	얼굴/face
206	בְּהֵמָה	짐승/ beast
207	זֶבַח	제물/a sacrifice
208	לְמַעַן	~하기 위하여/in order to
209	כֶּבֶשׂ	양/a lamb
210	בֶּגֶד	옷/a cloth
211	עָזַר	도움, 보호/he protected, helped
212	אָחִי	내 형제/my brother
213	בְּרָכָה	축복/blessing
214	רָשָׁע	사악한/wicked
215	אֶבֶן	돌/stone
216	סוּס	말/horse

①

한글 소리로 적은 히브리어 발음이 원음과 차이가 있을 수 있습니다. 영어 표기를 참고하면 비교적 원음에 가깝게 발음됩니다.

②

각 과마다 원문 해석은 직역을 했습니다. 문맥이 매끄럽지 못하지만, 이는 초보자를 위한 학습을 원활하게 하기 위함입니다.

③

이 책에는 알파벳 카드(22개), 모음 카드(5개), 인명•지명 카드(23개), 단어 카드(216개), 기타 카드(4개)를 실었습니다. 1-5과까지는 알파벳과 모음 카드, 인명•지명 카드를 통해 공부합니다. 6과부터는 단어 카드를 10개 또는 20개씩 공부하는데, 21과까지 216개의 단어를 학습하게 됩니다. 각 과의 시작마다 암기할 단어 카드 번호(유튜브도 같이 시청)를 QR과 함께 써두었습니다. 그 카드 번호를 카드에서 찾아 단어를 익히세요(왕관 모양의 카드 번호).

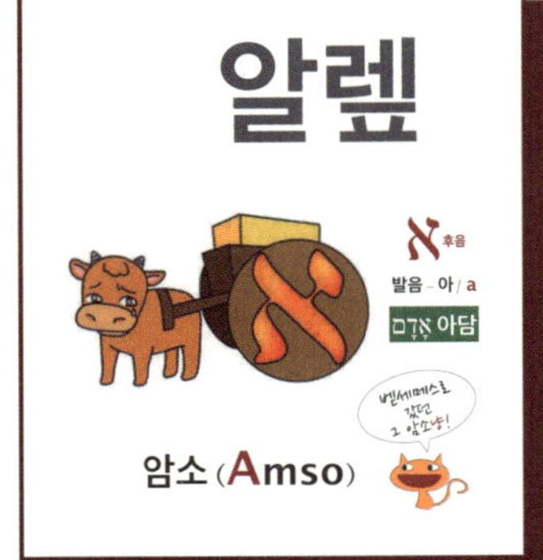

알파벳 카드/ 모음 카드

알파벳을 쉽게 외우도록 그림 연상법을 사용했습니다.

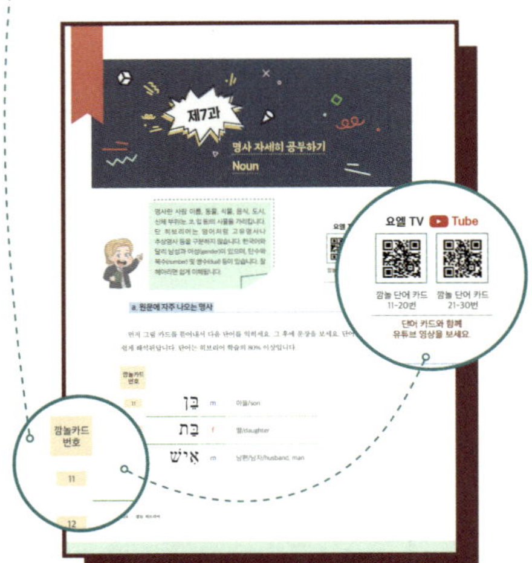

⑥

단어 카드는 절취해서 10개씩 묶어서 학습하세요. 400개의 단어를 알면 성경 원문의 90%를 알 수가 있습니다.

* 1권에서 200여 개의 단어를 다룹니다.

⑦

《깜놀 히브리어》 2권(근간 예정)에서는 1권에서 학습하지 않은 모든 단어를 종합해서, 원문 중심으로 설명할 것입니다. 400개의 단어 및 기본 문법을 학습한 후에 원문을 익히는 방법을 2권에서 제시합니다.

④

알파벳 카드와 단어 카드의 앞면에는 그림 설명이, 뒷면엔 단어만 있습니다. 유튜브로 익힌 후에, 뒷면 단어로 뜻을 유추하세요. 단어마다 품사가 있으니 자연스레 익혀가시길 바랍니다. 그림과 단어를 번갈아 가면서 완벽하게 익히세요. 그후 문장에서 해석을 적용하세요.

⑤

각 과의 큐알 코드를 찍으면 저자의 유튜브(요엘TV)에 접속됩니다. 단어와 히브리 노래를 유튜브로 배우세요.

첫과부터 21과까지 각각 저자의 15분간 유튜브 강의도 곧 시작됩니다.

단어 카드

각 단어 카드 왼쪽에는 품사가 있고. 오른쪽에는 카드 번호가 있습니다. 히브리 단어 아래에는 그림 연상법을 사용해 쉽게 외울 수 있도록 했습니다.

인명·지명 카드

인명·지명 카드 왼쪽 상단의 숫자는 알파벳 순서입니다. 히브리 단어들은 음절로 구성됩니다. 단어 색깔과 영어 표기음을 교차하면서 쉽게 익히세요.

⑧

히브리어를 아시는 분은 단어 카드를 먼저 공부해도 좋습니다. 초보자는 1과 문법의 알파벳과 모음부터 학습하면서, 카드와 병행하여 공부하세요.

⑨

깜놀 카드에 단어가 있으나 본문에 사용하지 않은 단어들은, 2권에서 다룰 예정입니다.

⑩

이 책은 복잡한 설명을 단순화시켰습니다. 좀더 완벽한 학습을 원하는 분은 영미 계통의 문법책을 참고하세요.

저는 히브리어에서 2회나 낙제를 받았었습니다. 괴이한 형체로 보이는 알파벳이 눈에 들어오지 않았을뿐더러, 읽히지도 않았습니다. 한마디로 히브리어 포기자였습니다. 절망적인 점수를 받게 된 날, 하늘이 무너지는 것 같았습니다. 문법책을 들고 방에 들어가 하나님께 기도했습니다. 너무 많은 눈물이 쏟아졌습니다. 하나님이 불쌍히 보셨는지, 간절한 기도가 끝이 났을 때 제 마음에 조용한 울림이 있었습니다.

"단어를 먼저 외우고 문장을 보아라…."

순간 안개와 같은 것이 사라지면서 마음이 개운해졌습니다. 곧 책을 펴서 단어를 암기하기 시작했습니다. 힘겨웠지만 반복해서 외웠습니다. 그러고는 연습 문제를 풀어 보았습니다. 그러자 어렵지 않게 해석되었습니다. 다음 과도 그렇게 해보았습니다. 문장은 결국 단어+단어의 연장이라는 것을 알게 됐습니다. 그렇게 하여 홀로 문법책 2권을 독파했습니다. 그후 학교에서 히브리어를 가장 잘하는 학생이 되었습니다. 계획에 없던 구약을 전공하게 되었고, 예루살렘에 가서 3년이나 히브리어를 배웠으며, 히브리어를 가르치는 교수까지 되었습니다. 제가 이렇게 되리라고는 상상도 못했습니다. 게다가 이런 책까지 쓰게 됐습니다.

하지만 히브리어 교재들을 보면 여전히 얼음처럼 차갑게 느껴집니다. 제가 히브리어를 실패해 보았기에, 약점이 어디에 숨어 있는지 잘 압니다. 독자에게 맞춰진 교재가 필요하다는 것을 절감했습니다. 이 책은 구약학자들이 보면 우습다고 할 교재입니다. 그래도 괜찮습니다. 제가 시달렸던 문법 고문에서 여러분도 벗어나게 해 드리고 싶습니다. 이 책은 장황하고 꼼꼼하게 문법을 설명하고 있지 않습니다. 그것을 풀어 놓기 시작하면, 홍수에 떠내려 갈 판이니까요. 중학생들은 보통 1,500개의 영어 단어를 외웁니다. 히브리어는 고작 400개만 외우면 됩니다. 이 책은 두 권(1, 2)으로 나눠져 있는데, 각 권에 200여 개의 단어들이 그림으로 수록되어 있습니다.

제목부터 웃긴 《깜놀 히브리어》, 누구라도 성경 원문에 도전할 수 있도록 쉽게 만든 책입니다.

히브리어에 고문 당하셨나요? 괴롭기까지 한 히브리 문법에 저처럼 혹사당하셨나요? 늦은 나이에 원문에 도전하고 싶은가요? 빙고…! 이 책에 답이 있습니다. 어려움을 주는 히브리어가 아닌, 용기와 감동을 주는 히브리어가 되어야 합니다. "성경을 히브리어 보면 맑은 샘물을 마시는 것과 같고, 헬라어로 보면 우물물을 마시는 것과 같으며, 라틴어로 보면 시냇물을 마시는 것과 같다"는 말이 있습니다.

그런데 이 복된 히브리어가 왜 이리 어려운 걸까요? 첫째, 재미가 없기 때문입니다. 둘째, 문법이 까다롭습니다. 셋째, 학습자의 열정이 식어 가기 때문입니다. 그림 연상법은 시각적 촉매로 독자의 기억에 불을 질러 학습 능력을 상승시켜 줍니다. 언어의 왕도가 단어 암기에 있기 때문입니다.《깜놀 히브리어》1권에서는 베이직을, 2권에서는 원문을 다루는 방식을 소개합니다.

이 책은 아릴락[ARILAC, 한동대학교 통번역대학원/응용번역학과]에 유학을 온, 성경 번역 석사 후보생들을 가르치다가 시작됐습니다. 학생들이 단어 암기에 힘겨워하는 걸 보면서 이 아이디어가 떠올랐습니다. 그림은 히브리어 수강생 김하은 양(한동대 시각디자인 & 제품디자인 전공)이 그려 주었고, 알파벳은 한동대 박주언 군의 아이디어입니다. 그림을 받아 히브리어를 배열하고, 카드로 만들고 문법을 덧대는 작업이 이어졌습니다. 이 책을 예술적으로 만들어 주신 두란노의 편집부 지체들에게 아낌없는 박수를 보냅니다. 부디 행복한 학습 여행이 되길 기원합니다.

"단어를 먼저 외우고 문장을 보아라…."

2020년 7월

이요엘

400단어로 도전하세요!

구약은 419,687의 단어로 이뤄졌습니다. 이는 8,679개 단어에서 온 것들입니다. 이 단어들은 641개의 원형에서 출현했습니다(http://biblicalhebrewmadeeasy.weebly.com). 600개의 단어를 알면 원문 해석을 할 수 있다는 말입니다. 400단어 정도면 히브리어 본문의 90%까지 이해할 수 있다고 하는데, 틀린 말이 아닙니다. 400개의 단어들이 지속적으로 등장하여 약간의 변형을 거친 후, 동사, 명사, 형용사로 변하기 때문입니다.

이 예증은 총신대 대학원의 박철현 교수님께서 본인의 책에서 샘플링 하신 자료를 재구성한 것입니다.

위의 창세기 15장의 원문을 보세요! 400개의 단어를 깨우치면, 파란색 마크를 제외하고, 녹색 원문의 단어를 해석할 수 있습니다. 400개 단어로 원문을 볼 수 있다니…, 정말 놀랍지 않습니까? 이 일이 가능할까요? 그렇습니다. 되는 것입니다.

문제는 히브리어가 안 외워지고, 금세 뇌리에서 증발한다는 사실입니다. 제가 대학생들을 가르쳐 보니, 히브리 단어를 외우는 데 어려움을 느낀다는 걸 알게 됐습니다. 그림으로 연상하고 집중화하여 암기하면 잔상이 오래 남게 됩니다. 그림을 보고, 문장 해석으로 연결되면 그 단어를 알게 됩니다. 잘 안 외워지는 단어는 재복습을 통하여 거리를 좁히고 집중 공략하면 됩니다.

단어를 오래 남게 하려고 최초로 그림 암송법을 개발했습니다. 이를 문장으로 재학습하면, 기초가 탄탄해집니다. 놀라운 것이 또 하나 있습니다. 이미 신구약 66권의 원문이 단어마다 분석되어 누구나 볼 수 있게 된 점입니다. 인터넷을 검색하면 원문을 무료로(www.biblehub.com) 볼 수 있습니다. 저도 수시로 보고 있습니다. 복잡하고 난해한 문법 책을 익히는 불필요한 고통보단 혁신적인 방식을 택해 점령군이 되는 것이 시대적 요청이 아닐까 합니다.

왜! 히브리어를 공부해야 할까요?

히브리어는 오늘날도 요긴하게 사용합니다. 현대 히브리어의 80%는 성경 히브리 단어에서 가져온 것들입니다. 성경 히브리어를 잘하면 현대 히브리어도 잘할 수 있습니다.

예일대 로고에는 "우림과 둠밈"이 적혀 있습니다. אוּרִים(우림)과 וְתֻמִּים(and 투밈)은 제사장의 흉패에 넣는 2개의 보석이죠(레 8:8). 우림과 툼밈은 오르(אוֹר)와 탐(תָּם)의 복수형입니다. 즉 "빛들과 Lights 완전함들 Perfections"이란 뜻입니다. 완전함을 진리로 번역해서 라틴어로는 "빛과 진리 LUX ET VERITAS" 라고 아래에 덧댔습니다. 펼친 성경도 보이고 방패도 보입니다. 즉 말씀으로 빛과 진리를 비추고, 악과 싸운다는 뜻입니다.

브렌다이즈 대학에는 אֱמֶת(에메트)가 있습니다. "진리"라는 뜻입니다. 요나의 아버지 아밋대(אֲמִתַּי 아미타이)가 여기서 유래했습니다. 아밋대는 "나의 진리 my truth"입니다.

히브리대의 로고에는 הָאוּנִיבֶרְסִיטָה 하 우니베르시타(the university) הָעִבְרִת 하 이브릿트(the Hebrew) 라고 써 있습니다. University를 소리나는 대로 만든 히브리 단어입니다.

히브리어로 컴퓨터를 מַחְשֵׁב 마흐쉐브 라고 합니다. 이는 "생각하다"의 חָשַׁב 하솨브에서 왔습니다. 전기 electricity는 에스겔서 1:4의 חַשְׁמַל(하슈말) 빛나는 물체 (shining substance)에서 가져왔습니다. 코넬 Cornel University 을 קוֹרְנֶל Cornel로 썼는데, 이는 소리나는 음입니다.

이 책은 성경 원문을 해석하기 위해 준비한 책입니다. 따라서 현대 히브리어를 통해서도 학습할 수 있도록 했습니다. 각 과마다 노래를 넣은 것은 이 때문입니다. 노래와 회화(2권, 근간)는 히브리 학습에 큰 진전을 가져옵니다.

"야곱은 조용한 사람이었으므로 장막에 거주하니…"(창 25:27).

וַיַּעֲקֹב אִישׁ תָּם

히브리 원문에는 "조용하다"가 "탐"으로 나옵니다. 즉 예일대 로고와 똑같은 단어죠. תָּם אִישׁ וַיַּעֲקֹב 뵈 야아콥 이쉬 탐, 그렇다면 야곱이 조용한 사람이 아니라, 탐(תָּם), 즉 "완벽하고 흠이 없던" 남자였다는 것입니다. 욥처럼 온전한(תָּם) 자였다는 뜻이죠(욥 1:1). 야곱은 성실과 인내와 추진력으로 최선을 다해 하나님과 사람 앞에 완전한 삶을 추구했다는 말입니다. 따라서 해석을 통해 설교도 달라져야 합니다. 이것이 히브리어를 배우는 이유입니다.

이 책은 거의 모든 예문을 원전에서 가져왔으며, 비교적 쉽게 접근할 수 있도록 평이한 문장들로 꾸몄습니다. 이 책의 목표는 히브리어 학자가 되기 위해서가 아니라 누구라도 원전을 보기 위함입니다.

지도도 히브리어로 봐야 합니다!

히브리 지명들은 성경의 랜드마크입니다. 지명이 한글과 비슷해서 읽기에 도움이 되며 장차
원문 해석에도 유용합니다. 알파벳을 익힌 후에 이 히브리 지도를 읽어 보세요!

a. 노래로 알파벳 배우기

히브리어 자음은 22개(쉰/신=23개)가 있습니다. 23개는 각자의 이름이 있고, 소리 음도 있습니다. 노래를 부르면 금세 외워집니다. 다음의 악보와 유튜브를 보면서 신나게 익히세요. 유대인들이 만든 알파벳 송은 지루해서, 필자가 편곡을 했습니다.

"너희는 이 노래를 써서 이스라엘 자손들에게 가르쳐 그 입으로 부르게 하여 이 노래로 나를 위하여 이스라엘 자손들에게 증거가 되게 하라"(신 31:19).

이 노래를 지속적으로 연습해서 보지 않고도 부를 수 있도록 하세요!

알파벳 노래

오 브레넬리에서 편곡

요엘 TV
▶ Tube

알파벳 노래

빨간색으로 표시한 5개의 문자를 주목하세요. 이는 후음 문자입니다. 즉 목젖을 눌러서 내는 소리입니다 (알렢, 헤, 헷트, 아인, 레쉬 ר ע ח ה א).
후음은 발음과 모음에 큰 영향을 주기에, 반드시 익혀야 합니다.

각 알파벳의 이름과 음소리가 완벽히 이해될 때까지 지속적으로 학습해야 합니다.
예) 알렢(a 소리), 베트(b 소리), 깃멜(g 소리), 달렛(d 소리) 등 이름과 소리를 완벽히 학습하세요!
다음은 각 알파벳을 사용한 히브리어 이름들입니다.

אָדָם a / 아담   בִּנְיָמִין b / 빈야민   גֹּמֶר g / 고멜   דָּוִד d / 다비드

C. 알파벳 쉽게 써보기

    히브리어 문자는 네모형 문자입니다. 이를 정방형 문자라고도 말합니다. 네모 안에 들어가게 쓰면 예쁘게 써집니다. 다만 카프, 눈, 페, 짜디의 어미형과 라메드는 네모 바깥으로 나가게 써주어야 합니다. 표기된 순서대로 따라 써보세요.

- 일단 자주 써보고, 깜놀 그림 카드를 통해서 알파벳 이름과 음소리를 완벽히 파악해야 합니다.
- 알파벳 중에는 5개의 어미 형태가 있다는 것을 기억하세요(알파벳의 초록 글씨).

히브리어 자음 쓰는 법

d. 알파벳 트레이닝

쓰기 연습을 하세요. 소리를 내면서 쓰세요.

* 아래 알파벳 위에 외워질 때까지 20번을 반복해서 쓰세요(반드시 입소리를 내면서 써야 해요!)

* 아래 칸에 알파벳을 써보고, 어떤 소리가 나는지도 적어 보세요.

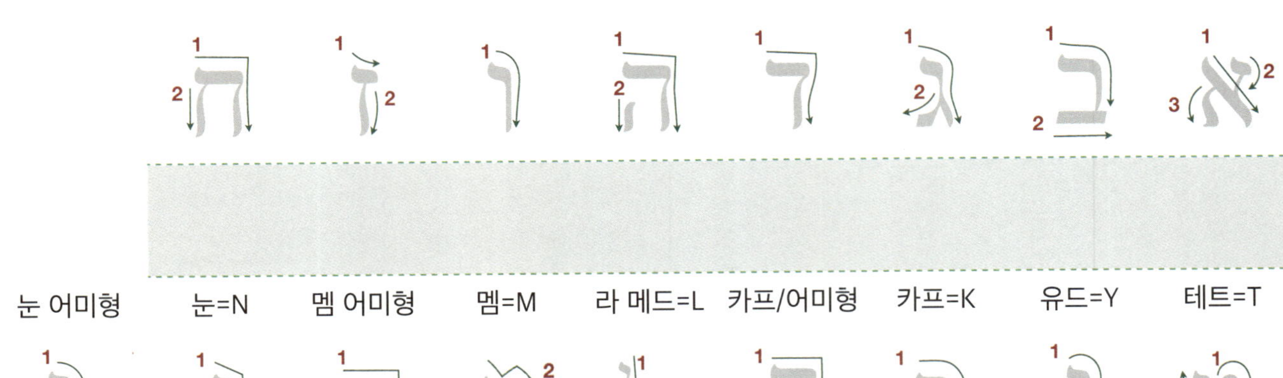

아래 5개 자음은 어미 형태를 가진다.

알파벳 카드를
반드시 활용하세요!

어미란 단어 끝을 말합니다. 다음 5개의 자음들이 단어의 끝에 올 경우에 어미 형태로 바뀌게 됩니다(카프, 멤, 눈, 페, 짜디). 다음의 모습을 자세히 보면 금세 알게 됩니다.

달렛		다듬지 않은 직각 같다 - d	헤		헤드(머리)와 떨어져 있다 - h
레쉬		레몬처럼 부드럽다 - r	헷트		헤드에 착 붙어 있네 - ḥ
사멕		사과처럼 둥글다 - s	아인		안정적이다 - a(')
멤(어미)		미음(ㅁ)처럼 사각형이다 - m	짜디		찌그러진 듯하네 - tz
자인		자일 고리가 달림 - z, j	쉰		오른쪽 점은 강인하게 - sh
바브		바람 부는 날 잡는 지팡이처럼 - v	신		왼쪽 점은 부드럽게 - s
눈(어미)		눈물이 길게 흘러내리는 듯 - n			

문자는 다르지만, 소리는 비슷하게 나는 것들이 있습니다. 자꾸 보면 차이를 알게 됩니다. 연습이 문제를 해결해 줍니다. 알파벳 카드를 통해서 익혀 보세요! 비슷한 소리를 갖는 다음 표를 보면서 구분하세요.

비슷한 소리 이렇게 구분하세요!

알렢	אּ	약한 **아**(a, ')소리	**아담**	אָדָם
아인	ע	목젖을 누른 **아**(a')소리	**암몬**	עַמּוֹן
테트	ט		**토브**	טוֹב
타브	ת	타브와 테트가 다르나, 같은 **t** 소리	**타말**	תָּמָר
카프	כ	카프와 쿠프가 다르나, 같은 **k** 소리	**칼렙**	כָּלֵב
쿠프	ק	*카프가 **중간**에 오면 k가 아닌 **흐**(ch) 소리 예) Bach (바**흐**)	**카인**	קַיִן
싸멜	ס	싸멜과 신과 다르나, 같은 **s** 소리	**스**(소)**돔**	סְדֹם
신	שׂ		**사라**	שָׂרָה
베트	ב	단어가 **베트**로 시작할 땐 **b** 소리, 중간에 오면 **v** 소리 Avi אֲבִי	**바알**	בַּעַל
바브	ו	바브는 항상 **v** 소리 (모음으로 쓸 땐 **오**/**우**로 읽음)	**뵈**	וֹ

연필로 예쁘게 쓰세요. 연습만이 실력을 키워 줍니다!

연습	예시	이름	알파벳
א א א א א א א א א א א א	אָדָם 아담 *Adam*	알렢	א
ב ב ב ב ב ב ב ב ב ב	בֵּית לֶחֶם 베잇레헴(베들레헴) *Bethlehem*	베트	ב
ג ג ג ג ג ג ג ג ג ג	גִּדְעוֹן 기드온 *Gideon*	깃멜	ג
ד ד ד ד ד ד ד ד ד ד	דָּוִד 다비드 *David*	달렛	ד
ה ה ה ה ה ה ה ה ה ה	הַלְלוּיָה 할렐루야 *Hallelujah*	헤	ה
ו ו ו ו ו ו ו ו ו ו	וִיטָמִין 비타민 *Vitamin*	봐브	ו
ז ז ז ז ז ז ז ז ז ז	זְבוּלֻן 즈(스블론) *Zebulun*	자인	ז
ח ח ח ח ח ח ח ח ח ח	חֶבְרוֹן 헤브론 *Hebron*	헷트	ח
ט ט ט ט ט ט ט ט ט ט	טוֹבִי 토비 *Tobi*	테트	ט
י י י י י י י י י י	יִשְׂרָאֵל 이스라엘 *Israel*	유드	י
כ כ כ כ כ כ כ כ כ כ	כָּלֵב 칼(갈렙) *Caleb*	카프 ךְ	כ
ל ל ל ל ל ל ל ל ל ל	לוֹט 롯 *Lot*	라메드	ל
מ מ מ מ מ מ מ מ מ מ	מֹשֶׁה 모쉐(세) *Moses*	멤 ם	מ

쓰기 연습	예	이름	알파벳
	נָתָן 나탄(단) *Nathan*	눈	נ
	סְדֹם 스(소)돔 *Sodom*	사멜	ס
	עִמָּנוּאֵל 임마누엘 *Immanuel*	아인	ע
	פָּאוּל 파(바)울 *Paul*	페	פ
	צִיּוֹן 찌(시)온 *Zion/tzion*	짜디	צ
	קַיִן 카(가)인 *Cain*	쿠프	ק
	רוּת 룻 *Ruth*	레쉬	ר
	שֵׁם 쉠(셈) *Shem*	쉰	שׁ
	שָׂרָה 사라 *Sarah*	신	שׂ
	תֵּל אָבִיב 텔아비브 *Tel Aviv*	타브	ת

각 알파벳이 외워질 때까지 쓰고, 어떤 음소리가 나는지도 기록하며 외우세요.

ן ף ם ץ ך - 어미 형태

1) 알파벳 카드를 앞뒤로 보면서 완벽하게 암기하세요.

2) 알파벳 이름을 암기하세요. 각각 소리나는 음도 반드시 알아야 합니다.

3) 눈으로만 하지 말고 읽고, 쓰고, 들으면서 익히세요.

4) 알파벳 노래를 부를 때 알파벳을 같이 보면서 반복해 보세요. 100번 정도 반복하면 완벽하게 익힐 것입니다.

	אָדָם 아담 *Adam*	알렢	א
	בֵּית לֶחֶם 베잇레헴(베들레헴) *Bethlehem*	베트	ב
	גִּדְעוֹן 기드온 *Gideon*	깃멜	ג
	דָּוִד 다비드 *David*	달렛	ד
	הַלְלוּיָה 할렐루야 *Hallelujah*	헤	ה
	וִיטָמִין 비타민 *Vitamin*	봐브	ו
	זְבוּלֻן 즈(스블론) *Zebulun*	자인	ז
	חֶבְרוֹן 헤브론 *Hebron*	헷트	ח
	טוֹבִי 토비 *Tobi*	테트	ט
	יִשְׂרָאֵל 이스라엘 *Israel*	유드	י
	כָּלֵב 칼(갈렙) *Caleb*	카프 ך	כ
	לוֹט 롯 *Lot*	라메드	ל
	מֹשֶׁה 모쉐(세) *Moses*	멤 ם	מ

	이름	예시
נ	눈	נָתָן 나탄(단) *Nathan*
ס	싸멕	סְדֹם 스(소)돔 *Sodom*
ע	아인	עִמָּנוּאֵל 임마누엘 *Immanuel*
פ	페	פָאוּל 파(바)울 *Paul*
צ	짜디	צִיּוֹן 찌(시)온 *Zion/tzion*
ק	쿠프	קַיִן 카(가)인 *Cain*
ר	레쉬	רוּת 룻 *Ruth*
שׁ	쉰	שֵׁם 쉠(셈) *Shem*
שׂ	신	שָׂרָה 사라 *Sarah*
ת	타브	תֵּל אָבִיב 텔아비브 *Tel Aviv*

노래를 부르면 단어들이 두뇌에 쉽게 저장됩니다. 히브리 원곡에서 더 부르기 쉽도록 편곡을 했습니다.

슈마 이스라엘

שְׁמַע יִשְׂרָאֵל יְהֹוָה אֱלֹהֵינוּ יְהֹוָה אֶחָד

에핫　　　아도나이　　　엘로헤이누　　　아도나이　　　이스라엘　　　슈마

들으라(순종하라) 이스라엘아! 여호와 우리 하나님은 한 분이신 여호와시라! (신 6: 4)

원곡에서 편곡함

요엘 TV
슈마 이스라엘

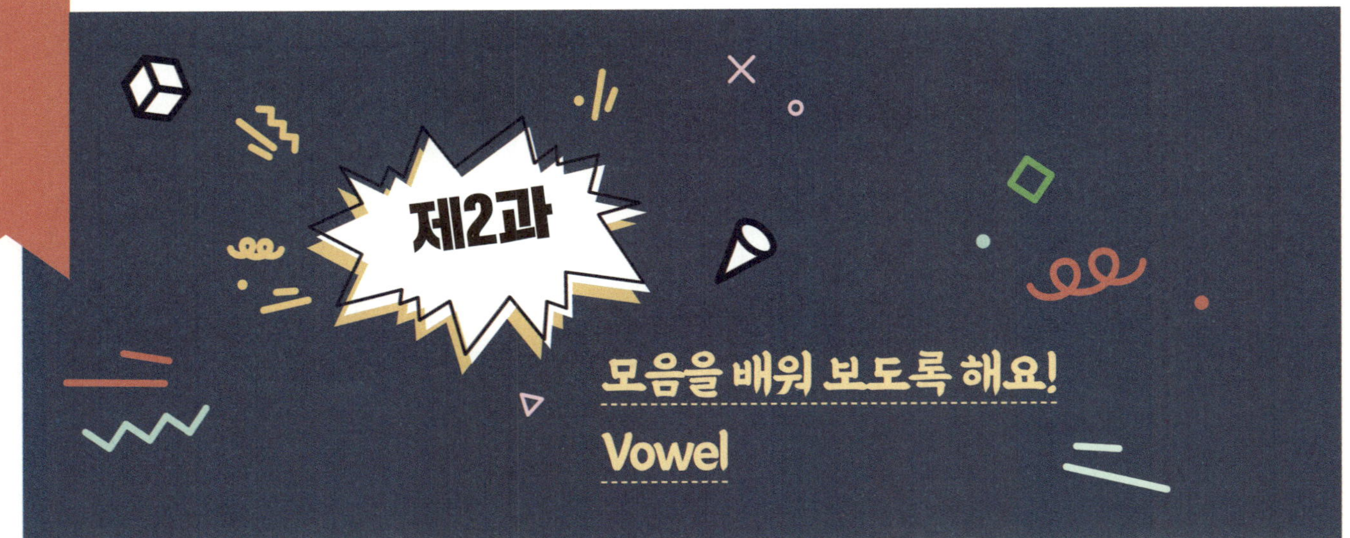

בראשית ברא אלהים את השמים ואת הארץ

↓

בְּרֵאשִׁית בָּרָא אֱלֹהִים אֵת הַשָּׁמַיִם וְאֵת הָאָרֶץ

모음을 붙인 형태

a. 모음 차트 보기

히브리어 모음 기호: 아 / 에 / 이 / 오 / 우 ([순]장모음, 단모음, 미모음)

	순장모음	장모음	단모음	미모음
아	◯	אָ	אַ	אֲ
에	אֵי	אֵ	אֶ	אֱ
이	אִי	◯	אִ	◯

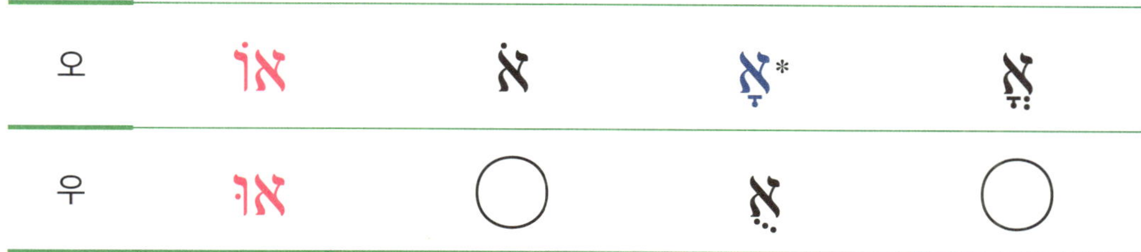

| 오 | אוֹ | אֹ | אֹ* | אֹ |
| 우 | אוּ | ◯ | אֻ | ◯ |

4개의 순장모음(unchangeable vowel)은 장모음에 속하며 자음을 동반한 모음입니다. 길게 발음해 주며, 변하지 않습니다. 자음을 동반하기에, 하나의 음절(syllable)이 됩니다. 단모음 אֹ "오"는 장모음 אָ "아"와 똑같이 생겼지만 몇개의 단어를 제외하고는, 거의 장모음 "아"로 발음합니다.

히브리어는 자음과 모음을 결합하여 단어를 만듭니다. 알파벳에 5종류의 모음을 붙여 음을 만듭니다. 모음 기호도 자음처럼 이름이 있습니다. 이 책에서는 생략했습니다. 모음 이름을 암기하는 것보다 모음을 구분하는 것이 더 중요합니다.

이 책에서는 아/에/이/오/우 5 종류의 모음과, 장-순장 모음, 단모음, 미모음만을 학습합니다.

b. 모음은 딱 세 가지예요

히브리어 모음은 간단합니다. 아/에/이/오/우 5가지뿐이죠. 그것도 장/단/미모음으로 구성됩니다. **장모음** long vowels (순장모음 unchangeable vowels 포함)은 길게 발음, **단모음** short vowels 은 짧게, **미모음** weak vowels 은 약하게 발음하면 됩니다.

> 장모음 3개

길게 발음합니다. 장모음과 순장모음은 슈바에 영향을 주기에 반드시 알아야 합니다.

 아    에   אֹ 오

자음이 붙어 있어 금세 파악됩니다. 장모음보다 좀 더 길게 발음합니다.

 에    이    오    우

아/에/이/오/우/ 모두 있습니다. 짧게 발음해 줍니다. **장모음** 아와 **단모음** 오가 똑같아서, 색깔로 구분했습니다.

 아    에    이    오    우

아(a)

장모음	אָ	아~ 길게
단모음	אַ	아 짧게
미모음	אֲ	아 약하게

에(e)

*장모음	אֵי	에이 길게
장모음	אֵ	에~ 길게
단모음	אֶ	에 짧게
미모음	אֱ	에 약하게

*순장모음이라고도 한다

이(i)

	*장모음	ː	이~ 길게
	단모음		이 짧게
없음			

오(o)

	*장모음		오~ 길게
	장모음		오 길게
	단모음		오 짧게
	미모음		오 약하게

우(u)

	*장모음		우~ 길게
없음			
	단모음		우 짧게
없음			

*순장모음이라고도 한다.

c. 복합 슈바에 대해서

약하게 발음을 해줍니다. 슈바(에)에 모음이 결합됐기에 복합 슈바라는 말을 씁니다. 이 책에서는 미모음으로 규정했습니다.

d. 마켑 부호(maqqef)에 대해서

문장에는 가끔 '마켑 부호'라는 것이 등장합니다. 이는 두 단어를 연결시켜 주는 하이픈 역할을 합니다. 예를 들어 마켑 부호로 연결된 בֵּית־יִשְׂרָאֵל " 베 이 트 - 이 스 라 엘 "은 "이스라엘의 집"(house of Israel)이라는 of의 역할을 합니다. 히브리어의 액센트는 여러 종류가 있지만, 1권에서 배우지 않습니다. 2권에서 간략하게 다룰 예정입니다. 이유는 초보자가 쉽게 접근하도록 하기 위한 필자의 의도입니다.

e. 다게쉬 레네/ 다게쉬 포르테가 뭐죠?

히브리어 자음에 점(point)이 붙을 때가 있습니다. 강조하게 위해서 점을 찍어 주는데, 이를 다게쉬라고 합니다. 다게쉬는 강조(emphasis)의 뜻입니다. 다게쉬에는 두 가지가 있습니다.

베(בּ)/가(גּ)/드(דּ)/카(כּ)/페(פּ)/트(תּ)- 6개의 자음으로 시작하는 모든 단어의 첫 자음에 붙는 점입니다. 이를 다게쉬 레네라고 합니다. 6개의 자음에는 항상 다게쉬 레네가 붙습니다.

이를 '베가드^{바그다드} 카페트'[תּ פּ כּ דּ גּ בּ]로 이름했습니다. 이때 베트, 카프, 페가 단어의 중간에 오면, 부드러운 v 발음과 kh(ch), f 발음을 해줍니다. 앞에 올 때는 b, k, p 등으로 강하게
해줍니다.

תָּמָר	פַּרְעֹה	כָּלֵב	דָּוִד	גִּדְעוֹן	בֵּית לֶחֶם
베이트레헴	기드온	다윗	칼(갈)렙	파르오(바로)	타(다)말

다게쉬 포르테

　다게쉬 레네와 달리, 주어진 단어 안에 똑같은 자음 2개가 나란히 나올 경우, 점을 찍어서
하나로 축소시켜 줍니다. 즉 단어 중간에 점이 있으면 자음이 겹쳤다는 뜻입니다. 단어에서
중간에 점(다게쉬 포르테)이 나온 것을 보면, 똑같은 자음이 중첩됐다고 보면 됩니다.

אַתָּה + אַת → תָּה	→	אַתָּה	아타
בַּקֵּשׁ + בַּק → קֵשׁ	→	בַּקֵּשׁ	비케쉬
נִסִּי + נִס → סִי	→	נִסִּי	닛시

한국어와 달리 히브리어에는 후음이 있습니다. 후음은 목구멍에서 울리며 내는 소리입니다. 히브리어 후음은 모두 4개+1개가 있습니다. 그중 레쉬는 후음이 아니지만, 후음과 같은 취급을 받기에 후음 집단에 예속시킵니다. 다음은 후음 그룹입니다.

후음 6개는 다게쉬 포르테를 찍을 수가 없습니다! 그럼 어떻게 해야 할까요? 그럴 경우에는 자음에 붙은 모음을 더 긴 형태로 변화시켜 줘야 합니다(예, 미모음➔단모음 / 단모음➔장모음). 이 책에서는 진도를 나가면서 그 변화를 설명하겠습니다. 후음은 변화가 많기에 반드시 알아둬야 합니다.

5개의 후음을 이렇게 외우세요!

"**아흐~ 해 아래** 새 것이 없는 것처럼, **점 찍을 곳이 없도다.**"

엽은 히브리어 문자에 덧대어 쓰고, 한글도 적으며 연습하세요!

אָ	אָ	אָ	אָ	אָ	אָ	אָ	אָ	**장모음**
아	아	아	아	아	아	아	아	
אַ	אַ	אַ	אַ	אַ	אַ	אַ	אַ	**단모음**
아	아	아	아	아	아	아	아	
אֲ	אֲ	אֲ	אֲ	אֲ	אֲ	אֲ	אֲ	**미모음**
아	아	아	아	아	아	아	아	

בֵּי	בֵּי	בֵּי	בֵּי	בֵּי	בֵּי	בֵּי	בֵּי	**순** **장모음**
베이	베이	베이	베이	베이	베이	베이	베이	
בֵּ	בֵּ	בֵּ	בֵּ	בֵּ	בֵּ	בֵּ	בֵּ	**장모음**
베	베	베	베	베	베	베	베	
בֶּ	בֶּ	בֶּ	בֶּ	בֶּ	בֶּ	בֶּ	בֶּ	**단모음**
베	베	베	베	베	베	베	베	
בֱּ	בֱּ	בֱּ	בֱּ	בֱּ	בֱּ	בֱּ	בֱּ	**미모음**
베	베	베	베	베	베	베	베	

순장모음은 장모음에 속합니다. 자음을 동반하며, 좀 더 긴소리를 내게 됩니다.

								순 장모음
גִּי	גִּי	גִּי	גִּי	גִּי	גִּי	גִּי	גִּי	
기이	기이	기이	기이	기이	기이	기이	기이	
גִּ	גִּ	גִּ	גִּ	גִּ	גִּ	גִּ	גִּ	단모음
기	기	기	기	기	기	기	기	

								순 장모음
דוֹ	דוֹ	דוֹ	דוֹ	דוֹ	דוֹ	דוֹ	דוֹ	
도오	도오	도오	도오	도오	도오	도오	도오	
דֹ	דֹ	דֹ	דֹ	דֹ	דֹ	דֹ	דֹ	장모음
도	도	도	도	도	도	도	도	
דָ	דָ	דָ	דָ	דָ	דָ	דָ	דָ	단모음
도	도	도	도	도	도	도	도	
דָ	דָ	דָ	דָ	דָ	דָ	דָ	דָ	미모음
도	도	도	도	도	도	도	도	

장모음 "아"와 단모음 "오"는 생긴 모습이 같습니다. 단어의 99%가 "아"이며, "오"는 적습니다.

								순 장모음
הוּ	הוּ	הוּ	הוּ	הוּ	הוּ	הוּ	הוּ	
후우	후우	후우	후우	후우	후우	후우	후우	

후	후	후	후	후	후	후	후	단모음
봐	봐	봐	봐	봐	봐	봐	봐	장모음
봐	봐	봐	봐	봐	봐	봐	봐	단모음
봐	봐	봐	봐	봐	봐	봐	봐	미모음
제이	제이	제이	제이	제이	제이	제이	제이	순 장모음
제	제	제	제	제	제	제	제	장모음
제	제	제	제	제	제	제	제	단모음
제	제	제	제	제	제	제	제	미모음

חִי	חִי	חִי	חִי	חִי	חִי	חִי	חִי	**순** **장모음**
히이	히이	히이	히이	히이	히이	히이	히이	
חִ	חִ	חִ	חִ	חִ	חִ	חִ	חִ	**단모음**
히	히	히	히	히	히	히	히	

טוֹ	טוֹ	טוֹ	טוֹ	טוֹ	טוֹ	טוֹ	טוֹ	**순** **장모음**
토오	토오	토오	토오	토오	토오	토오	토오	
טֹ	טֹ	טֹ	טֹ	טֹ	טֹ	טֹ	טֹ	**장모음**
토	토	토	토	토	토	토	토	
טָ	טָ	טָ	טָ	טָ	טָ	טָ	טָ	**단모음**
토	토	토	토	토	토	토	토	
טֳ	טֳ	טֳ	טֳ	טֳ	טֳ	טֳ	טֳ	**미모음**
토	토	토	토	토	토	토	토	

יוּ	יוּ	יוּ	יוּ	יוּ	יוּ	יוּ	יוּ	**순** **장모음**
유우	유우	유우	유우	유우	유우	유우	유우	
יֻ	יֻ	יֻ	יֻ	יֻ	יֻ	יֻ	יֻ	**단모음**
유	유	유	유	유	유	유	유	

카	카	카	카	카	카	카	카	**장모음**
카	카	카	카	카	카	카	카	**단모음**
카	카	카	카	카	카	카	카	**미모음**

레이	레이	레이	레이	레이	레이	레이	레이	**순** **장모음**
레	레	레	레	레	레	레	레	**장모음**
레	레	레	레	레	레	레	레	**단모음**
레	레	레	레	레	레	레	레	**미모음**

מִי	מִי	מִי	מִי	מִי	מִי	מִי	מִי	순 장모음
미이	미이	미이	미이	미이	미이	미이	미이	
מְ	מְ	מְ	מְ	מְ	מְ	מְ	מְ	단모음
미	미	미	미	미	미	미	미	

נוֹ	נוֹ	נוֹ	נוֹ	נוֹ	נוֹ	נוֹ	נוֹ	순 장모음
노오	노오	노오	노오	노오	노오	노오	노오	
נֹ	נֹ	נֹ	נֹ	נֹ	נֹ	נֹ	נֹ	장모음
노	노	노	노	노	노	노	노	
נָ	נָ	נָ	נָ	נָ	נָ	נָ	נָ	단모음
노	노	노	노	노	노	노	노	
נֳ	נֳ	נֳ	נֳ	נֳ	נֳ	נֳ	נֳ	미모음
노	노	노	노	노	노	노	노	

סוּ	סוּ	סוּ	סוּ	סוּ	סוּ	סוּ	סוּ	순 장모음
수우	수우	수우	수우	수우	수우	수우	수우	
סֻ	סֻ	סֻ	סֻ	סֻ	סֻ	סֻ	סֻ	단모음
수	수	수	수	수	수	수	수	

אָ	אָ	אָ	אָ	אָ	אָ	אָ	אָ	**장모음**
아	아	아	아	아	아	아	아	
אַ	אַ	אַ	אַ	אַ	אַ	אַ	אַ	**단모음**
아	아	아	아	아	아	아	아	
אֲ	אֲ	אֲ	אֲ	אֲ	אֲ	אֲ	אֲ	**미모음**
아	아	아	아	아	아	아	아	

פֵּי	פֵּי	פֵּי	פֵּי	פֵּי	פֵּי	פֵּי	פֵּי	**순** **장모음**
페이	페이	페이	페이	페이	페이	페이	페이	
פֵּ	פֵּ	פֵּ	פֵּ	פֵּ	פֵּ	פֵּ	פֵּ	**장모음**
페	페	페	페	페	페	페	페	
פֶּ	פֶּ	פֶּ	פֶּ	פֶּ	פֶּ	פֶּ	פֶּ	**단모음**
페	페	페	페	페	페	페	페	
פֱּ	פֱּ	פֱּ	פֱּ	פֱּ	פֱּ	פֱּ	פֱּ	**미모음**
페	페	페	페	페	페	페	페	

צֵּי	צֵּי	צֵּי	צֵּי	צֵּי	צֵּי	צֵּי	צֵּי	**순** **장모음**
찌이	찌이	찌이	찌이	찌이	찌이	찌이	찌이	

צִ	צִ	צִ	צִ	צִ	צִ	צִ	צִ	단모음
찌	찌	찌	찌	찌	찌	찌	찌	
קוֹ	קוֹ	קוֹ	קוֹ	קוֹ	קוֹ	קוֹ	קוֹ	순 장모음
코오	코오	코오	코오	코오	코오	코오	코오	
קֹ	קֹ	קֹ	קֹ	קֹ	קֹ	קֹ	קֹ	장모음
코	코	코	코	코	코	코	코	
קָ	קָ	קָ	קָ	קָ	קָ	קָ	קָ	단모음
코	코	코	코	코	코	코	코	
קָ	קָ	קָ	קָ	קָ	קָ	קָ	קָ	미모음
코	코	코	코	코	코	코	코	
רוֹ	רוֹ	רוֹ	רוֹ	רוֹ	רוֹ	רוֹ	רוֹ	순 장모음
루우	루우	루우	루우	루우	루우	루우	루우	
רֻ	רֻ	רֻ	רֻ	רֻ	רֻ	רֻ	רֻ	단모음
루	루	루	루	루	루	루	루	

שׁ	שׁ	שׁ	שׁ	שׁ	שׁ	שׁ	שׁ	**장모음**
쇼	쇼	쇼	쇼	쇼	쇼	쇼	쇼	
שֶׁ	שֶׁ	שֶׁ	שֶׁ	שֶׁ	שֶׁ	שֶׁ	שֶׁ	**단모음**
쇼	쇼	쇼	쇼	쇼	쇼	쇼	쇼	
שְׁ	שְׁ	שְׁ	שְׁ	שְׁ	שְׁ	שְׁ	שְׁ	**미모음**
쇼	쇼	쇼	쇼	쇼	쇼	쇼	쇼	

שֵׁי	שֵׁי	שֵׁי	שֵׁי	שֵׁי	שֵׁי	שֵׁי	שֵׁי	**순 장모음**
세이	세이	세이	세이	세이	세이	세이	세이	
שֵׁ	שֵׁ	שֵׁ	שֵׁ	שֵׁ	שֵׁ	שֵׁ	שֵׁ	**장모음**
세	세	세	세	세	세	세	세	
שֶׁ	שֶׁ	שֶׁ	שֶׁ	שֶׁ	שֶׁ	שֶׁ	שֶׁ	**단모음**
세	세	세	세	세	세	세	세	
שְׁ	שְׁ	שְׁ	שְׁ	שְׁ	שְׁ	שְׁ	שְׁ	**미모음**
세	세	세	세	세	세	세	세	

תִי	תִי	תִי	תִי	תִי	תִי	תִי	תִי	**순 장모음**
티이	티이	티이	티이	티이	티이	티이	티이	
תִ	תִ	תִ	תִ	תִ	תִ	תִ	תִ	**단모음**
티	티	티	티	티	티	티	티	

후음 중 알렙과 헤가 단어 마지막에 오면 발음하지 않습니다.

	דֶּשֶׁא	פֶּרֶא	תֶּנֶא	פֶּלֶא
옳은 발음 →	펠레	테네	페레	데솨
잘못된 발음 →	펠레아	테네아	페레아	데솨아

i. 슈바 (또는 쉐바) 알아가기

슈바는 모음으로서, 약한 "에" 소리를 냅니다. 소리 내는 슈바(유성 슈바 vocal shuva)와 소리를 내지 않는 슈바(무성 슈바 silent shuva) 두 가지가 있습니다.

슈바(Shuva)	אֱ 에(e)
쉐바 또는 쉐와라고도 하나, 슈바가 정확하다.	약하게 에(e)소리를 낸다. 슈바에는 소리를 내는 유성 슈바, 소리 내지 않는 무성 슈바가 있다.

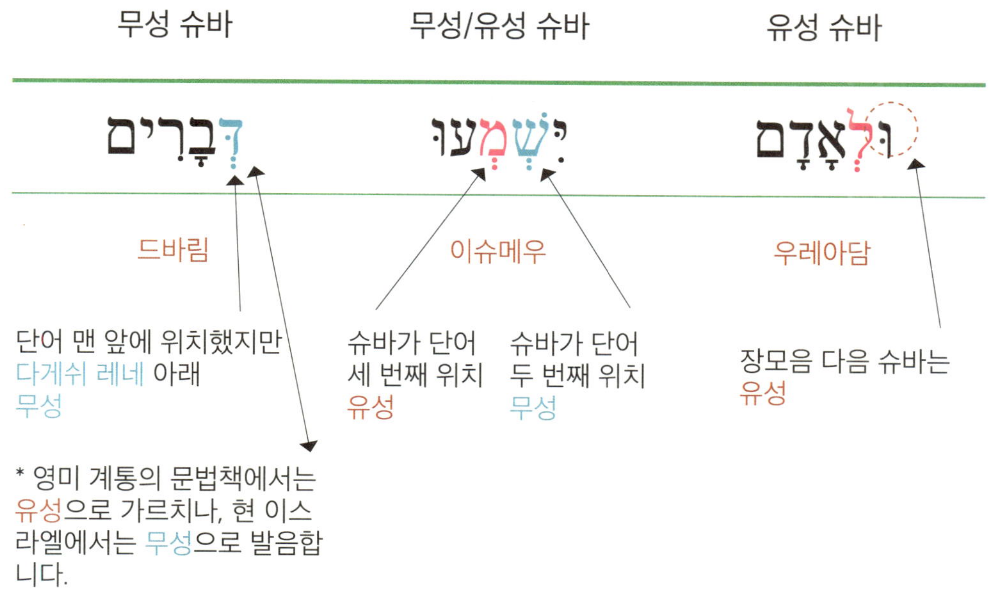

j. 슈바 정리해 보기!

슈바(영어 문법책에선 쉐바)는 약간 까다롭습니다. 슈바를 완전히 습득하게 되면 읽기의 달인이 됩니다. 슈바 발음을 다음처럼 정리합니다.

예외도 있습니다. 단어 처음에 붙은 슈바는 대개 유성인데, 무성일 때도 있습니다. 차례로 살피며 익혀 나가도록 하세요! 슈바에 대해서 영문 교재와 미세한 차이가 있지만, 현재 이스라엘에서 사용하는 발음을 기준했습니다. 슈바의 기본을 익힌 후에 읽어가면 됩니다.

> 유성 슈바
> 슈바가 맨 앞에 오면 유성

צְדָקָה	쩨다카	not 쯔다카
יְהוּדָה	예후다	not 으후다
טְבֶרְיָה	테베르야	not 트베르야

유성 슈바
슈바가 둘째와 셋째 자음 아래 왔을 때

1. 똑같은 자음이 겹쳐 나올 때	הַלְלוּיָה	할렐루야	not 할를루야
2. 슈바가 두 개 나올 때 두 번째 것이 유음	חַסְדְּךָ	하스데카	not 하스드카
3. 장모음 뒤에 슈바가 올 때- 유음	יֵלְכוּ	옐레쿠	not 옐쿠
4. 슈바 앞에 메텍 부호가 올 때- 유음	אָכְלָה	아케라	not 아크라
5. 다게쉬 포르테(강음점) 아래 슈바가 올 때	קִטְּלוּ	키텔루	not 키틀루

메텍 부호

צִדְקִיָּה   찌드키야   not 찌데키아

קִרְיַת   키르야트   not 키레야트

קִשְׁיוֹן   키슈온(기손)   not 키세온

תַּלְמוּד   탈무드   not 탈레무드

주의

단! 첫 자음에 장모음이 오면, 두 번째 슈바는 유성임을 유의해야 해요!
שָׁמְרוּ 샤메루-유성, 쉰 아래 장모음 "아"가 왔기에 유성임

שֹׁ, שְׂ, ס, ז 즉 (S/Z) 소리를 가진 4개 자음 아래에 위치할 때

זְבוּלֻן 즈불룬   not 제불룬

שְׁמוּאֵל 슈무엘   not 쉐무엘

ב/ג/ד/כ/פ/ת 베가드 카페트 아래 슈바가 위치할 때는 무성. 단, 전치사(בְּ,כְּ)와 결합한 단어는 유성

בְּאֵר 브엘   not 베엘

דְּבוֹרָה 드보라   not 데보라

פְּנִנָּה 프닌나   not 페닌나

תְּפִלָּה 트필라   not 테필라

* 슈바가 단어 처음에 오면 유성이나, 예외가 있다.

תְּפִלָּה	בְּלִי	כְּלִי	פְּרִי	בְּנִי	בְּרִית
트필라	블리	클리	프리	브니	브리트
기도	~없이	그릇	열매	내 아들	언약

יְלָדִים	יְרִיחוֹ	מְשִׁיחִי	מְאֹד	לְבָב	נְבָאִים
옐라딤	예리코	메쉬히	메오드	레바브	네비임
아이들	여리고	내 메시아	매우	마음	선지자들

* 이 슈바 단어에 대한 정리는 권성달 교수의 책《성경 히브리어 울판》을 참고했으며, 그의 책 26-27p에 잘 정리되어 있습니다.

무성 슈바 연습

자인, 사멕, 쉰, 신 같은 S/Z사운드의 자음이 첫머리에 오면, 그 아래의 슈바는 **무성**입니다.
아래 글자에 덧대어 써 보세요.

								무성슈바
ז	ז	ז	ז	ז	ז	ז	ז	
즈	즈	즈	즈	즈	즈	즈	즈	NO! 제
ס	ס	ס	ס	ס	ס	ס	ס	무성슈바
스	스	스	스	스	스	스	스	NO! 세
שׁ	שׁ	שׁ	שׁ	שׁ	שׁ	שׁ	שׁ	무성슈바
슈	슈	슈	슈	슈	슈	슈	슈	NO! 쉐
שׂ	שׂ	שׂ	שׂ	שׂ	שׂ	שׂ	שׂ	무성슈바
스	스	스	스	스	스	스	스	NO! 세

쓰기 연습을 하는 것은 잘 읽기 위해서입니다. 알파벳을 완전히 익힌 후 단어를 읽을 수 있어야만 진도를 나갈 수 있기 때문입니다. 히브리어는 읽는 것이 가장 중요합니다! 만일 아직 준비가 안 됐다면, 이 책에 마련된 알파벳 카드와 모음 카드를 다시 암송해야 합니다!

1) 알파벳 이름과
2) 소리나는 음과
3) 모음의 모양과
4) 모음의 소리를 완벽히 소화하세요.

꿀팁

첫째 줄을 샘플로 익히고, 차례로 히브리어를 덧대어 써 보세요. 각 문자 아래 한글을 쓰세요.

샘플	אֻ	אוּ	אָ	אֹ	אֺ	אוֹ	אִ
	우	우우	오	오	오	오오	이
	בֻ	בוּ	בָ	בֹ	בֺ	בוֹ	בִ 비
	גֻ	גוּ	גָ	גֹ	גֺ	גוֹ	גִ 기
	דֻ	דוּ	דָ	דֹ	דֺ	דוֹ	דִ 디
	הֻ	הוּ	הָ	הֹ	הֺ	הוֹ	הִ 히
	וֻ	וּ	וָ	וֺ		וֹ	וִ 뷔
	זֻ	זוּ	זָ	זֺ	זֺ	זוֹ	זִ 지
	חֻ	חוּ	חָ	חֺ	חֺ	חוֹ	חִ 히 (강하게)

이이	에	에	에	에이	아	아	아	
אִי	אֵ	אֶ	אֶ	אֵי	אַ	אָ	אָ	**א** 소리
בִּי	בֵּ	בֶּ	בֶּ	בֵּי	בַּ	בָּ	בָּ 바	**ב** 소리
גִּי	גֵּ	גֶּ	גֶּ	גֵּי	גַּ	גָּ	גָּ 가	**ג** 소리
דִּי	דֵּ	דֶּ	דֶּ	דֵּי	דַּ	דָּ	דָּ 다	**ד** 소리
הִי	הֵ	הֶ	הֶ	הֵי	הַ	הָ	הָ 하	**ה** 소리
וִי	וֵ	וֶ	וֶ	וֵי	וַ	וָ	וָ 봐	**ו** 소리
זִי	זֵ	זֶ	זֶ	זֵי	זַ	זָ	זָ 자	**ז** 소리
חִי	חֵ	חֶ	חֶ	חֵי	חַ	חָ	חָ 하 (강하게)	**ח** 소리

טְ	טוֹ	טָ	טֹ	טֹ	טוֹ	טִ
투	투우	토	토	토	토오	티

티이	테	테	테	테이	타	타	타	ט
טִי	טֶ	טֶ	טֵ	טֵי	טַ	טָ	טָ	소리 · 타
יִי	יֶ	יֶ	יֵ	יֵי	יַ	יָ	יָ	י · 소리 · 야
כִי	כֶ	כֶ	כֵ	כֵי	כַ	כָ	כָ	כ · 소리 · 카
לִי	לֶ	לֶ	לֵ	לֵי	לַ	לָ	לָ	ל · 소리 · 라
מִי	מֶ	מֶ	מֵ	מֵי	מַ	מָ	מָ	מ · 소리 · 마
נִי	נֶ	נֶ	נֵ	נֵי	נַ	נָ	נָ	נ · 소리 · 나
סִי	סֶ	סֶ	סֵ	סֵי	סַ	סָ	סָ	ס · 소리 · 사
עִי	עֶ	עֶ	עֵ	עֵי	עַ	עָ	עָ	ע · 소리 · 아
פִי	פֶ	פֶ	פֵ	פֵי	פַ	פָ	פָ	פ · 소리 · 파

צֻ צוּ	צֹ צוֹ	צָ צַ	צֶ	צֵ צֶ	צוֹ צֹ	צִ
쭈	쭈우	쪼	쪼	쪼	쪼오	찌

צִי	צֵ	צֶ	צֵ	צֵי	צַ	צָ	צָ	**צ** 소리
찌이	쩨	쩨	쩨	쩨이	짜	짜	짜	
קִי	קֵ	קֶ	קֵ	קֵי	קַ	קָ	קָ	**ק** 카 소리
רִי	רֵ	רֶ	רֵ	רֵי	רַ	רָ	רָ	**ר** 라 소리
שִׁי	שֵׁ	שֶׁ	שֵׁ	שֵׁי	שַׁ	שָׁ	שָׁ	**שׁ** 샤 소리
שִׂי	שֵׂ	שֶׂ	שֵׂ	שֵׂי	שַׂ	שָׂ	שָׂ	**שׂ** 사 소리
תִי	תֵ	תֶ	תֵ	תֵי	תַ	תָ	תָ	**ת** 타 소리

아래의 문자를 한글 소리로 적어보세요.

** 장모음은 길게 발음 합니다.

* 무성슈바

셀프 체크 : _________ 개

정답이 20개 이하면 다시 알파벳 자음+모음 연습을 하십시오!

정답	아래를 가리고 문제를 푸세요.

첫째 줄_ 타, 쉐이, 쉬이, 로우, 쿠우, 스

둘째 줄_ 짜, 페~,이, 소~, 누, 즈

셋째 줄_ 마, 레, 야~, 오, 티이, 슈

넷째 줄_ 호, 제, 하, 디이, 비, 스

k. 이 트레이닝을 마치면 비로소 보인다!

왜 이렇게 오랫동안 쓰기 연습만 시키는 걸까요?

히브리어를 눈에 들어오게 하려고요! 읽어야 히브리어 진도를 나갈 수 있거든요.

모음 기호 참고하여 소리음을 적어 보기

아	אָ	אַ	אֲ		오	אוֹ	אֹ	אָ	אֳ
에	אֵי	אֵ	אֶ	אֱ	우	אוּ	אֻ	
이	אִי	אִ						

히브리어 연습표 1~4 (오른쪽에서 왼쪽으로 읽음)

아 1 — 소리 적기: 압
אַב　אַג　אַדּ　אַה　אַז　אַדּ　אַל　אַל　אַם　אַן　אַס　אַס　אַף

아 2 — 소리 적기: 아쯔
אַץ　אַק　אַר　אַת　בַת　בַשׁ　בֵר　בַר　בַץ　בַף　בַף　כַן

아 3 — 소리 적기: 밤
בָם　בַל　בֵהּ　בֵר　בָר　בָה　בַד　בַג　בַב　בָא　גָא　גַב

아 4 — 소리 적기: 갇
גַד　גַה　גַז　גַח　גַט　גִ　גִ　גַדּ　גָל　גַל　גָם　גַן　גַס

	소리			
아	소리 적기	갚	גֵּר גַּשׁ גֵּשׁ גַּת דָּת דֵּשׁ דָּר דֵּר דָּק דֵּץ גֹּף גֵּץ גֹּק	5
아	소리 적기	답	דֹּף דָּס דַּע דָּם דָּן דַּל דֵּדּ דֵּץ דָּז דָּג דַּה דָּד	6
아	소리 적기	답	דָּב דָּא הַב הַג הָד הֹד הֹה הַה הֹה הַד הֹז הַט הֹי	7
아	소리 적기	학	הֹדּ הָל הַם הֹן הָם הֹס הַע הֹף הַף הַץ הָץ הֹר הַק הַר הָשׁ	8
아	소리 적기	하쉬	הַשׁ הַת זָא זַב זָג זַח זַה זַד זָד זַג זַה זַט זִי זָדּ	9
아	소리 적기	잘	זַל זַם זֶן זָס זַע זַף זֶף זָז זָץ זַק זָר זֶר זָשׁ זַשׁ	10
A~U	소리 적기	헤이	חֵי חֵב חַג חֶד חֵד חִיא חַז חֹז חוֹט חֹד חֹז חָף חָל חוּם	11
A~U	소리 적기	훈	חֵן חָס חַז חָק צִיר צֶשׁ צֵת טַת טַשׁ טֶק טֵיר	12
A~U	소리 적기	텟쯔	טֵץ טֶף טִיד טַם טוֹן טֹל טֶז טוֹה טֵד טֶד יָא יַב	13

	A~U	14
יֵץ יֵס יֵן יָן יֵם יוֹל יוֹד יוֹט יֵט יֵח יֵז יֵז יֵה יֵג	약(YAG)	소리 적기

	A~U	15
פֵּף כֵּן כֵּיק כֵּר כֵּש כָת יֵת יוֹש יֵר יֵק	옉	소리 적기

정답

1_ 앞(af), 아스, 안, 암, 알(al), 악, 아즈, 아~, 앋(ad), 악(ag), 압

2_ 반, 밮(baf), 바쯔, 바크, 발(bar), 바쉬, 바트(bat), 앝(at), 알(ar), 아크, 아쯔

3_ 갑, 가~, 바~, 바압, 박(bag), 받(bad), 바~, 발(bar), 바크(bak), 발(bal), 밤

4_ 가스, 간, 감, 가알(gal), 각(gak), 가이, 가트(gat), 가흐(gach), 가즈, 가~ , 갇(gad)

 *장모음은 길게, 단모음과 미모음은 한 단어로 축약됩니다. 한국어 발음이 히브리어와 약간의 차이가 있습니다.

5_ 다쯔, 다크(dak), 달(dar), 다쉬, 다트(dat), 가트(gat), 가쉬, 갈(gar), 가크(gak) 가쯔(gatz) 갑(gaf)

6_ 닫(dad), 다~(dah), 다그(dag), 다즈, 닥(dak), 달(dal), 단, 담, 다~, 다스, 답(daf)

7_ 하이, 하트(hat), 하즈, 하우, 하~, 하드, 학(hag), 합(hav), 하~, 다, 답(dav)

8_하쉬, 할(har), 하크, 하쯔(hatz), 핲(haf), 하아, 하스, 한, 함, 할, 학(hak)

9_ 작(zak), 자이, 자트, 자~(zach), 자, 자드, 작(zag), 잡, 자~, 핟(hat), 하쉬

10_ 자스(zas), 자쉬, 잘(zar), 작(zak), 자쯔(zatz), 잪(zaf), 자아, 자스, 잔, 잠, 잘(zal)

11_ 훔, 홀(hol), 홒(hof), 호크(hok), 호트, 히즈(hiz), 히, 헫(hed), 헥(heg), 헤브(hev), 헤이

12_ 테에르(teir), 탁(tak), 타쉬, 타트(tat), 쩰(tzet), 쩨쉬, 쩨이르(tzer), 학(hak), 하쯔, 하스, 훈(헷트는 모두 강하게 발음함)

13_ 얍, 야아, 툳(tud), 투흐, 토즈(toz), 토올, 토온, 팀, 티크, 텦(tef), 텟쯔

14_예쯔, 야스(yas), 야안, 윰(yum), 유울, 요오크, 잍(it), 예흐(yech), 예즈, 예~, 약

15_ 펙(pek), 케쯔(ketz), 케이크(keik), 칼(kar), 카쉬, 카트(kat), 윹(yut), 유스(yus), 요쉬, 일(ir), 옉

어? 히브리어가 읽어지네!

다음 단어를 읽고, 소리 음을 써본 후에 뜻을 암기하세요!

한글소리로 써보세요!

다음의 단어들은 많이 쓰이니, 깜놀 단어 카드로 뜻까지 익히세요!

깜놀 카드 번호 를 보고 단어를 찾아 공부하세요.

맞힌 문제가 20개가 넘지 않으면 다시 복습하세요!

Also	If	With	People	Name	What is	
גַּם	אִם	עִם	עַם	שֵׁם	מָה	1
66		50	61	41	112	
또한	만일	함께	백성	이름	무엇	

감

All	Or	Mother	Father	Mountain	From	
כָּל	אוֹ	אֵם	אַב	הַר	מִן	2
49		20	20	43	86	
모든	또는	엄마	아빠	산	부터	

Only	Upon	Because	Good	Of	Blood	
רַק	עַל	כִּי	טוֹב	שֶׁל	דָּם	3
	87		36		155	
단지	위에	왜냐면	좋은	~에게 속한	피	

No	Yes	Tree	Day	Who is	This is	
לֹא	כֵּן	עֵץ	יוֹם	מִי	זֶה	4
56	55	28	24	113	62	
아니다	예	나무	낮/날	누구	이것은	

* 카드 번호가 없는 단어는 2권에서 배웁니다.

정답 아래를 가리고 문제를 푸세요.

1_ 감, 임, 임, 암, 쉠, 마

2_ 콜, 오, 엠, 압, 할, 민

3_ 락, 알, 키이, 토브, 쉘, 담

4_ 로, 켄, 에쯔, 요옴, 미이, 제

הֲבֵאנוּ שָׁלוֹם עֲלֵיכֶם
헤베누 샬롬 알레켐

이스라엘에서 가장 유명한 노래 중 하나이며, 모든 사람들이 애창하는 곡입니다.

"우리가 평화를 너희에게 가져왔다"라는 뜻이며, 이 노래를 부르면서 포크 댄스를 추기도 합니다. 반복해서 계속 부르면 더 좋습니다.

요엘 TV
▶ Tube
헤베누 샬롬 알레켐

읽기 트레이닝

슈바를 완전 정복해 보세요! 읽기가 쉽고 부드러워집니다. 다음 신명기 6장의 문장을 읽어 보세요. 유성과 무성을 구분하면서 읽는 훈련을 하세요. 그 아래 빈칸에는 한글로 소리음을 쓰세요. 또한 필자의 유튜브에 나오는 강의를 참고하여 듣기 훈련도 하세요.

유성 슈바 _ 약한 "에" 소리를 낸다
무성 슈바 _ "에" 소리를 내지 않음

요엘 TV
▶ Tube
신명기 6장 읽기

1 שְׁמַע יִשְׂרָאֵל יְהוָה אֱלֹהֵינוּ יְהוָה אֶחָד׃ וְאָהַבְתָּ אֵת יְהוָה

2 אֱלֹהֶיךָ, בְּכָל־לְבָבְךָ וּבְכָל־נַפְשְׁךָ וּבְכָל־מְאֹדֶךָ

단모음 오 단모음 오 단모음 오

3 וְהָיוּ הַדְּבָרִים הָאֵלֶּה אֲשֶׁר אָנֹכִי מְצַוְּךָ הַיּוֹם עַל־לְבָבֶךָ

4 וְשִׁנַּנְתָּם לְבָנֶיךָ וְדִבַּרְתָּ בָּם בְּשִׁבְתְּךָ בְּבֵיתֶךָ וּבְלֶכְתְּךָ בַּדֶּרֶךְ

5 וּבְשָׁכְבְּךָ וּבְקוּמֶךָ

יְהוָה 의 표기는 '예흐봐'이지만 '아도나이'로 발음합니다.

정답 아래를 가리고 문제를 푸세요.

1_ 아도나이/ 에트/ 뵈아하브타/ 에하드/ 아도나이/ 엘로헤이누/ 아도나이/이스라엘/ 슈마

2_ 메오테카/ 우베콜/ 나프쉐카/ 우베콜/ 레바브카/ 베콜/ 엘로헤이카

3_ 레바브카/ 알/ 하욤/ 메짜뵈카/ 아노키/ 아쉘(asher)/ 하엘레/ 하테바림/ 뵈하유

4_ 바데렉/ 우베레크테카/ 베베이테카/ 베쉬브테카/ 밤/ 뵈디바르타/ 레바네카/ 뵈쉬난탐

5_ 우베쿠메카/ 우베쇄케베카

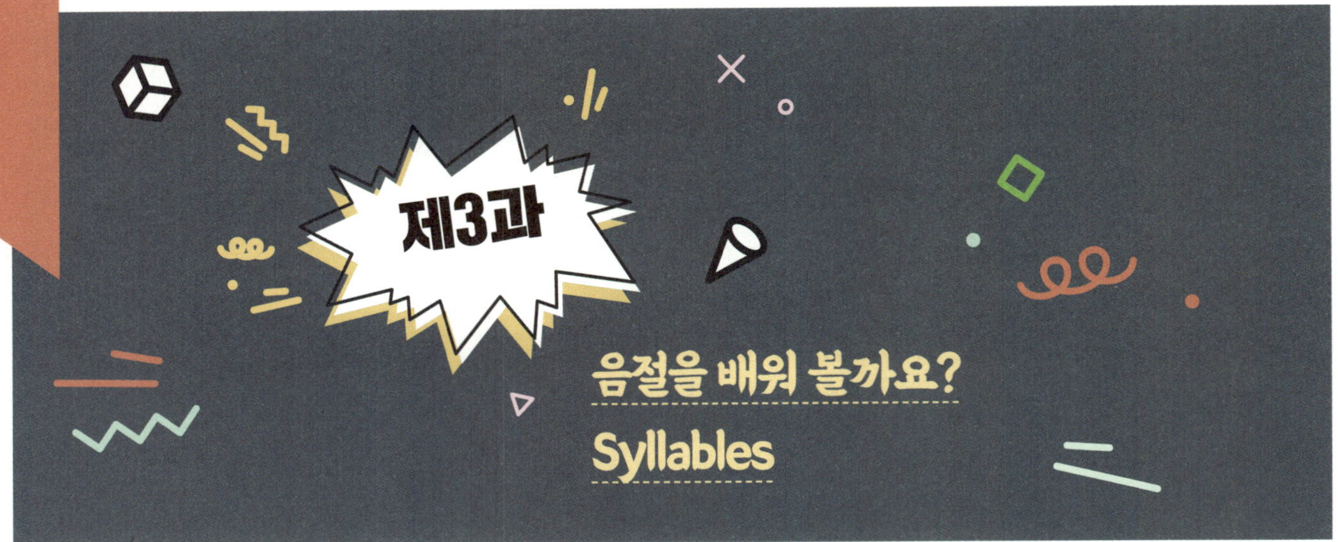

히브리어 학습 중에 소홀하기 쉬운 것은 읽기 연습입니다. 읽기 연습이 충분히 되어야, 히브리 단어나 문장을 보고 더듬거리지 않게 됩니다. 읽기는 아무리 강조해도 지나치지 않습니다. 히브리어 읽기에 가장 좋은 재료는 이름과 장소입니다! 모두 히브리어이기에, 두뇌 속에 저장된 것을 꺼내 히브리어로 바꾸면 됩니다.

a. 음절을 나누고 읽어 보세요

히브리 단어가 어떻게 읽히는지 살펴보겠습니다. 히브리어는 음절(syllable)로 구성되어 있습니다. 예를 들어 1) 다/ 2) 니/ 3) 엘 이렇게 하나 하나가 음절이라는 뜻입니다. 한 음절 안에는 반드시 모음이나 반 모음(full vowel 또는 half vowel) 등이 들어있어야 합니다. 반 모음이란 단모음과 미모음을 가리킵니다.

음절은 1) 자음+모음, 2) 자음+모음+자음으로 구성됩니다. 1) 자음+모음은 개음절로 끝이

나며, 2) 자음+모음+자음은 폐음절로 끝이 납니다. 순장모음이 앞에 오면, 그 자체로 한 음절이
됩니다.

한 음절	두 음절	세 음절	네 음절
כֵּן	דֶּלֶת	אֱלֹהִים	וּלְאָדָם
	달렛	엘로힘	우레아담
כֵּן	דֶּ | לֶת	אֱ | לֹ | הִים	וּ | לְ | אָ | דָם
Ken	Da | let	E | lo | him	U | le | A | dam

음절 나누기의 예

다음의 음절 나누기를 보면서 읽어 보세요. 음절을 나누어 읽어 보면 히브리어가 금세
읽힙니다. 지속적인 반복을 통해서 읽기를 완성할 수 있습니다.

갈릴	파란	다니엘
גָּ | לִיל	פָּא | רָן	דָּ | נִי | אֵל
Ga | lil	Pa | ran	Da | ni | el

모쉐	슐로모	예루샬라임
מֹ | שֶׁה	שְׁלֹ | מֹה	יְרוּ | שָׁ | לַ | יִם
Mo | she	Shulo | mo	Yeru | sha | la | im

다비드	말카(여왕)	호크마
דָּ | וִד	מַל | כָּה	חָכְ | מָה
Da | vid	Mal | kah	Hok | mah

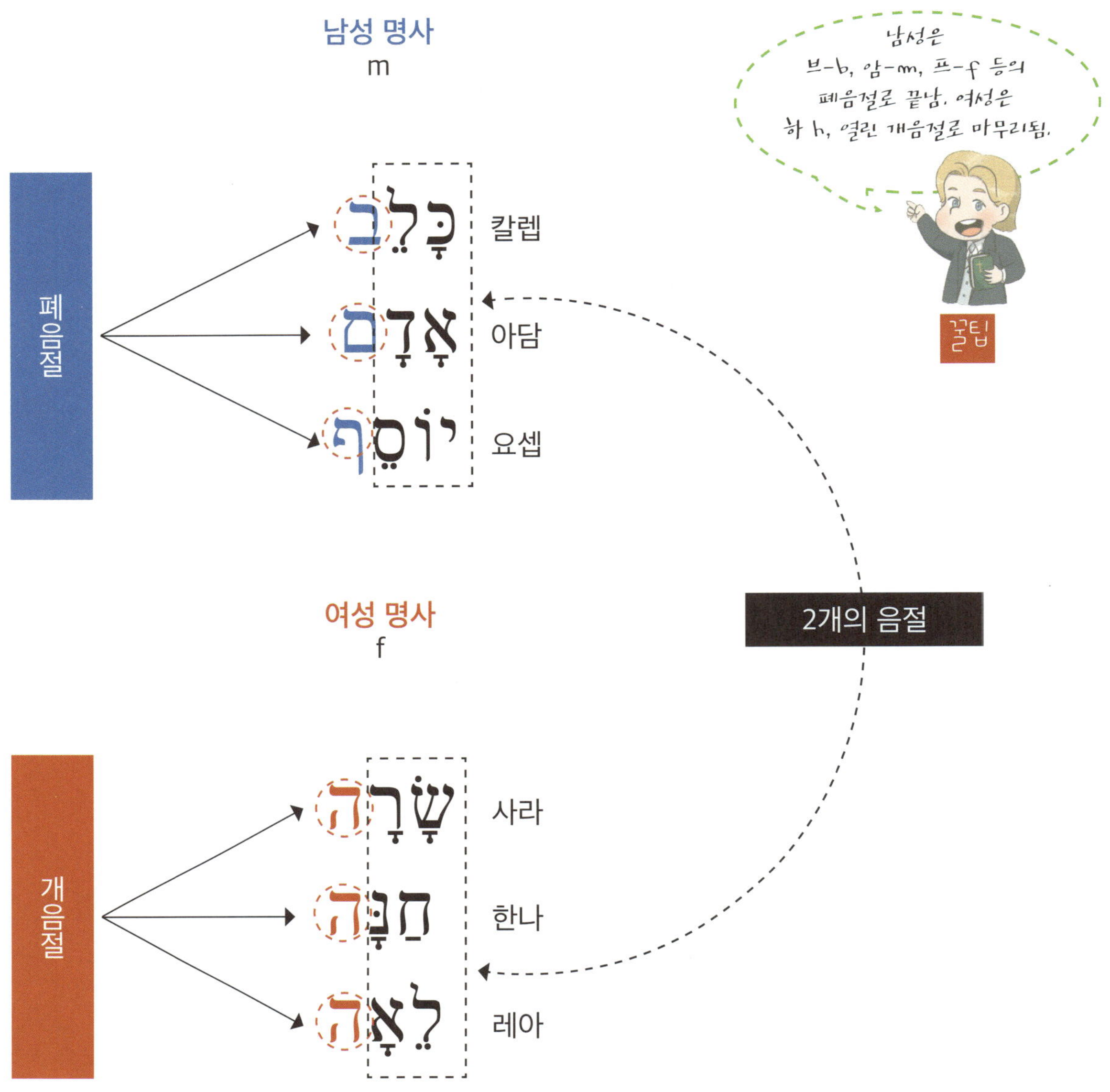

개음절은 마지막이 열려 있는 음절을 말하며, 폐음절은 마지막이 닫혀 있는 음절을 말합니다. 여성 명사인 Hannah, Devorah, Leah 등은 열린 채 끝이 납니다. 남성 명사인 Caleb, Adam, Yoseph 등은 닫혀 있는 채로 끝이 납니다.

열리면 개음절이라고 하고, 닫히면 폐음절이라고 하죠. 여성 명사는 대개 개음절로 끝이 나며, 남성 명사는 주로 폐음절로 끝이 납니다.

그러나 어떤 경우는 여성 명사가 남성처럼 폐음절로 끝나기도 합니다. <u>신체 부위</u>에 해당하는 모든 명사(눈, 입, 손, 발 등)는 엔딩 음절에 상관없이 모두 여성 명사입니다. 책에 수록된 그림 단어에 표시한 품사를 꼭 살피세요!

C. 음절을 나누어서 읽어 보아요

히브리 단어들은 음절로 구성됩니다. 정확한 발음을 표기하기 위해 영어로 음을 표기했습니다. 잘 읽어지지 않으면 영어의 도움을 받다가, 후에 영문 표기를 가리고 연습하세요. 다음 장에서는 이 단어를 쓰고 읽는 훈련을 합니다. 다음의 단어들은 그림 카드로 암기하기 바랍니다.

깜놀 인명 · 지명 카드를 통해서 색깔과 영어 표기음을 교차하면서 쉽게 익히세요!

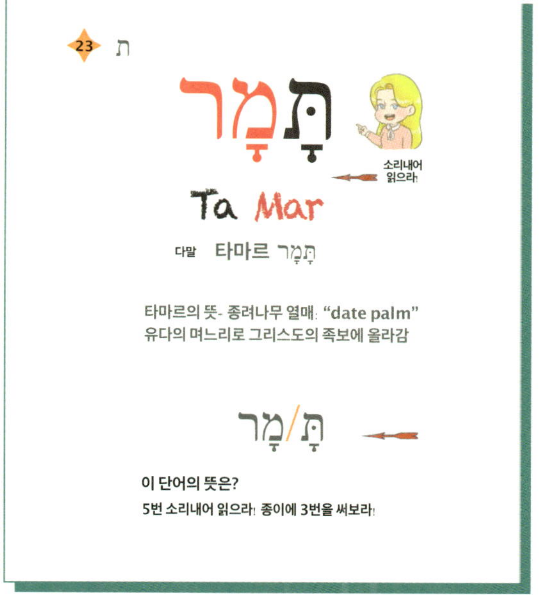

음절 학습하기

다음 히브리 단어를 세 번씩 소리내어 읽으세요. 영문을 가리고도 읽어 보세요.

깜놀카드 번호	단어	=	음절	+	음절
207 제물	זֶבַח		בַח vach	+	זֶ ze
179 무거운	כָּבֵד		בֵד ved	+	כָּ ka
145 율법	תּוֹרָה		רָה rah	+	תּוֹ to
계명	מִצְוָה		וָה vah	+	מִצְ mitz
204 장소	מָקוֹם		קוֹם kom	+	מָ ma
아멘	אָמֵן		מֵן men	+	אָ a
37 위대한/ 큰	גָּדוֹל		דוֹל dol	+	גָּ ga
121 해-Year	שָׁנָה		נָה nah	+	שָׁ sha

깜놀카드 번호	단어	=	음절	+	음절	
아침	בֹּקֶר		קֶר ker	+	בֹּ bo	①
191 금	זָהָב		הָב hav	+	זָ za	②
모압	מוֹאָב		אָב av	+	מוֹ mo	③
93 소년	יֶלֶד		לֶד led	+	יֶ ye	④
22 집	בַּיִת		יִת it	+	בַּ ba	⑤
33 물	מַיִם		יִם im	+	מַ ma	⑥
183 위쪽	מַעַל		עַל al	+	מַ me	⑦
하나	אֶחָד		חָד had	+	אֶ e	⑧

깜놀카드 번호	단어	=	음절	+	음절
숫자	מִסְפָּר		פָּר (pal)	+	מִס (mis)
새로운	חָדָשׁ		דָשׁ (dash)	+	חָ (ha)
말씀 54	דָּבָר		בָר (var)	+	דָּ (da)
매우	מְאֹד		אֹד (od)	+	מְ (me)

깜놀카드 번호	단어	=	음절	+	음절	
부르다 72	קָרָא		רָא (ra)	+	קָ (ka)	⑨
열매	פְּרִי		רִי (ri)	+	פְּ (pr(프))	⑩
풀밭	דֶּשֶׁא		שֶׁא (she)	+	דֶּ (de)	⑪
영혼 42	נֶפֶשׁ		פֶשׁ (fesh)	+	נֶ (ne)	⑫

히브리어는 잘 읽어야 합니다. 히브리어를 배웠는데도 읽지 못하는 분이 있습니다. 읽기와 쓰기가 부족해서입니다. 음절 구분을 꾸준히 연습하면, 잘 읽게 됩니다.

히브리어의 달인 되기!

다음 도표에 있는 단어들을 소리내 읽고, 단어 아래에 음을 적고, 회색의 단어 위에 덧대 쓰세요.

정답   아래를 가리고 문제를 푸세요.

① _ boker 보켈   ⑧ _ eḥad 에하드

② _ zahav 자합   ⑨ _ kara 카라

③ _ Moav 모압   ⑩ _ pree 프리

④ _ yeled 옐레드   ⑪ _ deshe 데쇄

⑤ _ bait 바이트   ⑫ _ nefesh 네페쉬

⑥ _ maim 마임

⑦ _ meal 메알

다음 음절도 쓰면서 소리 내어 연습하세요.

	단어	=	음절	+	음절	
제물	זֶבַח		בַח	+	זֶ	①
무거운	כָּבֵד		בֵד	+	כָּ	②
율법	תּוֹרָה		רָה	+	תּוֹ	③
계명	מִצְוָה		וָה	+	מִצְ	④
장소	מָקוֹם		קוֹם	+	מָ	⑤
아멘	אָמֵן		מֵן	+	אָ	⑥
위대한/ 큰	גָּדוֹל		דוֹל	+	גָּ	⑦

	단어	=	음절	+	음절	
해 Year	שָׁנָה שָׁנָה	נָה נָה	נָה	+	שָׁ שָׁ	⑧
숫자	מִסְפָּר מִסְפָּר	פָּר פָּר	פָּר	+	מִס מִס	⑨
새로운	חָדָשׁ חָדָשׁ	דָשׁ דָשׁ	דָשׁ		חָ חָ	⑩
말씀	דָּבָר דָּבָר	בָר בָר	בָר		דָּ דָּ	⑪
매우	מְאֹד מְאֹד	אֹד אֹד	אֹד		מְ מְ	⑫

정답

아래를 가리고 문제를 푸세요.

①_ zebach 제바흐　　　⑧_ shanah 샤나

②_ kaved 카베드　　　⑨_ mispal 미스팔

③_ Torah 토라　　　⑩_ ḥadash 하다쉬

④_ mitzvah 미쯔바　　　⑪_ davar 다바르

⑤_ makom 마콤　　　⑫_ meod 메오드

⑥_ amen 아멘

⑦_ gadol 가돌

어? 원문이 읽어지네!

유성 슈바
무성 슈바

창세기 1장 첫째 날입니다. 꼭 소리 내어 읽어 보세요!

1 בְּרֵאשִׁית בָּרָא אֱלֹהִים אֵת הַשָּׁמַיִם וְאֵת הָאָרֶץ׃

2 וְהָאָרֶץ הָיְתָה תֹהוּ וָבֹהוּ וְחֹשֶׁךְ עַל־פְּנֵי תְהוֹם וְרוּחַ אֱלֹהִים מְרַחֶפֶת עַל־פְּנֵי הַמָּיִם׃

3 וַיֹּאמֶר אֱלֹהִים יְהִי אוֹר וַיְהִי־אוֹר׃

4 וַיַּרְא אֱלֹהִים אֶת־הָאוֹר כִּי־טוֹב וַיַּבְדֵּל אֱלֹהִים בֵּין הָאוֹר וּבֵין הַחֹשֶׁךְ׃

5 וַיִּקְרָא אֱלֹהִים לָאוֹר יוֹם וְלַחֹשֶׁךְ קָרָא לָיְלָה וַיְהִי־עֶרֶב וַיְהִי־בֹקֶר יוֹם אֶחָד׃

정답 아래를 가리고 원문을 읽으세요.

1_ 베레쉬트 바라 엘로힘 엣트 하샤마임 뵈에트 하아레쯔

2_ 뵈 하아레쯔 하예타 토후 봐보후 뵈호쉐크 알 페네이 테홈 뵈 루아흐 엘로힘

　메라헤페트 알 페네이 하마임

3_ 봐요멜 엘로힘 예히 올(or) 봐이히 올(or)

4_ 봐야레 엘로힘 엣트 하올(or) 키 토브 봐야브델 엘로힘 베인 하올(or)

　우베인 하호쉐크

5_ 봐이크라 엘로힘 라올(or) 욤 뵈라호쉐크 카라 라일라(laylah) 봐이히 에렙

　봐이히 보켈(boker) 욤 에하드

הִנֵּה מַה־טּוֹב וּמַה־נָּעִים

히네 마 토브 우마 나임 (folk song)

히브리 전통 민요

הִנֵּה מַה־טּוֹב וּמַה־נָּעִים שֶׁבֶת אַחִים גַּם־יָחַד

와우(봐라~) 얼마나 좋은가!, 그리고 얼마나 기쁜가? 형제들이 함께 사는 것이, 또한 하나가 되는 것이…

요엘 TV
▶ Tube

히네 마 토브 우마 나임

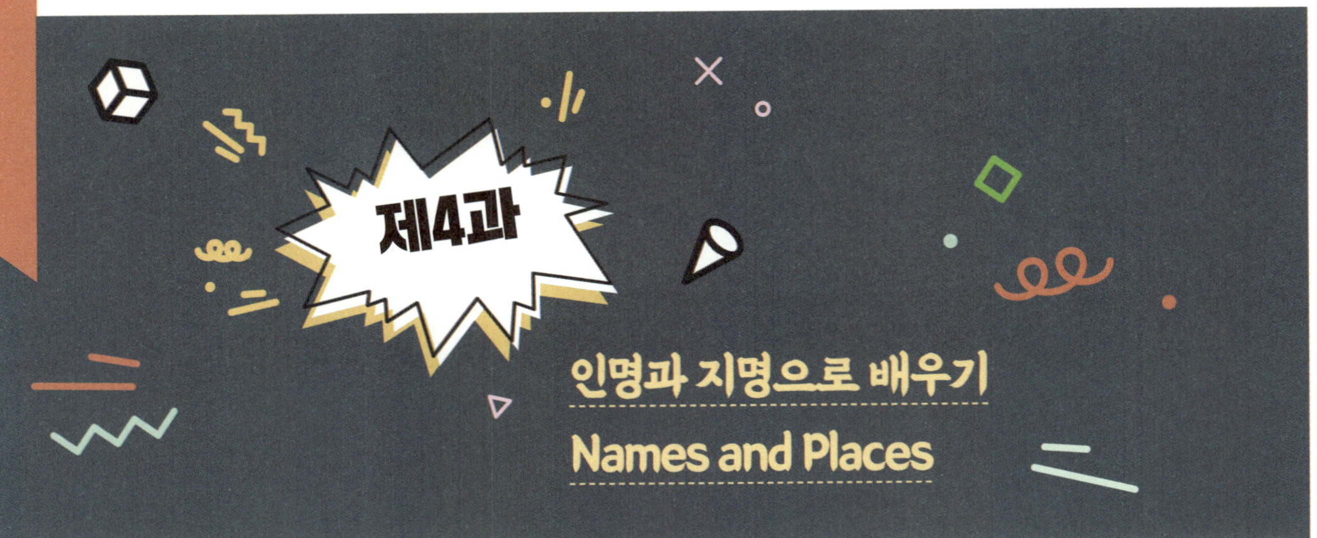

우리 두뇌 속에는 무수한 히브리어가 잠자고 있습니다. 바로 성경 인명과 지명이지요.
예루살렘, 베들레헴, 헤브론, 갈릴리, 막달라, 아합, 아브라함, 멜기세덱, 아비멜렉, 요셉, 르호보암,
엘리야, 다니엘…. 이 히브리 단어들을 사용하면 훌륭한 학습 도구가 됩니다. 읽기 연습에 좋으며,
풀이를 하면 문장이 됩니다. 이름에 대한 해석은 다음 과에서 집중적으로 다룹니다.

다음 이름들이 눈에 들어오도록 연습하세요. 이들은 이 교재에서 주인공처럼 사용됩니다.

מֹשֶׁה	모쉐/모세	כָּלֵב	칼렙/갈렙	יִשְׂרָאֵל	이스라엘
דָּוִד	다비드/다윗	יַעֲקֹב	야아콥/야곱	חַנָּה	한나
אַהֲרֹן	아하론/아론	עֵשָׂו	에싸브/에서	תָּמָר	타마르/다말
נָבָל	나발	אַחְאָב	아흐압/아합	יְהוֹשֻׁעַ	예호슈아/여호수아
שָׂרָה	사라	אַבְרָם	아브람	דְּבוֹרָה	드보라

*빨간색은 여성 이름

다음 이름의 소리 나는 히브리 음을 적어 보세요. 만일 모를 경우 위의 이름을 여러 차례 반복해서 읽은 후 써 보세요.

אַהֲרֹן		עֵשָׂו		יַעֲקֹב	
יִשְׂרָאֵל		תָּמָר		מֹשֶׁה	
שָׂרָה		נָבָל		יְהוֹשֻׁעַ	
אַחְאָב		אַבְרָם		דְּבוֹרָה	
חַנָּה		כָּלֵב		דָּוִד	

עֵשָׂו (에서) 이 경우에는 '에싸브'로 발음합니다.

a. 히브리어 인명 지명 쓰기

히브리어 읽기를 완성하려면 노력해야 합니다. 히브리어 이름으로 쉽게 배울 수 있습니다. 이름은 히브리어 이해의 지름길이 됩니다.

다음 표는 많이 사용하는 이름을 모은 것입니다. 표에서 오렌지색은 후음을, 보라색은 베가드 카페트 6문자를, 녹색은 일반적인 문자로 구분했습니다. 원문에는 수많은 이름이 등장합니다. 이 책에서도 인명들이 들어간 예문을 사용했습니다. 끈기를 갖고 집중해서 쓰고, 읽기를 계속해서 눈에 넣길 바랍니다.

이름의 뜻을 생각하면서, 빈칸에 한글로 히브리 이름을 쓰세요. 유성 슈바와 무성 슈바를 통해 슈바도 연습하세요! 빨간색은 여성 이름입니다.

후음
다게쉬
일반

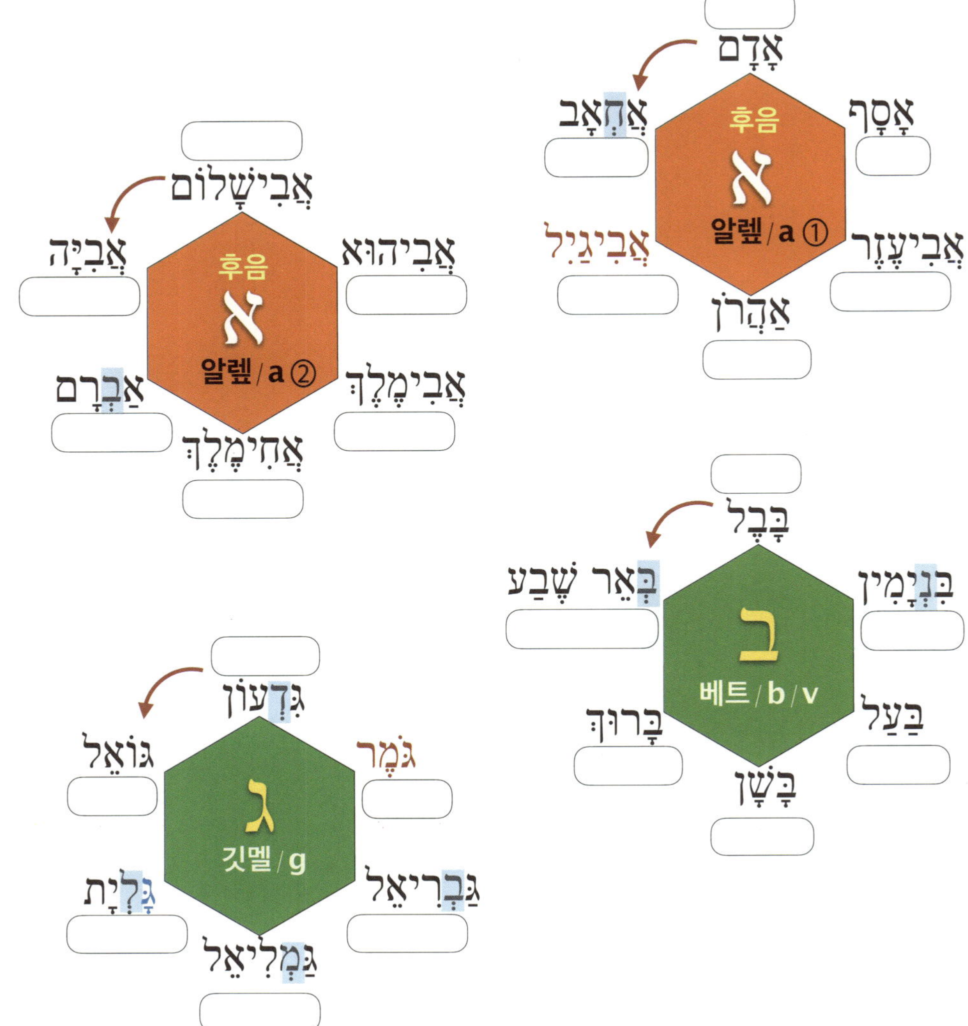

אֲבִישָׁלוֹם
אֲבִיָּה
אֲבִיהוּא
후음
א
알렢/a ②
אֲבְרָם
אֲבִימֶלֶךְ
אֲחִימֶלֶךְ

אָדָם
אַחְאָב
אָסָף
후음
א
알렢/a ①
אֲבִיגַיִל
אֲבִיעֶזֶר
אַהֲרֹן

בָּבֶל
בְּאֵר שֶׁבַע
בִּנְיָמִין
ב
베트/b/v
בָּרוּךְ
בַּעַל
בָּשָׁן

גִּדְעוֹן
גּוֹאֵל
גֹּמֶר
ג
깃멜/g
גָּלְיָת
גַּבְרִיאֵל
גַּמְלִיאֵל

다게쉬 레네(점)가 있는 6개 문자 기억하세요!
베 / 가 / 드 / 카 / 페 / 트

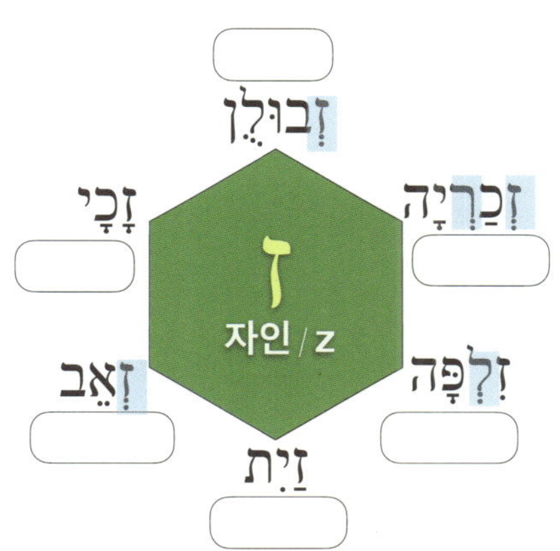

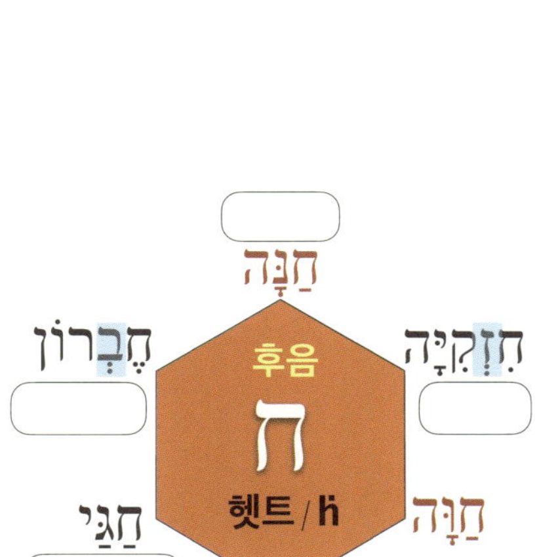

정답

아래를 가리고 연습하세요!

달렛	다니엘, 디나, 단, 다메섹, 드보라, 다비드(다윗)
헤	하만, 호쉐아, 하닷사, 호쉬아 나(호산나), 할렐루야, 하갈
자인	즈불룬(스불론), 자카이(삭개오), 즈엡(늑대), 자이트(올리브), 질파(실바), 즈카리야(스가랴)
헷트	한나, 헤브론, 학가이(학개), 헵찌-바(헵시바), 하봐(하와), 히즈키야(히스기야)

후음 5개를 꼭 기억하세요!
"아흐~해아래" 점 찍을 곳이 없도다
א / ח / ה / ע / ר

* 표시가 있는 단어는 유성으로 발음합니다

정답

아래를 가리고 연습하세요!

테트	토비야(도비아), 타임, 텔레폰(전화기), 토바(good), 토브(good), 테베리야(디베랴)
유드	이스라엘, 요엘, 이르메야(예레미야), 예헤즈켈(에스겔), 예후다(유다), 예솨으야후(이사야)
카프	칼렙(갈렙), 케루빔(그룹), 케렘(포도원), 키네렛(게네사렛), 케나안(가나안), 케셒(은, 돈)
라메드	롵(롯), 라반, 레바논, 로 암미, 레비(레위), 레아

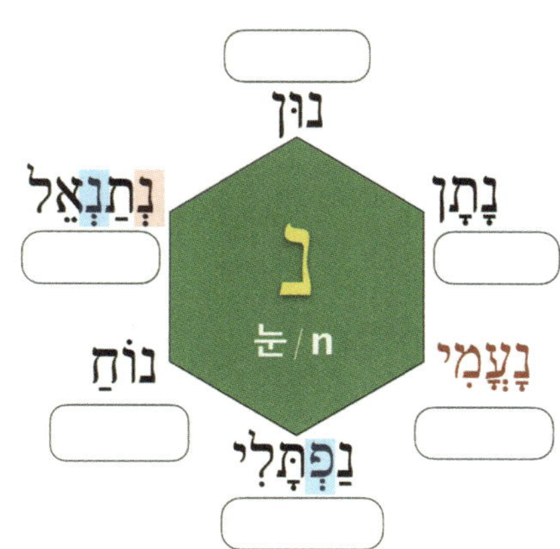

정답

아래를 가리고 연습하세요!

멤   모쉐, 미리얌(미리암), 미카엘(미가엘), 모리야, 모압, 미디얀(미디안)

눈   눈, 네탄엘(나다나엘), 노아흐(노아), 낲탈리(납달리), 나오미, 나탄(나단)

사멕   스돔(소돔), 셀라, 사르곤, 수콧트(숙곳), 소페림(서기관들), 시스라

아인   에덴, 암몬, 암미나답(아미나답), 임마누엘, 암미엘, 에사브(에서)

정답

아래를 가리고 연습하세요!

페	파르오(바로), 파울(바울), 피스가(비스가), 피느하스(비느하스), 페사흐(유월절), 프닌나(브닌나)
짜디	찌온(시온), 짜폰(북쪽), 쩨다카(의), 찌드키야(시드기야), 쩨판야(스바냐), 짜독(사독)
쿠프	키르얏-여아림(기럇여아림), 키부쯔(키부츠), 키슈온(기손), 카데쉬 바르네아(가데스바네아), 카인(가인), 코르반(고르반)
레쉬	리브카(리브가), 라합, 레하브암(르호보암), 레호봇, 룻, 라헬

신 4:48에 나오는 시온 산은 헬몬 산의
시온 산이며, 예루살렘의 시온 산과
스펠링이 다름을 기억하세요.

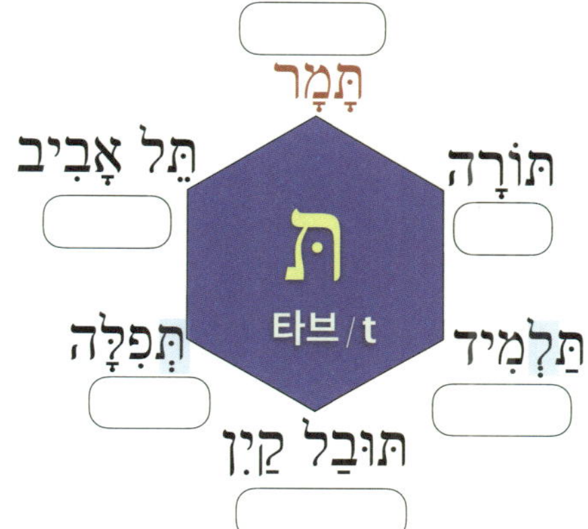

שָׂמֵחַ 기쁨   נֹחַ 노아   רוּחַ 성령

사메아흐/ not 사멕흐   노아흐/ not 노하   루아흐/ not 루학

정답

아래를 가리고 연습하세요!

쉰   샤울(사울), 슐로모(솔로몬), 쉼숀(삼손), 슈무엘(사무엘), 슈켐(세켐), 쇼메론(사마리아)

신   사라, 싯딤, 사탄, 시온, 세일, 소렉(소렉)

타브   타마르(다말), 텔 아비브, 트필라(기도), 투발 카인(두발가인), 탈미드(저자), 토라

각 단어를 일곱 번씩 소리 내서 읽고 V 표시와 한글음을 적어 보세요. 만일 잘 안 읽힌다면, 앞장 육각형의 단어에서 찾아 확인한 후에 읽어 가세요. 완벽히 읽어야만 히브리어를 진행할 수 있습니다. 만일 아직 눈에 히브리어가 들어오지 않는다면, 다시 시작하세요.

אָסָף	אֲבִיעֶזֶר	אַהֲרֹן	אֲבִיגַיִל	אֶחְאָב	אָדָם	**א**	①
			아담 V			7회 체크	
אֲבִיהוּא	אֲבִימֶלֶךְ	אֲחִימֶלֶךְ	אַבְרָם	אֲבִיָּה	אֲבִישָׁלוֹם	**א**	②
						7회 체크	
בִּנְיָמִין	בַּעַל	בָּשָׁן	בָּרוּךְ	בְּאֵר שֶׁבַע	בָּבֶל	**ב**	③
						7회 체크	
גֹּמֶר	גַּבְרִיאֵל	גַּמְלִיאֵל	גָּלְיָת	גּוֹאֵל	גִּדְעוֹן	**ג**	④
						7회 체크	
דָּוִד	דְּבוֹרָה	דַּמֶּשֶׂק	דָּן	דִּינָה	דָּנִיֵּאל	**ד**	⑤
						7회 체크	
הָגָר	הַלְלוּיָהּ	הוֹשִׁיעָ נָא	הֲדַסָּה	הוֹשֵׁעַ	הָמָן	**ה**	⑥
						7회 체크	
זְכַרְיָה	זִלְפָּה	זַיִת	זְאֵב	זַכַּי	זְבוּלֻן	**ז**	⑦
						7회 체크	

일곱 번씩 소리내서 읽고 있나요? 하나님께서 성경에 기록한 이름들입니다. 그 뜻을
생각하면서 읽으세요.

⑧ **ח** (7회 체크)
חַנָּה חֶבְרוֹן חַגַּי חֶפְצִי בָהּ חַנָּה הִזְקִיָּה

⑨ **ט** (7회 체크)
טוֹבִיָּה טָעִים טֶלֶפוֹן טוֹבָה טוֹב טְבֶרְיָה

⑩ **י** (7회 체크)
יִשְׂרָאֵל יוֹאֵל יִרְמְיָה יְחֶזְקֵאל יְהוּדָה יְשַׁעְיָהוּ

⑪ **כ** (7회 체크)
כָּלֵב כְּרוּבִים כֶּרֶם כִּנֶּרֶת כְּנַעַן כֶּסֶף

⑫ **ל** (7회 체크)
לוֹט לָבָן לְבָנוֹן לֹא עַמִּי לֵוִי לֵאָה

⑬ **מ** (7회 체크)
מֹשֶׁה מִרְיָם מִיכָאֵל מוֹרִיָּה מוֹאָב מִדְיָן

⑭ **נ** (7회 체크)
נוּן נְתַנְאֵל נֹחַ נַפְתָּלִי נָעֳמִי נָתָן

⑮ **ס** (7회 체크)
סְדוֹם סֶלָה סַרְגוֹן סֻכּוֹת סוֹפְרִים סִיסְרָא

⑯	עַ	עֵדֶן	עַמּוֹן	עַמִּינָדָב	עִמָּנוּאֵל	עַמִּיאֵל	עֵשָׂו
	7회 체크						
⑰	פַּ	פַּרְעֹה	פָּאוּל	פִּסְגָּה	פִּנְחָס	פֶּסַח	פְּנִנָּה
	7회 체크						
⑱	צַ	צִיּוֹן	צָפוֹן	צְדָקָה	צִדְקִיָּה	צְפַנְיָה	צָדוֹק
	7회 체크						
⑲	ק	קִרְיַת־יְעָרִים	קִשָּׁיוֹן	קִבּוּץ	קָדֵשׁ בַּרְנֵעַ	קַיִן	קׇרְבָּן
	7회 체크						
⑳	ר	רִבְקָה	רָחָב	רְחַבְעָם	רְחוֹבוֹת	רוּת	רָחֵל
	7회 체크						
㉑	שׁ	שָׁאוּל	שְׁלֹמֹה	שִׁמְשׁוֹן	שְׁמוּאֵל	שְׁכֶם	שֹׁמְרוֹן
	7회 체크						
㉒	שׂ	שָׂרָה	שֵׂדִים	שָׂטָן	שִׂיאָן	שֵׂעִיר	שׂוֹרֵק
	7회 체크						
㉓	ת	תָּמָר	תֵּל אָבִיב	תְּפִלָּה	תּוּבַל קַיִן	תַּלְמִיד	תּוֹרָה
	7회 체크						

히브리 단어를 보는 순간, 눈에 착 감기게 들어와야 합니다. 더듬더듬 읽게 되면 준비가 안 된 것입니다. 읽지 못하면 진도를 나갈 수 없답니다. 히브리어 1차 관문은 어떤 단어도 척척 읽는 데 있습니다. 연습과 반복으로만 가능합니다. 꾸준히 읽기 연습을 하세요. 필자의 동영상 강의를 클릭해서 그림 단어 읽기 연습을 해보면 더욱 빨리 습득됩니다.

정답　　　　　　　아래를 가리고 문제를 푸세요.　←　오른쪽에서 왼쪽으로 읽어 가세요

①_ 아삽, 아비에젤, 아하론, 아비가일, 아흐압(아합), 아담

②_ 아비후, 아비멜렉, 아히멜렉, 아브람, 아비야, 아비샬롬

③_ 빈야민, 바알, 바샨(Bashan), 바룩, 브엘쉐바, 바벨

④_ 고멜, 가브리엘, 가믈리엘, 골리앗(Goliat), 고엘, 기드온

⑤_ 다비드, 드보라, 다메섹, 단, 디나, 다니엘

⑥_하갈(Hagar), 할렐루야, 호쉬아 나(호산나), 하닷사, 호쉐아(호세아), 하만

⑦_ * 즈칼야=즈카리야, 질파(실바), 자이트(올리브), 즈엡, 자카이, 즈불룬

(즈칼랴가 맞는 발음이나, 슈바 다음에 유드가 올 경우 ri(리)로 발음해도 크게 틀리지 않습니다.)

⑧_히즈키야, 하봐(하와), 헵찌 바(헵시바), 학가이(학개),헤브론, 한나

⑨_테베리야(디베랴), 토브, 토바, 텔레폰, 타임, 토비야

⑩_예샤으야후(이사야), 예후다(유다), 예헤즈켈(에스겔), 이르메야(예레미야), 요엘, 이스라엘

⑪_케셒(돈/은), 케나안, 키네렛(긴네렛), 케렘(포도원), 케루빔, 칼렙

⑫_레아, 레비, 로 암미, 레바논, 라반, 롵

⑬_미디얀, 모암, 모리야, 미카엘, 미리얌, 모쉐

⑭_나탄, 나오미, 낲탈리, 노아흐, 네탄엘(나다나엘), 눈

⑮_시스라, 소페림(서기관들), 수콧트, 사르곤, 셀라, 스돔

⑯_에사브(에서), 임마누엘, 암미엘, 암미나답, 암몬, 에덴

⑰_프닌나(브닌나), 페사흐(유월절), 피느하스(비느하스), 피스가, 파울, 파르오(바로)

⑱_짜독(사독), 쩨판야(스바냐), 찌드키야(시드기야), 쩨다카(의), 짜폰(북), 찌온(시온)

⑲_코르반(고르반), 카인, 카데쉬 바르네아,키슈온(기손), 키부쯔(키부츠), 키르얏 여아림(기럇여아림)

⑳_ 라헬, 룻(룻), 르호보트, 레하브암(르호보암), 라합, 리브카(리브가)

㉑_쇼메론(사마리아),슈켐(세겜), 슈무엘(사무엘), 쉼숀(삼손), 슐로모(솔로몬), 샤울(사울)

㉒_소렉(소렉), 세일, 시온, 사탄, 싯딤, 사라

㉓_토라, 탈미드(제자), 투발카인(두발가인), 트필라(기도), 텔 아비브, 타마르(다말)

유성 슈바 무성 슈바

필자의 유튜브 동영상으로 발음을 따라서 해보길 바랍니다.

Psalm 23/ 시편 23편

←

1 מִזְמוֹר לְדָוִד

יְהוָה רֹעִי לֹא אֶחְסָר

2 בִּנְאוֹת דֶּשֶׁא יַרְבִּיצֵנִי עַל־מֵי מְנֻחוֹת
יְנַהֲלֵנִי

3 נַפְשִׁי יְשׁוֹבֵב יַנְחֵנִי בְמַעְגְּלֵי־צֶדֶק
לְמַעַן שְׁמוֹ

4 גַּם כִּי־אֵלֵךְ בְּגֵיא צַלְמָוֶת
לֹא־אִירָא רָע כִּי־אַתָּה עִמָּדִי
שִׁבְטְךָ וּמִשְׁעַנְתֶּךָ הֵמָּה יְנַחֲמֻנִי

5 תַּעֲרֹךְ לְפָנַי שֻׁלְחָן נֶגֶד צֹרְרָי
דִּשַּׁנְתָּ בַשֶּׁמֶן רֹאשִׁי כּוֹסִי רְוָיָה

6 אַךְ טוֹב וָחֶסֶד יִרְדְּפוּנִי כָּל־יְמֵי חַיָּי
וְשַׁבְתִּי בְּבֵית־יְהוָה לְאֹרֶךְ יָמִים

정답	아래를 가리고 읽기 연습을 하세요.

1절_ 미즈몰 레 다비드, 아도나이 로이 로 에흐쌀

2절_ 빈옷트 데쉐 야르비쩨니 알메이 멘훗트 예나할레니,

3절_ 나프쉬 예쇼벱 얀헤니 베마으겔레이-쩨덱 레마안 슈모

4절_ 감 키 엘레크 베게이 짤마빗트 로-이라 라아 키 아타 임마디 쉬브테카 우 미슈안테카 헴마 예나 하무니

5절_ 타아로크 레파나이 슐칸(shulchan) 네게드 쪼레라이 디솬타 바쉐멘 로쉬 코시 레봐야

6절_ 아크 토브 봐 헤세드 이르데푸니 콜-예메이 하야이 뵈 샤브티 베베이트 아도나이 레오레크 야밈

히브리어에 덧대어 써보세요! 빈칸에 한글음도 표기하세요

Psalm 23/ 시편 23편

1 מִזְמוֹר לְדָוִד
יְהוָה רֹעִי לֹא אֶחְסָר

2 בִּנְאוֹת דֶּשֶׁא יַרְבִּיצֵנִי עַל־מֵי מְנֻחוֹת
יְנַהֲלֵנִי

3 נַפְשִׁי יְשׁוֹבֵב יַנְחֵנִי בְמַעְגְּלֵי־צֶדֶק
לְמַעַן שְׁמוֹ

4 גַּם כִּי־אֵלֵךְ בְּגֵיא צַלְמָוֶת
לֹא־אִירָא רָע כִּי־אַתָּה עִמָּדִי
שִׁבְטְךָ וּמִשְׁעַנְתֶּךָ הֵמָּה יְנַחֲמֻנִי

5 תַּעֲרֹךְ לְפָנַי שֻׁלְחָן נֶגֶד צֹרְרָי
דִּשַּׁנְתָּ בַשֶּׁמֶן רֹאשִׁי כּוֹסִי רְוָיָה

אַךְ טוֹב וָחֶסֶד יִרְדְּפוּנִי כָּל־יְמֵי חַיָּי
וְשַׁבְתִּי בְּבֵית־יְהוָה לְאֹרֶךְ יָמִים

히브리 노래 배우기

בוא רוח אֱלֹהִים

보 루아흐 엘로힘

←

בּוֹא רוּחַ אֱלֹהִים וּמַלֵּא אֶת נַפְשִׁי

나의 영혼을/ 그리고 채워주소서/ 하나님/ 성령님/ 오시옵소서

הַדְרֵךְ אוֹתָנוּ כִּילָדִים רַק בְּךָ אָנוּ חֲפֵצִים

우리가 기뻐합니다/ 오직 당신 안에서만/ 어린아이처럼/우리의 그 길을

אֲנַכְנוּ מַזְמִינִים אֹתְךָ לָבוֹא בָּרוּךְ הַבָּא בָּרוּךְ הַבָּא

환영합니다 /환영합니다/이곳에 오시도록 /우리는 당신을 초청 합니다

בּוֹא רוּחַ אֱלֹהִים

하나님/ 성령님 /오시옵소서

C
Em
F
보 — 루 아흐 엘 로 힘 — 우 말 레
G
C
F
— 엣 나 프 쉬 — 하 드 렉 오 타 — 누 킬 라 딤
G
Em
F
1.G7
라 크 베 카 아 누 하 페 찜 — 아 나 흐 누 마 즈 미 님 오 트 카 — 라
C
2.G7
C
보 — 님 오 트 카 — 라 보 — 바
Am
Em
G
Am
F
룩 하 바 바 룩 — 하 바 루 악
1.C
G
2.G7
C
엘 로 힘 — 바 엘 로 — 힘

요엘 TV
Tube
보 루아흐 엘로힘

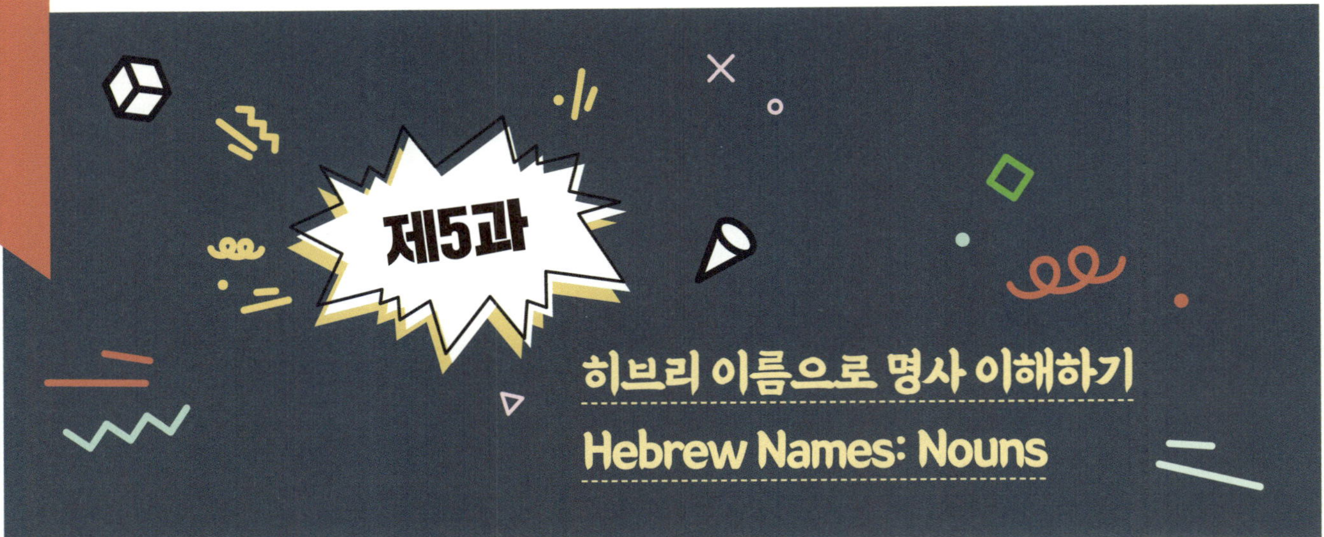

다음 박스 안의 이름을 익히세요. 단어를 눈여겨보세요.
단어를 암기하세요!(6과부터 깜놀 단어 카드를 학습하나, 5과의 단어 습득을 위해 깜놀
단어 카드 번호를 찾아서 익히셔도 좋습니다.)

깜놀카드 번호			깜놀카드 번호		
4	הוּא	그는	49	כָּל	모든
14	אֱלֹהִים	하나님	57	נָתַן	주다
18	אֶרֶץ	땅	67	רָם	높은

19	הַ	정관사		87	עַל	위에
20	אָבִי	나의 아버지		162	מָגֵן	방패
34	מֶלֶךְ	왕		211	עֵזֶר	보호/ 도움
37	גָּדוֹל	큰/ 위대한		212	אָחִי	내 형제

אָב	아버지	(אַבָּא)	아버지 (다른 형태)	אֵל	하나님
יָה	여호와의 축약형	* יְהוָה	여호와	* אֲדֹנָי	나의 주

* 유대인들은 **여호와** 대신에 아도나이(나의 주)로 부른다.

גִּיל	기뻐하다	שָׁלוֹם	평화	שֶׁבַע	맹세/일곱 7

이 단어를 충분히 익히세요. 히브리어 이름에는 동사 문장이 많이 있는데, 히브리인들은 자녀의 이름을 동사로 짓는 전통이 있었기 때문입니다. 이름이 문장으로 되어 있어 학습 효과가 큽니다.

동사 이름은 다음과 같습니다. '이스라엘'은 "하나님께서 고통을[struggle] 겪을 것이다"입니다. 예레미야는 "여호와께서 높아질 것이다"이며, 아비가일은 "내 아버지는 기쁨이시다"입니다. 명사 이름도 많습니다. 다음은 명사 이름입니다. 말라기의 뜻은 "나의 천사"[messenger], 요한의 뜻은 "여호와의 은혜", 아합의 뜻은 "아버지의 형제"입니다.

이름을 파악하면 두뇌 속에 잠재된 히브리어가 반짝이며 좋은 학습 재료가 됩니다. 이 책에서 제시한 이름들을 모두 익히십시오. 이름은 훌륭한 히브리어 문장입니다.

히브리어 문장의 기본은 1) 동사 2) 주어 3) 목적어 순서대로 구성됩니다. 대개 이 순서가 기본이며, 가끔 순서가 바뀔 때도 있습니다.

히브리어:	갔다	나는	예루살렘에	내 친구들과 함께
	1) 동사	2) 주어	3) 목적어	4) 목적 보어

한국어:　나는 내 친구들과 함께 예루살렘에 갔다.

영어:　I went to Jerusalem with my friends.

*히브리어 문장 패턴을 머리 속에 기억하시면, 앞으로 나올 문장 해석에 큰 도움이 됩니다.

b. 명사 문장이 기본이에요

먼저 명사 문장으로 시작합니다. 히브리어에서는 명사 문장이 기본입니다. 명사 문장은 동사 없이도 해석이 가능합니다. 명사+명사를 결합해서 문장이되는 형태입니다. 성경의 이름은 명사 문장의 하이라이트라고 할 수 있습니다. 이름을 익히면서 단어와 명사 문장 패턴 이해도 가능합니다. 동사 문장은 이 책의 마지막 부분에서 다룹니다.

다음의 이름을 익히세요. 단어를 눈여겨보세요. 단어를 암기하세요!

אֲבִימֶלֶךְ　(אָב 아버지) / אֲבִי 아비⋯나의 아버지　מֶלֶךְ 멜렉⋯왕

아비멜렉/ 내 아버지는 왕이다 (My father is a king).

אֲבִיעֶזֶר　(אָב 아버지) / אֲבִי 아비⋯나의 아버지　עֶזֶר 에젤⋯도움, 보호

아비에셀/ 내 아버지는 도움이시다(My father is a help/ a protector).

* 명사 이름처럼 두 개의 단어가 결합한 경우엔 모음에 변화가 옵니다.

אֲבִיָּה　(אָב 아버지) / אֲבִי 아비…나의 아버지　　יָּה　야-여호와의 축약형

아비야/ Yah(여호와)는 내 아버지다(Yahweh is my father).

אֲבִיהוּא　(אָב 아버지) / אֲבִי 아비…나의 아버지　　הוּא　후-그는 (3인칭/ 남성/ 단수)

아비후 / 그는 나의 아버지(He is my father).

אַבְרָם　(אָב 아버지) / רָם 람-높으신(형용사)

아브람 / 높으신 아버지(An exalted father).

히브리어 이름의 뜻을 암송하세요. 문장의 시작입니다. 암기와 반복 학습만이 진보를 가져옵니다. 반복과 꼼꼼한 공부는 멋진 결과를 선물하니까요.

위의 이름으로 만든 아래 문장을 이해해 보세요!

술부	주어
מֶלֶךְ דָּוִד	הוּא

그는 다윗왕이다.

술부	주어
אַבְרָם אֲבִי	הוּא

그는 나의 아버지 아브람이시다.

다음의 단어도 해석해 보세요.

אֲבִיגַיִל　　(אָב 아버지) / אֲבִי 아비…나의 아버지　　(גִּיל 기뻐하다)　　גִּיל 가일…기쁨

아비가일/ 나의 아버지는 기쁨이시다(My father is a joy).

אֲבִישָׁלוֹם　　(אָב 아버지) / אֲבִי 아비…나의 아버지　　שָׁלוֹם 샬롬…평화

압(아비)샬롬/ 나의 아버지는 평화이시다(My father is peace).

אֲחִאָב　　(אָב 아버지) / (אָח 형제)　　אָח 아흐…형제(연결형)

아흐압(아합)/ 아버지의 형제(Father's brother).

אֲחִימֶלֶךְ　　(אָח 형제) / אֲחִי 아히…나의 형제　　מֶלֶךְ 멜렉…왕

아히멜렉/ 내 형제는 왕이다(My brother is a king).

אֵלִיָּהוּ　　(אֵל 하나님) / אֵלִי 나의 하나님　　+　　יָהוּ (여호와의 축약형)

엘리야후(엘리야)/ 나의 하나님은 여호와시다(My God is Yahweh).

אֱלִישֶׁבַע　　(אֵל 하나님) / אֵלִי (나의 하나님)　　+　　שֶׁבַע (שֶׁבַע) (맹세)

엘리쉐바(엘리자벳)/ 나의 하나님은 맹세이시다(My God is an oath).

יוֹנָתָן　　(יוֹ) (여호와의 축약형)　　+　　נָתַן (주다)

요나탄(요나단)/ 여호와께서 주셨다(Yahweh has given).

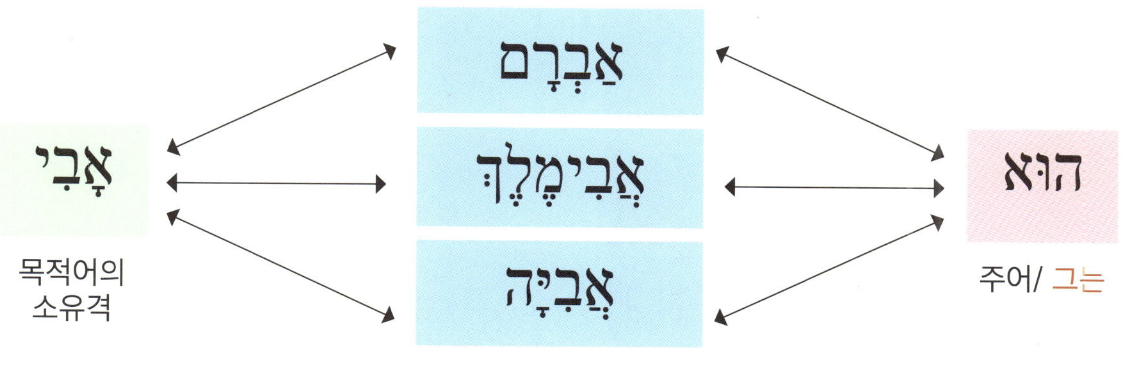

그는 아브람, 나의 아버지입니다 (또는 그는 나의 아버지시며, 아브람입니다).

그는 아비멜렉, 나의 아버지입니다. (또는 그는 나의 아버지시며, 아비멜렉입니다).

그는 아비야, 나의 아버지입니다. (또는 그는 나의 아버지시며, 아비야입니다).

그는 나의 형제다   הוּא אָחִי

그분은 나의 하나님이시다   הוּא אֵלִי

하나님 그분은 기쁨과 평화이시다

여호와 그는 높으신 나의 아버지시다
The Lord who is my exalted Father.

사 44:6

해석: 여호와 이스라엘의 왕
The Lord King of Israel

사 10:16

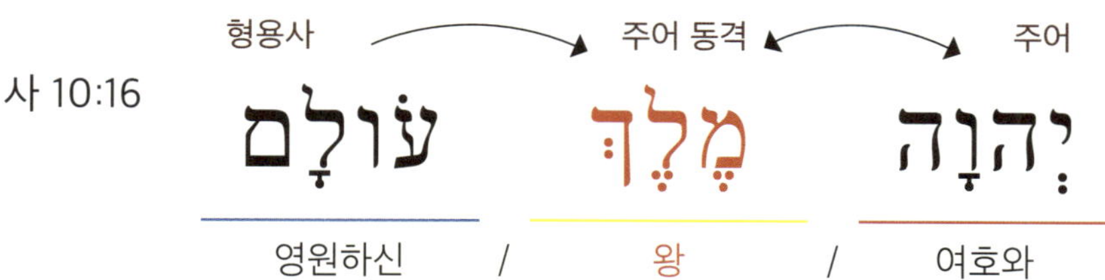

해석: 여호와 영원하신 왕
The Lord King of ever and ever

시 47:2

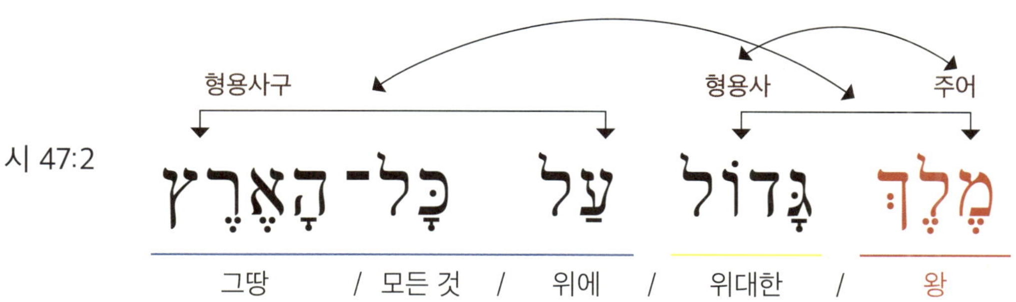

해석: 그 땅의 모든 것 위의 위대하신 왕
The great King upon all of the earth

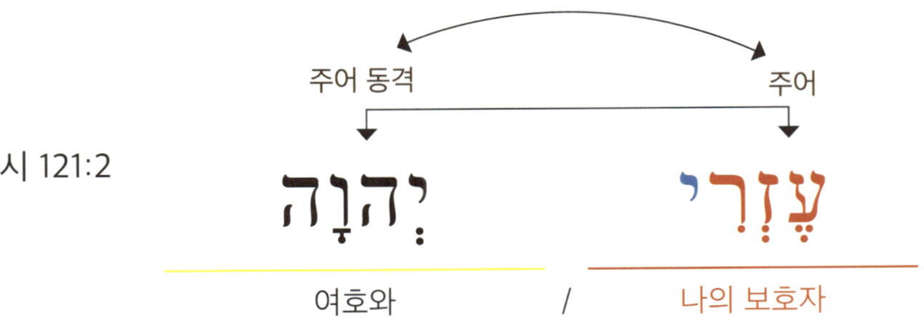

해석: 나의 보호자는 여호와 or 여호와는 나의 보호자
The Lord, my protector

해석: 여호와여, 당신의 보호 방패로…(하소서)
The Lord, a shield of your protecting…

몇 개의 단어를 암기하니까, 작은 원문도 해석이 가능해지지요? 이제부터 시작입니다.

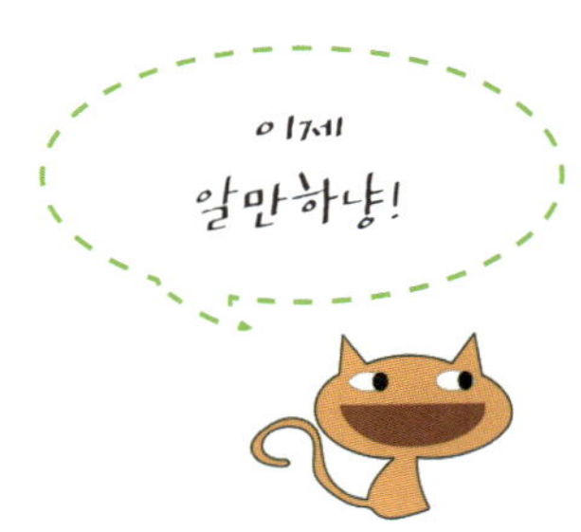

다음 히브리어 이름을 학습하세요. 1) 먼저 소리내 읽으세요. 예를 들면, '아도니람'은 아도니=나의 주님(명사) + 람=높으신(형용사)…. 이렇게 이해하며 습득해 가세요. 종이에 쓰면서 암기해도 좋습니다. 노력한 만큼 얻습니다!

אֲדֹנִי **나의 주 / my Lord와 연관된 이름들**

*두 개의 단어가 하나의 이름으로 결합할 때, 모음의 변화가 생깁니다.

아도니/ 람	אֲדֹנִירָם	"나의 주는 높으시다" My Lord is exalted (왕상 4:6).	
	אֲדֹנִי	나의 주	רָם 높은
아도니/ 야	אֲדֹנִיָּה	"여호와는 나의 주시다" Yahweh is my Lord.	
	אֲדֹנִי	나의 주	יָה 여호와(축약형)

יְהוּ/ יָה **여호와가 들어간 이름들**

네헴야 (네헤미야)	נְחֶמְיָה	(느헤미야)"여호와는 긍휼하시다" Yahweh comforts.	
	נָחַם	긍휼 긍휼을 베풀다(동)	יָה 여호와(축약형)

오바드/ 야   עֹבַדְיָה   (오바댜) "여호와의 종"
A servant of Yahweh.

עֶבֶד 종   יָה 여호와(축약형)

토비/ 야   טוֹבִיָה   (도비야) "여호와는 좋으시다"
Yahweh is good.

טוֹב 좋은   יָה 여호와(축약형)

즈칼랴
(즈카리야)   זְכַרְיָה   (스가랴) "여호와께서 기억하시다"
Yahweh remembers.

זָכַר 기억하다   יָה 여호와(축약형)

하난/ 야
(하나니야)   חֲנַנְיָה   (하나냐) "여호와는 은혜로우시다"
Yahweh is gracious.

חָנַן/חֵן 은혜/
은혜를 베풀다   יָה 여호와(축약형)

히즈키/ 야후   חִזְקִיָּהוּ   (히스기야) "여호와는 강하시다"
Yahweh strengthens.

חָזָק 강한   יָהוּ 여호와(축약형)

미/ 카/ 예후/   מִיכָיָהוּ   (미가야) "여호와 같으신 이가 누구냐!"
Who is like Yahweh.

מִי 누구   כְּ ~같은   יָהוּ 여호와(축약형)

| 마탄/ 야후 | מַתַּנְיָהוּ | (맛디아) "여호와의 선물"
A gift of Yahweh. |

| מַתָּנָה 선물 | יָהוּ 여호와(축약형)/
맛디아=마태와 같은 이름 |

אֵל 하나님이 들어간 이름들

| 엘리/ 에젤
(엘리에셀) | אֱלִיעֶזֶר | "내 하나님은 보호자시다"
My God is a protector. |

אֱלִי 나의 하나님　　עֶזֶר 보호자, 도움

| 엘리/ 후
(욥의 친구) | אֱלִיהוּא | "그는 나의 하나님이시다"
He is my God. |

אֱלִי 나의 하나님　　הוּא 그는

| 임마/ 누/ 엘 | עִמָּנוּאֵל | "하나님이 우리와 함께 계시다"
God is with us. |

עִם 함께　　נוּ 우리　　אֵל 하나님

| 라파/ 엘 | רְפָאֵל | "치료하시는 하나님"
God heals. |

רְפָא 치료하다　　אֵל 하나님

가브리/ 엘	גַּבְרִיאֵל	"하나님은 나의 용사" God is my warrior.
	גִּבּוֹר 123	용사	אֵל 하나님

예/ 헤즈케/ 엘 (에스겔)	יְחֶזְקֵאל	"하나님이 강할 것이다" God will strengthen(3인칭 미완료)
	חָזַק 94	강한	אֵל 하나님

이/ 슈마/ 엘 (이스마엘)	יִשְׁמָעֵאל	"하나님이 들으실 것이다" God will hear(3인칭 미완료)
	שָׁמַע 131	듣다 (순종하다)	אֵל 하나님

미/ 카/ 엘	מִיכָאֵל	"하나님 같으신 이가 누군가?" who is like God?
	מִי 누구	כְ ~같은	אֵל 하나님

그 외의 히브리 이름들

아미타/ 이 (요나의 아버지)	אֲמִתַּי	아밋대 "나의 진리" My truth.
	אֱמֶת 진리		יַ 나의(소유격)

아쉘	אָשֵׁר	행복, 축복 Happy, blessed	אָשֵׁר	행복
바룩	בָּרוּךְ	"축복된" Blessed	בְּרָכָה 213	축복
게르/ 솜	גֵּרְשֹׁם	"그곳의 추방자" A stranger there		
	שָׁם	그곳	גֵּר	추방
			גָּרַשׁ 157	추방하다
나오미	נָעֳמִי	"나의 기쁨" Pleasantness	נָעֵם	기뻐하다
나훔	נַחוּם	"위로" A comforter	נָחַם	위로하다
르우/ 벤	רְאוּבֵן	"보라 아들이다" Behold! a son.		
	בֵּן	아들	רָאָה 149	보다
쉠	שֵׁם	(셈)이름, 명성 name.	שֵׁם 41	
아히/ 노암 (다윗의 아내)	אֲחִינֹעַם	"내 형제는 기쁨이라" My brother is pleasant.		
	נָעֵם	기뻐하다	אָח 212	형제

아비단	אֲבִידָן	"내 아버지는 심판이시다" My father is a judge.

דִּין	심판하다	אָב	아버지

이름은 하나의 아름다운 히브리어 문장입니다. 우리 머리 속에 들어있던 것이죠.
음소리와 그 뜻을 적어 보세요! 히브리어 문장입니다.

זְכַרְיָה		אֲבִידָן	내 아버지는 심판이시다 아비단
חֲנַנְיָה		אֲדֹנִירָם	
הִזְקִיָּהוּ		אֲחִינֹעַם	
מִיכָיְהוּ		רְאוּבֵן	
מַתַּנְיָהוּ		מִיכָאֵל	

אֲמִתַּי	אֱלִיעֶזֶר
אֲדֹנִיָּה	אֱלִיהוּא
נְחֶמְיָה	עִמָּנוּאֵל
עֹבַדְיָה	רְפָאֵל
טוֹבִיָּה	גַּבְרִיאֵל
אֲחִימֶלֶךְ	אָשֵׁר
יִשְׁמָעֵאל	בָּרוּךְ
גֵּרְשֹׁם	נָעֳמִי

נָחוּם   יְחֶזְקֵאל

יוֹנָתָן   שֵׁם

정답	아래를 가리고 문제를 푸세요.

즈카리야(즈칼야)_ 여호와가 기억하시다	**아비단**_ 내 아버지는 심판이시다
하난야_ 여호와는 은혜로우시다	**아도니람**_ 내 주는 높으시다
히즈키야후_ 여호와는 강하시다	**아히노암**_ 내 형제는 기쁨이라
미카예후_ 여호와 같은 이가 누구냐?	**르우벤**_ 보라 아들이라!
마탄야후_ 여호와의 선물	**미카엘**_ 하나님 같은 자 누구뇨?
엘리에젤_ 내 하나님은 보호자시라	**아미타이**_ 나의 진리
엘리후_ 그는 나의 하나님	**아도니야**_ 여호와는 나의 주시라
임마누엘_ 하나님이 우리와 함께하시다	**네헴야**_ 여호와는 긍휼하시다
라파엘_ 치료하시는 하나님	**오바드야**_ 여호와의 종
가브리엘_ 하나님은 나의 용사	**토비야**_ 여호와는 좋으시다
아쉘_ 행복/ 축복	**아히멜렉**_ 내 형제는 왕이다
바룩_ 축복된	**이슈마엘**_ 하나님이 들으실 것이라
나오미_ 나의 기쁨	**게르솜**_ 그곳의 추방자
나훔_ 긍휼	**예헤즈켈**_ 하나님이 강할 것이다
요나탄_ 여호와께서 주셨다	**쉠**_ 이름, 명성

신나게 퀴즈 풀기!

다음 문장들을 해석해 보세요.

1 מֶלֶךְ יִשְׂרָאֵל דָּוִד

2 יַעֲקֹב הוּא אָח עֵשָׂו

3 מֹשֶׁה הוּא אָח אַהֲרֹן

4 יְהוֹשֻׁעַ וְכָלֵב

5 הוּא יְהוָה אָבִי

6 אַחְאָב מֶלֶךְ יִשְׂרָאֵל

7 אֲדֹנִי רָם הוּא עֵזֶר

8 אֱלֹהִים שָׁלוֹם וְגִיל

9 נָתַן יְהוָה שָׁלוֹם אֶל אַבְרָם וְשָׂרָה

10 אֵלִיָּהוּ הוּא אָחִי

1_ 이스라엘 왕 다윗

2_ 야곱, 그는 에서의 형제다. (연계형으로 해석함-뒤에서 설명할 예정)

3_ 모세 그는 아론의 형제다. (연계형으로 해석함-뒤에서 설명할 예정)

4_ 여호수아와 갈렙

5_ 그는 여호와 나의 아버지시다.

6_ 이스라엘 왕 아합

7_ 높으신 나의 주님, 그는 도움이시다.

8_ 하나님은 평강이며, 그리고 기쁨이시다.

9_ 하나님께서 평강을 아브람과 사라에게 주셨다.

10_ 엘리야 그는 나의 형제다.

히브리 노래 배우기

שַׁאֲלוּ שָׁלוֹם יְרוּשָׁלָיִם

(예루살렘의) (평화를) (기도하라)

샤알루 샬롬 예루샬라임
(예루살렘의 평화를 위해 기도하라)

שַׁאֲלוּ שָׁלוֹם יְרוּשָׁלָיִם

샤알루 샬롬 예루샬라임

שַׁאֲלוּ שָׁלוֹם יְרוּשָׁלָיִם

샤알루 샬롬 예루샬라임, 샤알루 샬롬 예루샬라임

שַׁאֲלוּ שָׁלוֹם יְרוּשָׁלָיִם שַׁאֲלוּ שָׁלוֹם יְרוּשָׁלָיִם

שָׁלוֹם שָׁלוֹם שָׁלוֹם שָׁלוֹם שָׁלוֹם

שַׁאֲלוּ שָׁלוֹם יְרוּשָׁלָיִם

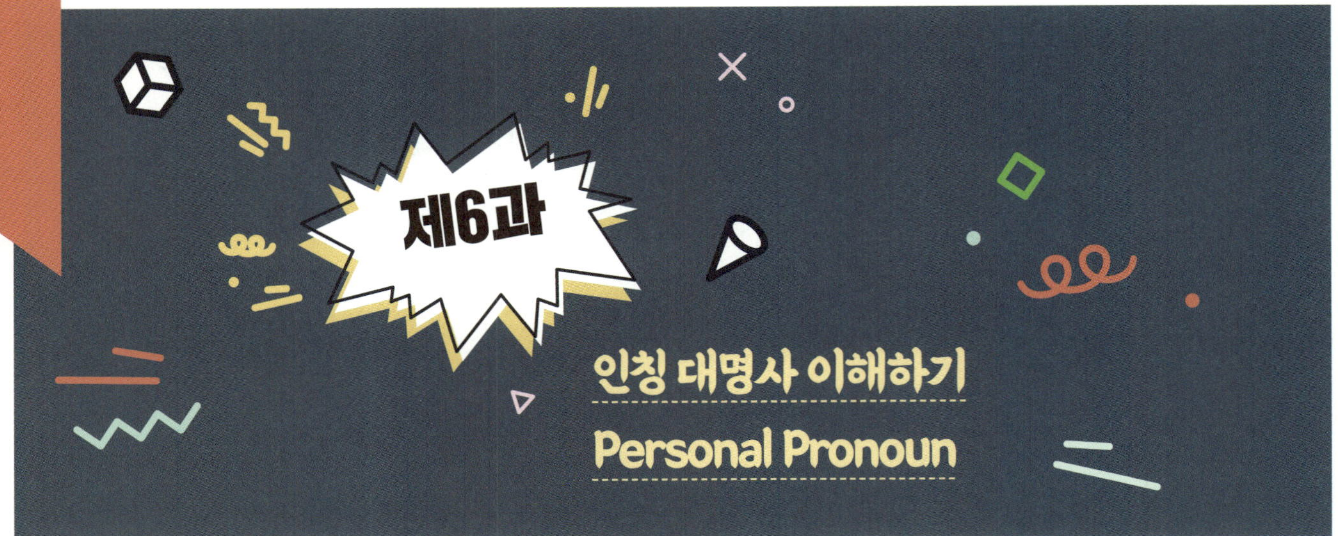

1) 깜놀 단어 카드(1-10번 까지)를 앞뒤로 익
   히세요.
2) 눈으로만 아닌, 입으로 소리를 내면서, 들
   으면서, 쓰면서, 보면서 익혀야 합니다.
3) 일석 사조의 효과! 먼저 단어를 익히고
   문장을 보세요!

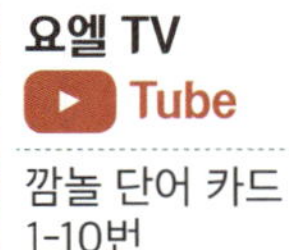

단어 카드와 함께
유튜브 영상을 보세요.

a. 인칭 대명사란 무엇일까요?

인칭 대명사는 사람을 지목할 때 사용하는 나/ 너/그(그녀)라는 대체 용어를 말합니다. 다음의 예를 보면 금세 이해됩니다.

"다윗은 엘라 골짜기에서 골리앗(3인칭 단수)과 대결했습니다.

다윗이 쏜 물맷돌에 그가(he 3인칭 단수 대명사) 쓰러지자,

그 블레셋인들(3인칭 복수 대명사)은 충격을 받았습니다. 전의를 상실한

그들은(3인칭 복수 대명사) 도망가다 이스라엘(3인칭 단수)에게 패망합니다."

여기서 "그가"(he)는 골리앗의 대명사입니다. 마찬가지로 "블레셋인들"의 대명사는

"그들은"(they)입니다.

사람을 대신하여 사용하는 것을 "대명사"라고 해요. 대명사는 모두 6개이며 다음과 같습니다.

이 도표를 머리에 각인시키세요.

<table>
<tr><td></td><td align="center">단수 S</td><td></td><td align="center">복수 PL</td></tr>
<tr><td>나는
I, I am</td><td align="center">1인칭</td><td>우리는
we, we are</td><td align="center">1인칭</td></tr>
<tr><td>너는
you, you are</td><td align="center">2인칭</td><td>너희는
you, you are</td><td align="center">2인칭</td></tr>
<tr><td>그는
he, he is</td><td align="center">3인칭</td><td>그들은
they, they are</td><td align="center">3인칭</td></tr>
</table>

히브리어 인칭 대명사에는 단수와 복수 그리고 남성과 여성이 있어요.

남성 대명사는 남성을, 여성 대명사는 여성을 취합니다. 단수 복수도 같습니다. 단수 대명사는 단수 명사를, 복수 대명사는 복수 명사를 취한답니다.

인칭대명사	단수 Single		복수 Plural	
1 인칭 공성	나는 I	אֲנִי	우리는 We	אֲנַחְנוּ
2 인칭 남	너는 You	אַתָּה	너희는 You	אַתֶּם
2 인칭 여	너는 You	אַתְּ	너희는 You	אַתֶּן
3 인칭 남	그는 He	הוּא	그들은 They	הֵם
3 인칭 여	그녀는 She	הִיא	그들은 They	הֵן

깜놀 단어 카드 1번에서 10번까지 완벽하게 암기하세요!

1인칭은 공성으로 남성 여성 모두 사용할 수 있죠. 여성과 남성이 섞여 있는 경우에는 남성을 사용해요(예, '그들은 모세와 아론과 미리암이다'(They are Moses, Aron and Miriam)일 경우에는, 3인칭 남성 복수 헴(הֵם)을 사용함). 이해를 돕기 위해 남성은 파란색으로, 여성은 빨간색으로 표기했습니다. 공성은 녹색입니다.

　인칭 대명사는 히브리 문장을 이해하는 데 큰 도움이 됩니다. 자주 활용하면 문장의 기본을 익히는 데 최적입니다. 인칭 대명사와 히브리 이름을 통해 명사 문장들을 살피면 다음과 같습니다.

b. 인칭 대명사와 이름을 결합하여 공부해요

　인칭 대명사는 이름에 주로 사용합니다. 이름에 인칭 대명사를 붙여 보면 쉽게 히브리어가 눈에 들어옵니다.

דְּבוֹרָה   הִיא

5

그녀는 드보라다.

드보라   그녀는 3인칭 여성 단수

יוֹאֵל   אֲנִי

나는
요엘입니다.

요엘   나는 1인칭 공성 단수

תַּלְמִידִים   הֵם

9

그들은
제자들입니다.

제자들   그들 3인칭 남성 복수

כָּלֵב   יְהוֹשֻׁעַ   אֲנַחְנוּ

6

우리는 여호수아, 갈렙입니다.

칼렙   예호슈아   1 인칭 공성 복수

רָחֵל   רִבְקָה   שָׂרָה   אַתֵּן

8

너희(당신들은)는
사라, 리브가, 라헬입니다.

라헬   리브카   사라   2 인칭 여성 복수

גָּלְיָת   שָׁאוּל   דָּוִד   אַתֶּם

너희는 다윗, 사울, 골리앗
이다.

골리앗(단모음 오)   사울   다윗   2인칭 남성 복수

בַּת־שֶׁבַע   רוּת   רָחָב   תָּמָר   הֵן

그들은 다말, 라합,
룻, 밧세바입니다.

밧세바   룻   라합   다말   3인칭 여성 복수

- 2인칭 복수는 2명 이상입니다.

- 남녀가 함께 있는 복수일 경우에는 남성 인칭 대명사를 사용합니다

וְ는 and라는 뜻으로 여러 모음이 וְ에 붙을 수 있습니다. וְ의 모음 변화는 다음 과에서 자세히 배웁니다.

다음 문장을 해석하세요!

1 אֲנִי מֹשֶׁה וְאַתָּה אַהֲרֹן

2 הוּא דָּוִד וְהִיא בַּת־שֶׁבַע

3 הֵם עֵשָׂו וְיַעֲקֹב

4 אֲנִי חַנָּה וְאַתְּ תָּמָר

5 אֲנַחְנוּ יְהוֹשֻׁעַ וְכָלֵב

6 יִשְׂרָאֵל וְקָדֵשׁ בַּרְנֵעַ

7 אַתֶּן שָׂרָה וְרִבְקָה וְרָחֵל

8 אֲנִי מֶלֶךְ פַּרְעֹה וְאַתְּ מִרְיָם

9 עִמָּנוּאֵל וִיהוּדָה

10 אַתֶּם יִשְׂרָאֵל וִיהוּדָה

정답 아래를 가리고 문제를 푸세요.

1_ 나는 모세입니다. 그리고 당신은 아론입니다.

2_ 그는 다윗입니다. 그리고 그녀는 밧세바입니다.

3_ 그들은 에서와 그리고 야곱입니다.

4_ 나는 한나입니다. 그리고 당신은 다말입니다.

5_ 우리는 여호수아와 그리고 갈렙입니다.

6_ 이스라엘과 가데스바네아

7_ 당신들은 사라와 그리고 리브가 그리고 라헬입니다.

8_ 나는 바로왕이다. 그리고 너는 미리암이다.

9_ 임마누엘과 그리고 유다

10_ 너희는 이스라엘과 그리고 유다다.

어? 원문이 해석되네!

히브리어 성경 본문을 볼까요? 인칭 대명사의 문장입니다.

삼하 12:7   אִישׁ   הָ   אַתָּה

남자 / 그정관사 / 당신2인칭 남성 단수

당신은 그 남자입니다.

민 15:4   אֱלֹהֵיכֶם   יְהֹוָה   אֲנִי

너희들 하나님 / 여호와 / 나는

나는 여호와 너희들의 하나님이라.

כֶם 은 2인칭 남성 인칭대명사의 접미사입니다. 해석은 "너희들의 하나님"이며, 명사(하나님) 뒤에 붙습니다. 어떤 명사든지 뒤에 붙어서 '~의 OO'라고 번역합니다. 뒤에서 자세히 배웁니다.

수 24:18   אֱלֹהֵינוּ   הוּא   יְהֹוָה

우리 하나님 / 그는 / 여호와

여호와 그는 우리의 하나님이시다.

레 19:18   יְהֹוָה   אֲנִי

여호와 / 나는1인칭 공성 단수

나는 여호와니라.

정관사 the

왕상 18:39 1 יְהוָה הוּא הָאֱלֹהִים

출 6:27 2 הוּא מֹשֶׁה וְאַהֲרֹן

사 42:8 3 אֲנִי יְהוָה הוּא שְׁמִי

창 13:8 4 אַחִים אֲנַחְנוּ

에 7:6 5 הוּא עֶזְרָא

수 2:11 6 יְהוָה אֱלֹהֵיכֶם הוּא אֱלֹהִים בַּשָּׁמַיִם

안에/ in the   너희의 하나님 (2/남/복)

1_ 왕상 18:39   여호와 그는 그 하나님이시다.

2_ 출 6:27   [앞의 문장: "이집트의 바로에게 가서 이스라엘 자손을 구하려고 했던 자"]

그것은 모세와 그리고 아론이었다(that was [the same] Moses and Aron).

* 여기서 후(הוא)는 인칭 대명사보다는 지시 대명사(그것: that)로 해석합니다. 지시 대명사는 뒤에서 공부합니다.

3_ 사 42:8   나는 여호와라 그것이 내 이름이라. 여기서 후(הוא)는 인칭 대명사가 아닌 지시 대명사입니다. 인칭 대명사와 지시 대명사는 같이 사용할 수 있는데, 뒤에서 배웁니다. 따라서 he(그)가 아닌, that(그것)으로 해석합니다.

4_ 창 13:8   우리는 형제들이다!

5_ 에 7:6   그는 에스라다.

6_ 수 2:11   여호와 너희의 하나님, 그는 하늘(안)에 계신 하나님이시라.

명사란 사람 이름, 동물, 식물, 음식, 도시, 신체 부위(눈, 코, 입 등)의 사물을 가리킵니다. 단 히브리어는 영어처럼 고유명사나 추상명사 등을 구분하지 않습니다. 한국어와 달리 남성과 여성(gender)이 있으며, 단수와 복수(number) 및 쌍수(dual) 등이 있습니다. 잘 헤아리면 쉽게 이해됩니다.

요엘 TV ▶ Tube

깜놀 단어 카드   깜놀 단어 카드
11-20번   21-30번

단어 카드와 함께
유튜브 영상을 보세요.

a. 원문에 자주 나오는 명사

먼저 깜놀 단어 카드를 꺼내 다음 단어를 익히세요. 그 후에 문장을 보세요. 단어를 알면 문장은 쉽게 해석된답니다. 단어는 히브리어 학습의 80% 이상입니다.

깜놀카드 번호			
11	בֵּן	m	아들/son
12	בַּת	f	딸/daughter
13	אִישׁ	m	남편/남자/husband, man

20	אָב	m	아빠/father
20	אֵם	f	엄마/mother
14	אֱלֹהִים	m	하나님/God
17	שָׁמַיִם	m	하늘/heaven
	יְהוָה	m	여호와/Yahweh, Lord
18	אֶרֶץ	f	땅/land, earth
15	רוּחַ	f	바람, 성령/Spirit, wind
25	לַיְלָה	f	밤/night
24	יוֹם	m	날, 낮/day
31	אוֹר	m	빛/light
33	מַיִם	m	물/waters
23	לֶחֶם	m	빵/ bread
26	אֲדָמָה	f	땅, 흙/land, earth
29	עָפָר	m	먼지, 티끌/dust
156	בְּרִית	f	언약 /covenant

성과 수는 무엇인가요? 한국어와 달리, 히브리어 명사에는 남성과 여성이 있습니다.

또한 단수(singular)와 복수(plural)를 갖고 있죠. 영어로는 masculine(남성), feminine(여성), single(단수)과 plural(복수)이며 줄여서 n, m, f, s, pl.로 표기합니다.

이 책에서는 빨간색(f)은 여성 명사로, 파란색(m)은 남성 명사로, 단수(s-한 개)와 복수(pl.-여러 개)로 표기했습니다.

왜 이것이 중요할까요? 남성 명사는 남성 형용사를 붙여야 하고, 여성은 여성 형용사를 붙여야 하는 원칙 때문이죠. 또한 단수에는 단수 형용사를, 복수에는 복수 형용사를 붙여야 합니다. 간단히 말하면, 성과 수가 일치해야 합니다. 일치해야 맞는 문장이 되기 때문이죠.

c. 명사가 가진 특징을 배워요

남성 명사는 폐음절(닫힘 음)로, 여성 명사는 개음절(열린 음)로 끝이 납니다(ה 또는 א). 드보라, 한나, 사라 등 여성 명사는 개음절로 끝이 납니다. 남성 명사인 아담, 갈렙, 요셉은 폐음절로 끝납니다. 대부분의 명사는 이 규칙을 따릅니다.

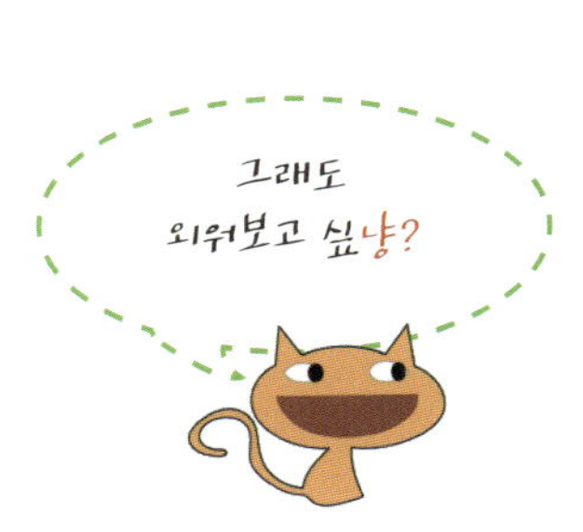

다음 명사 변화들을 암기할 필요는 없습니다. 변화가 되는 것만 이해하세요. 단수에서 복수가 될 때 어미가 달라집니다. 이 변화를 아는 것으로 충분합니다. 애써 외울 필요가 없습니다. 단어를 보고 단수인지 복수 인지를 구분하면 됩니다.

단어는 반드시 알아야 합니다. 남성인지, 여성인지도 알아야 합니다. 변화의 형태를 이해하라는 것이지, 단어를 암기하지 말라는 것은 아닙니다. 단어는 모두 알아야 합니다. 그 단어의 복수가 어떻게 변화되는 것을 이해하라는 뜻입니다.

명사의 남성형과 여성형을 구분하는 것은 쉽습니다. 남성은 폐음절로, 여성은 개음절로 대개 끝이 나기 때문이죠.

d. 폐음절- 남성 명사/ 개음절-여성 명사

남성		여성	
מֶלֶךְ	왕	מַלְכָּה	여왕
שַׂר	왕자/ 관원	שָׂרָה	공주/ 관원
סוּס	수말	סוּסָה	암말
נָבִיא	선지자	נְבִיאָה	여 선지자
נַעַר	젊은 청년	נַעֲרָה	아가씨

* 위의 단어들은 모두 알고 있어야 합니다.

ים 으로 끝나는 남성 복수

יֶלֶד	소년	יְלָדִים	소년들
נָבִיא	선지자	נְבִיאִים	선지자들

ות 으로 끝나는 여성 복수

עַלְמָה	처녀	עֲלָמוֹת	처녀들
נְבִיאָה	여 선지자	נְבִיאוֹת	여 선지자들
בַּת	딸	בָּנוֹת	딸들
סוּסָה	암말	סוּסוֹת	암말들
אֵם	엄마	אִמּוֹת	엄마들
אֶרֶץ	땅	אֲרָצוֹת	땅들

여성 명사임에도 남성처럼 끝을 맺는 명사가 있습니다.

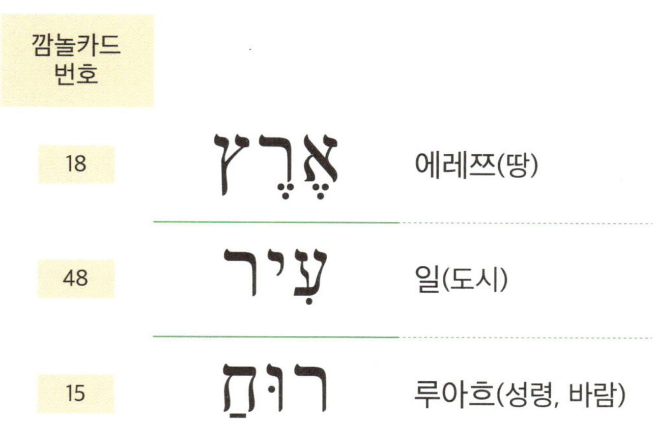

이 단어들은 남성형과 같은 폐음절이지만, 사실 여성 명사입니다. 또한 신체에 관한 것은 다 여성 명사입니다(입, 눈, 코, 귀, 발, 손 등). 단어 카드에 성을 표시했으니, 단어 암기 때 기억하길 바랍니다. 다음은 여성 명사들입니다.

단어 카드를 통해서 반드시 다음 단어들을 암기하세요.

깜놀카드 번호			깜놀카드 번호		
42	נֶפֶשׁ	영혼	116	עַיִן	눈
	שֵׁן	이빨		רֶגֶל	발
	בֶּטֶן	배		אֹזֶן	귀
118	יָד	손	20	אֵם	엄마

* 1권에 없는 단어는 2권에 소개됩니 다.

예외 조항-남성형 복수 어미형(ים)을 가진 여성 복수

남성 복수 엔딩이 붙었다고 남성으로 착각하지 않도록 합니다. 여성입니다!

깜놀카드 번호				
13	אִשָּׁה	여자 (아내)	96 נָשִׁים	여자들 (아내들)
215	אֶבֶן	돌	אֲבָנִים	돌들
48	עִיר	도시	עָרִים	도시들
121	שָׁנָה	해 (year)	שָׁנִים	여러 해

예외 조항-남성 명사인데, 여성형 복수 어미형(ות)이 붙는 단어

여성 복수 엔딩이 붙었다고 여성으로 착각하지 않도록 합니다. 남성입니다!

깜놀카드 번호				
98	אָב	아버지	אָבוֹת	아버지들
49	קוֹל	소리	קוֹלוֹת	소리들
41	שֵׁם	이름	שֵׁמוֹת	이름들
127	דּוֹר	시대	דּוֹרוֹת	시대들

두 개 중 어떤 것을 써도 상관이 없습니다.

깜놀카드 번호		변화형 Defective		원래형 Full
	다윗	דָּוִד	←	דָּוִיד
	여자	אִשָּׁה	←	אִישָׁה
187	별	כֹּכָב	←	כּוֹכָב

신나게 퀴즈 풀기!

다음 단어의 뜻을 써보세요. 복수일 경우에는 그 원형도 쓰세요.

깜놀카드 번호	남성 단수	남성 복수
34	מֶלֶךְ	אָבוֹת
11	בֵּן	קוֹלוֹת
20	אָב	שֵׁמוֹת
13	אִישׁ	דּוֹרוֹת

<table>
<tr><td></td><td>여성 단수</td><td>깜놀카드
번호</td><td>여성 복수</td></tr>
<tr><td></td><td>מַלְכָּה</td><td>96</td><td>נָשִׁים</td></tr>
<tr><td>12</td><td>בַּת</td><td>215</td><td>אֲבָנִים</td></tr>
<tr><td>156</td><td>בְּרִית</td><td>48</td><td>עָרִים</td></tr>
<tr><td>13</td><td>אִשָּׁה</td><td>121</td><td>שָׁנִים</td></tr>
</table>

정답			아래를 가리고 문제를 푸세요.
남성 단수	남성 복수	여성 단수	여성 복수
왕	아버지들	여왕	여자들
아들	소리들	딸	돌들
아버지	이름들	언약	도시들
남자/남편	세대들	여자/아내	해들(years)

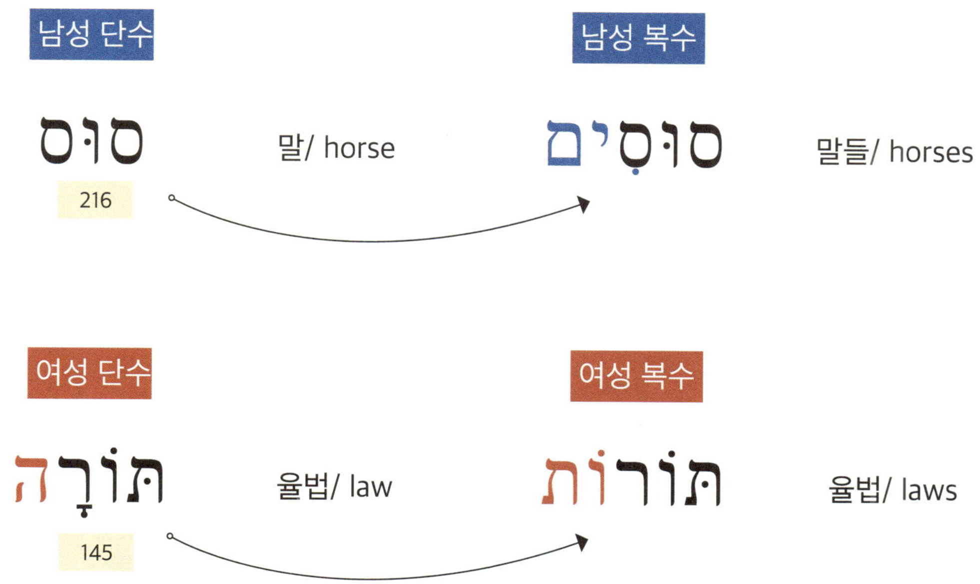

쌍수를 영어로 'dual'이라고 합니다. 짝(a pair)을 가리키는 말입니다. 복수와는 약간 차이가 있어요. 신발이나 눈(두 눈), 귀(두 개의 귀), 발(두 개의 발)을 표기할 때 쌍수를 사용합니다.

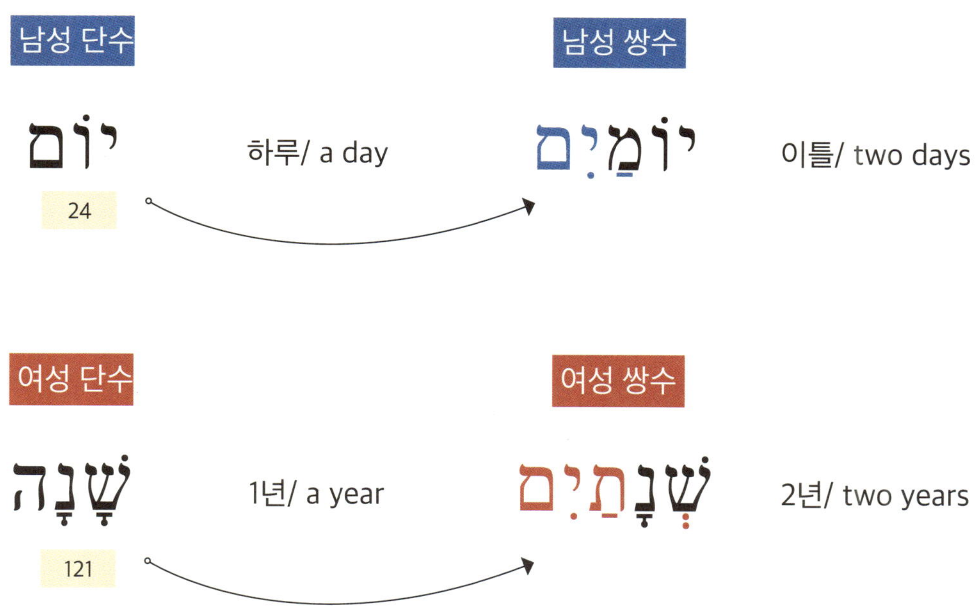

다음 단어들은 쌍수(dual)입니다. 자세히 보고 익혀 가길 바랍니다. 모두 여성 명사 형태입니다.

깜놀카드 번호	단수		복수	
161	כָּנָף	날개	כְּנָפַיִם	양 날개
	רֶגֶל	다리	רַגְלַיִם	양 다리
116	עַיִן	눈	עֵינַיִם	양 눈
	אֹזֶן	귀	אָזְנַיִם	양쪽 귀
118	יָד	손	יָדַיִם	양 손

j. 사용 빈도가 높은 단수와 복수

다음의 단수 복수는 원문에서 자주 사용되는 단어들입니다. 그림 암기를 통해서 반드시 익혀 두어야 합니다.

깜놀카드 번호	단수		복수	
11	בֵּן	아들	בָּנִים	아들들
24	יוֹם	날	יָמִים	날들

깜놀카드 번호	단수		복수	
12	בַּת	딸	בָּנוֹת	딸들
13	אִישׁ	남자	אֲנָשִׁים	남자들
22	בַּיִת	집	בָּתִּים	집들
212	אָח	형제	אַחִים	형제들
48	עִיר	도시	עָרִים	도시들
13	אִשָּׁה	여자	נָשִׁים	여자들

신나게 퀴즈 풀기!

다음 단어들을 그림 카드로 암기하고 남성 여성 단수와 복수를 줄로 이은 후에, 복수의 빈칸에 해석을 써보세요.

깜놀카드 번호	단수		복수
215	אֶבֶן	돌	הָרִים
46	נָבִיא	선지자	אָבוֹת
98	אָב	아버지	נְבִיאִים
43	הַר	산	אֲבָנִים

깜놀카드 번호	단수		복수
44	סֵפֶר	책	מְלָכִים
34	מֶלֶךְ	왕	סְפָרִים
97	אִישׁ	남자/ 남편	סוּסִים
24	יוֹם	날/ 낮	בָּנִים
11	בֵּן	아들	יָמִים
216	סוּס	말/ horse	אֲנָשִׁים
	נַעֲרָה	아가씨	בָּנוֹת
	נְבִיאָה	여선지자	נְבִיאוֹת
12	בַּת	딸	סוּסוֹת
216	סוּסָה	암말	אִמּוֹת
18	אֶרֶץ	땅	אֲרָצוֹת
20	אֵם	엄마	עֲלָמוֹת

הִנֵּה מַה־טוֹב וּמַה־נָּעִים

히네 마 토브 우마 나임

(Old Version)

הִנֵּה מַה־טוֹב וּמַה־נָּעִים שֶׁבֶת אַחִים גַּם־יָחַד

와우(봐라~) 얼마나 좋은가!, 그리고 얼마나 기쁜가? 형제들이 함께 사는 것이, 또한 하나가 되는 것이…

요엘 TV
Tube
히네 마 토브 우다 나임

단어 카드와 함께
유튜브 영상을 보세요.

명사에는 연계형(Construct Noun)이 있으며 단수와 복수 그리고 여성과 남성이 있습니다. 연계형과 절대형을 잘 파악해야 합니다. 절대형의 모음을 축소시켜서 연계형을 만듭니다. 단어의 절대형을 알고 있으면, 모음이 축소된 연계형을 알 수 있죠(주로 장모음이 단모음으로 또는 미모음으로 축소됨). 절대형이란 단독으로 사용되는 일반 명사를 지칭합니다.

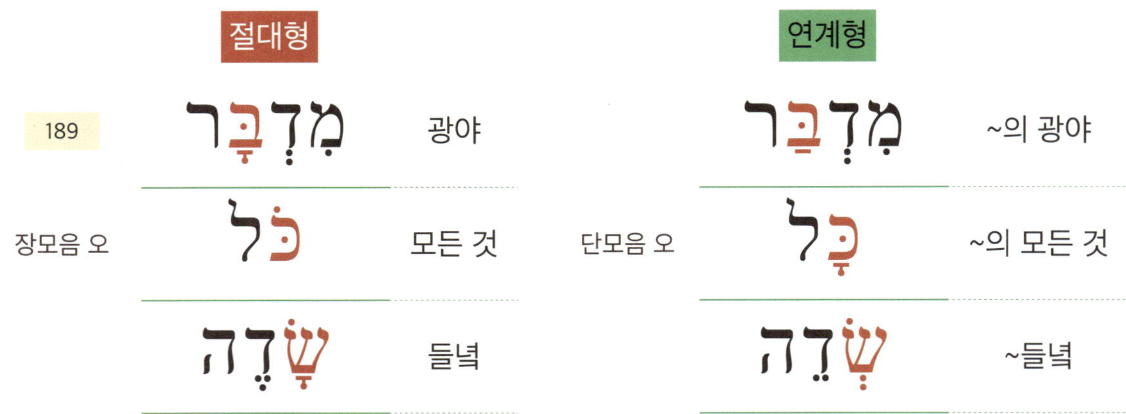

연계형 문장의 실례

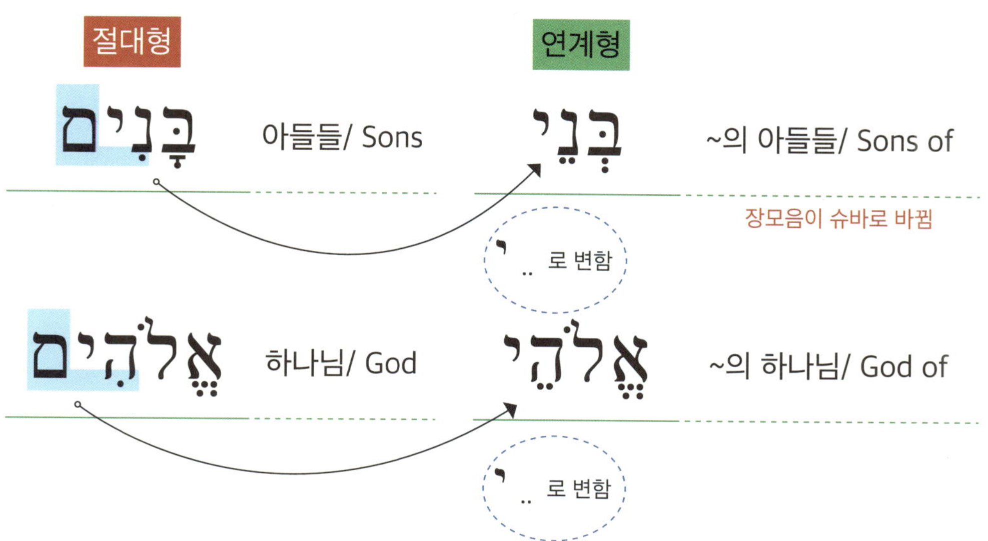

다음 예문을 보면 이해할 수 있습니다.

이스라엘의 자손들

평화의 하나님

a. 연계형 과정 살피기

다음의 연계형 문장을 살펴보세요! 연계형 단어는 그 뒤의 주어와 연결됩니다. 주어는 그 뒤에 따라오는 단어와 연합하면서 문장을 만들어 갑니다. 이때 동격이 나올 수 있는데, 다음 문장이 그런 동격의 구조를 보여 줍니다.

b. 연계형 원문의 예

다음의 원문을 자세히 익히도록 하세요. 원문에 많이 나오는 표현들입니다.

왕상 18:5	בְּכֹל מַלְכֵי יְהוּדָה	"모든 유다의 왕들 가운데서"
창 13:13	וְאַנְשֵׁי סְדֹם	"그리고 소돔의 남자들"
삼하 1:27	כְּלֵי מִלְחָמָה	"전쟁의 무기들(도구들)"

도구/기구/ 그릇 172

| 렘 36:32 | כָּל־דִּבְרֵי הַסֵּפֶר | "그 책의 모든 말씀들" |

44

| 창 26:4 | כְּכוֹכְבֵי הַשָּׁמַיִם | "그 하늘의 별들처럼" |

187

연계형을 보면 절대형의 모음에서 축소된 것을 알 수 있습니다. 연계형을 잘 구분하는 것은 매우 중요합니다. 다음은 남성형의 변화입니다.

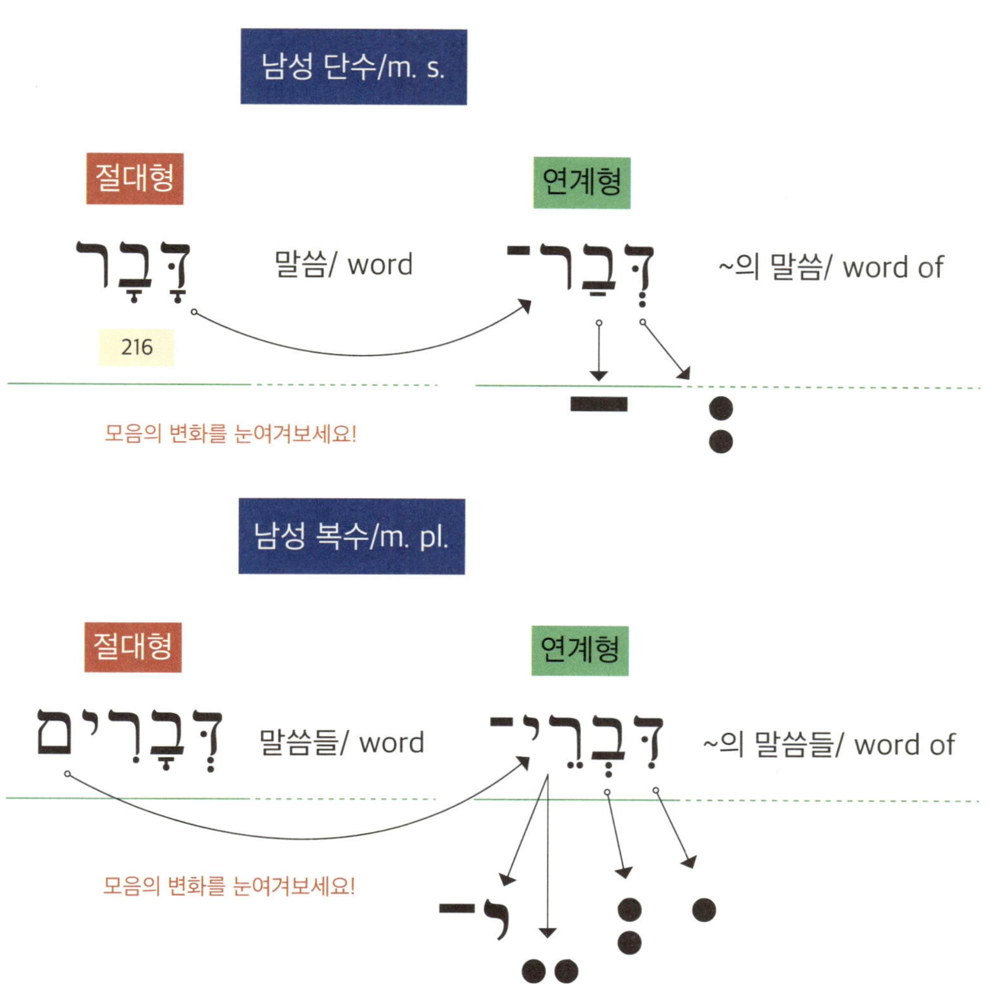

다음 원문을 통해서 연계형 문장을 익힐 수 있습니다.

대상 1:8 함의 아들들은 구스(이디오피아) 그리고 미쯔라임(이집트), 풋(리비아), 그리고 가나안이다.

출 3:18	וְזִקְנֵי יִשְׂרָאֵל	그리고 이스라엘의 장로들
왕하 23:3	דִּבְרֵי הַבְּרִית הַזֹּאת	바로 이 언약의 말씀들이
창 6:8	בְּעֵינֵי יְהוָה	여호와의 눈(두 눈=쌍수)에서
사 57:1	וְאַנְשֵׁי־חֶסֶד	그리고 인애의 남자들

124

d. 여성 연계형

여성 단수와 복수의 연계형은 다음과 같습니다. 모음의 변화를 눈여겨보세요. 또한 연계형에는 마켑 부호가 붙을 수도 있고, 안 붙을 수도 있습니다. 일반적으로 마켑 부호는 of(~의) 뜻을 내포합니다.

여성 단수/f. s

절대형

מַלְכָּה   여왕/ Queen

연계형

מַלְכַת־   ~의 여왕/ Queen of

ת ְ ַ

모음 변화와 어미 ת를 눈여겨보세요!

מַלְכַת שְׁבָא   Queen of Shiva/ 시바의 여왕(왕하 10:2)

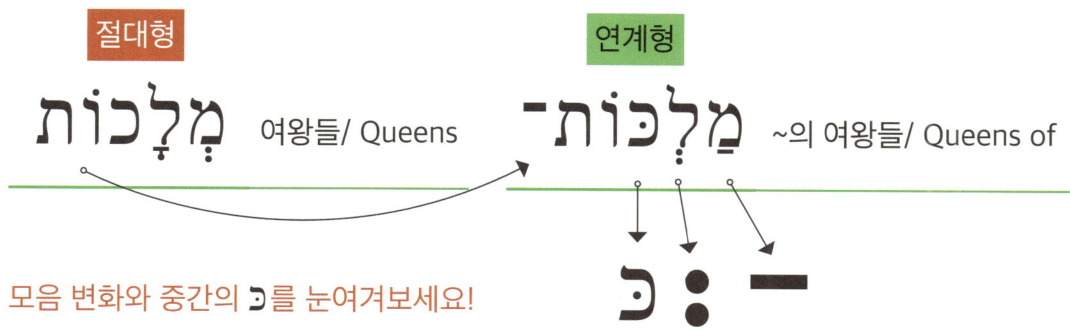

수 8:32	תּוֹרַת מֹשֶׁה	모세의 율법 (Torah of Moses)
사 3:17	בְּנוֹת צִיּוֹן	시온의 딸들 (daughters of Zion)
겔 6:3	הָרֵי יִשְׂרָאֵל	이스라엘의 산들 (mountains of Israel)
슥 14:17	מִשְׁפְּחוֹת הָאָרֶץ אֶל־ יְרוּשָׁלָיִם	이 땅의 민족들(가족들)이 예루살렘을 향하여 (peoples of the earth unto Jerusalem)
대상 21:13	יַד־יְהוָה	여호와의 손 (hand of the Lord)
왕상 20:7	לְכָל־זִקְנֵי הָאָרֶץ	이 땅의 모든 노인들에게 (for the elders of the land)

다음의 단어들은 독립형과 연계형이 똑같습니다. 따라서 문장을 통해서 파악하면 됩니다.

| הַר | 산 | סוּס | 말 | עִיר | 성 / 도시 | אִישׁ | 남자 | קוֹל | 소리 |
| רֹאשׁ | 머리 | בַּת | 딸 | יוֹם | 낮 / 날 | בֵּן | 아들 | רוּחַ | 영 |

이 단어들은 독립적으로도 사용하고, 연계형으로도 가능하기에, 연계형 문장일 경우에는 "~의"를 넣어 해석합니다. 다음의 예문을 살펴보세요. 이때 뒤에 오는 단어에 소속됩니다.

(예: a son of a prophet)

בֶּן נָבִיא	선지자의 아들
46	
יוֹם אֱלֹהִים	하나님의 날
יוֹם חֹשֶׁךְ	흑암의 날
30	
בַּת יְרוּשָׁלַיִם	예루살렘의 딸
בֵּן אֱלֹהִים	하나님의 아들
사 20:2	יְשַׁעְיָהוּ בֶן־אָמוֹץ	아모스의 아들 이사야
בֵּן/בֶּן	둘 다 같이 사용할 수 있다.

f. 불규칙 연계형 알아보기

다음은 연계형이 될 때 원형과 달라지는 단어들입니다. 눈여겨보세요.

수 1:1	מוֹת מֹשֶׁה עֶבֶד יְהוָה	여호와의 종 모세의 죽음	원형 מָוֶת
잠 31:10	אֵשֶׁת־חַיִל	현숙한 아내	원형 אִשָּׁה
시 37:30	פִּי־צַדִּיק	의로운 자의 입	원형 פֶּה

g. 명사 문장의 샘플 보기

히브리어는 동사 없이 명사로도 문장을 만들 수 있습니다. 히브리어가 시적인 언어이기 때문입니다. 이는 히브리어가 가진 독특함입니다.

자세히 살펴보면 금세 해석이 가능합니다. 누구나 해석할 수 있습니다.

출 20:2 — אָנֹכִי יְהוָה אֱלֹהֶיךָ — 나는 여호와 네 하나님!···[이니라].

אָנִי -때로는 "아니"로도 쓰임. 아노키(I am)의 축약형.

극적이며 뚜렷함이 느껴지는 효과가 있지요!

사 12:2 — הִנֵּה אֵל יְשׁוּעָתִי — 보라! 하나님은, 나의 구원 [이시라].

동사 생략으로, 하나님의 구원 행동이 확실해지는 느낌!

시 11:7 — צַדִּיק יְהוָה — 여호와는 의[로우시도다].

창 42:4 — בִּנְיָמִין אֲחִי יוֹסֵף — 요셉의 형제인 베냐민

다음 문제를 해석해 보세요.

창 46:3

אֲנִי הָאֵל אֱלֹהֵי אָבִיךָ

나는 그 하나님	너의 아버지의 하나님

출 3:6

2인칭 복수 소유격 어미/ your

אֲנִי יְהוָה אֱלֹהֵי אֲבֹתֵיכֶם אֱלֹהֵי אַבְרָהָם

	~의 하나님	~의 하나님

אֱלֹהֵי יִצְחָק וֵאלֹהֵי יַעֲקֹב

~의 하나님	~의 하나님

창 32:1

מַלְאֲכֵי אֱלֹהִים

창 46:3

אֲנִי הָאֵל אֱלֹהֵי אָבִיךָ

창 31:42

אֱלֹהֵי אֲבִי אַבְרָהָם

왕하 25:9

וְאֵת כָּל־בָּתֵּי יְרוּשָׁלִַם

וְאֵ֫לֶּה   שְׁמֹות   בְּנֵי־יִשְׂרָאֵל

정답	아래를 가리고 문제를 푸세요.

출 3:6_ 너희들의 아버지들(조상들)(의 하나님)/ 아브라함(의 하나님)/ 나는 여호와라 /
그리고 야곱(의 하나님)/ 이삭(의 하나님)

창 32:1_ 하나님의 사자들

창 46:3_ 나는 그 하나님이요, 네 아비의 하나님이라.

창 31:42_ 나의 아버지 아브라함의 하나님

왕하 25:9_ 그리고 모든 예루살렘의 딸들을

창 46:8_ 그리고 이것들은 이스라엘 자손들의 이름들이다.

여리고의 가족 이야기

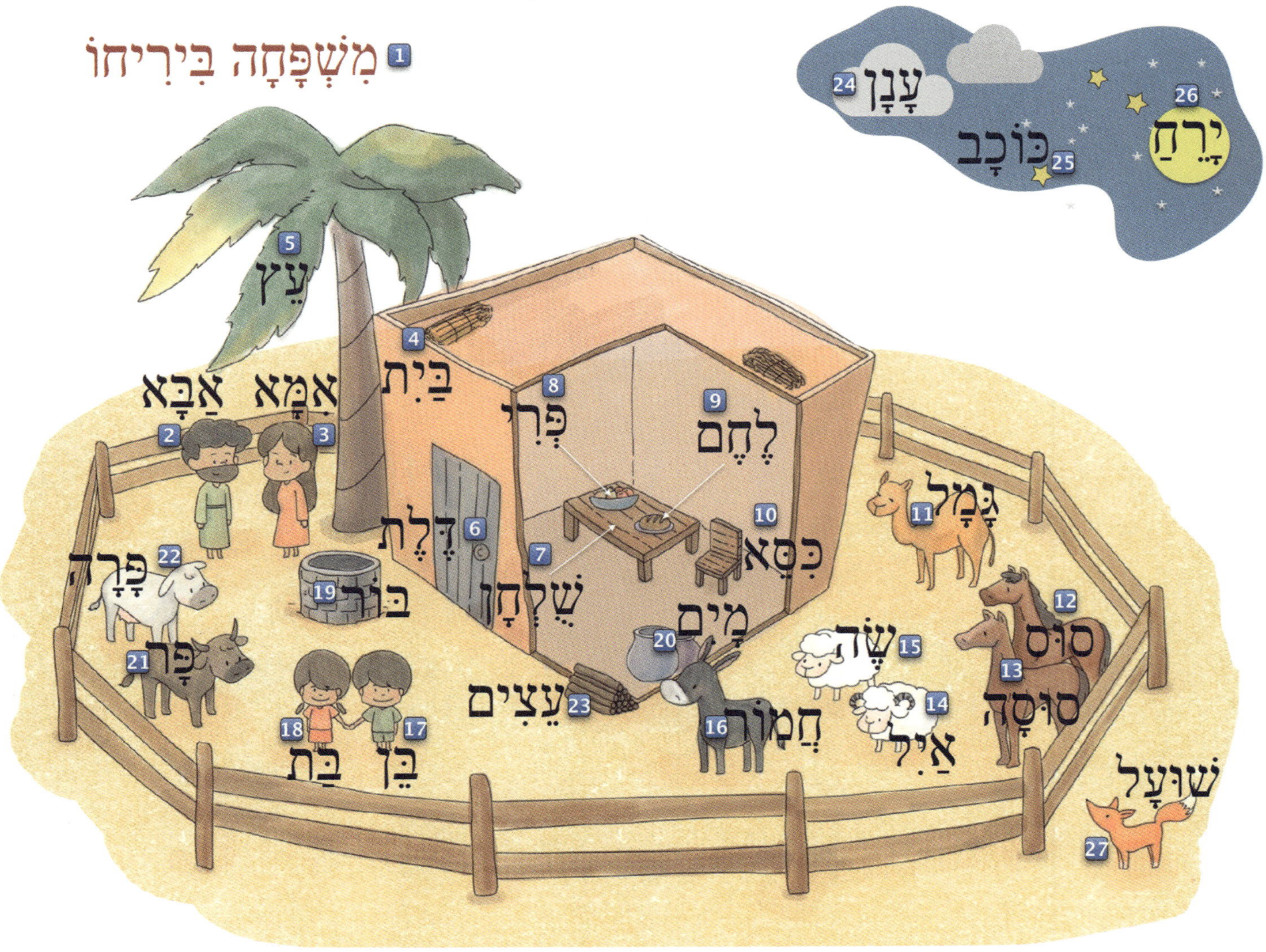

이 그림은 John A. Cook and RD Homstedt의 Beginning Biblical Hebrew: A Grammar and Illustrated Reader (2013)의 부록에 나오는 그림을 참고했고, 재편성하여 그린 것입니다.

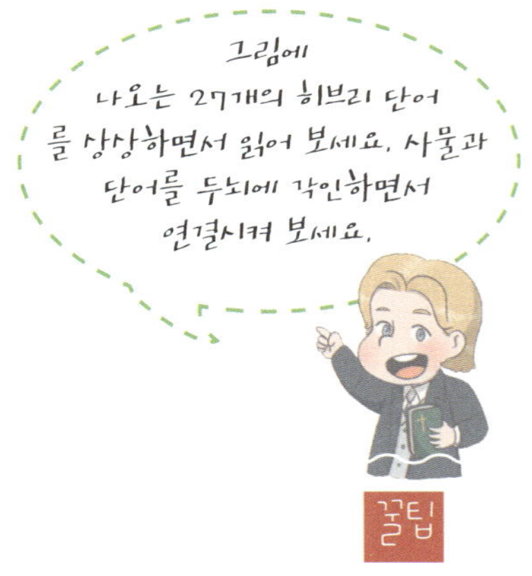

1   우리는 여리고에 사는 가족(**미스파하**)이랍니다.

2   아빠(**아바**)와 엄마(**이마**)는 동물 농장을 갖고 있어요.

3   우리 집(**바이트**)의 나무(**에쯔**)는 좋은 그늘을 만들어 주죠.

4   문(**델레트**)을 열고 들어가면 식탁(**슐칸**)이 있고, 그 위에 과일(**프리**)과 빵(**레헴**)이 있어요.
    의자(**키세**)에 앉아서 맛있게 먹지요.

5   바깥 뜰에는 낙타(**가말**)가 있고, 수말(**수스**)과 암말(**수사**)도 있어요.

6   그 앞에는 숫양(**아일**)과 암양(**세**)이 있고요. 당나귀(**하몰**)도 있어요.

7   우리는 아들(**벤**)과 딸(**바트**)이죠.

8   우물(**보르**)에서 길어온 물(**마임**)을 항아리에 채웁니다.

9   수소(**파르**)와 암소(**파라**)에게도 주죠.

10 따뜻한 방을 위해 나무(**에찜**)들을 땐답니다.

11 그럴 때면 구름(**아난**) 낀 밤 하늘에는 별(**코캅**)과 달(**야레아흐**)이 떠오르고, 바깥의
    여우(**슈알**)도 행복해하지요.

여리고 가족 스토리의 27개 단어

깜놀카드 번호	단어	뜻	깜놀카드 번호	단어	뜻	깜놀카드 번호	단어	뜻
153	מִשְׁפָּחָה	가족①		כִּסֵּא	의자⑩		בּוֹר	우물⑲
20	אַבָּא	아빠②		גָּמָל	낙타⑪	33	מַיִם	물⑳
20	אִמָּא	엄마③	216	סוּס	수말⑫	166	פַּר	수소㉑
22	בַּיִת	집④	216	סוּסָה	암말⑬	166	פָּרָה	암소㉒
28	עֵץ	나무⑤		אַיִל	수양⑭	28	עֵצִים	나무㉓
	דֶּלֶת	문⑥		שֶׂה	암양⑮		עָנָן	구름㉔
88	שֻׁלְחָן	식탁⑦		חֲמוֹר	당나귀⑯	187	כּוֹכָב	별㉕
32	פְּרִי	과일⑧	11	בֵּן	아들⑰		יָרֵחַ	달㉖
23	לֶחֶם	빵⑨	12	בַּת	딸⑱		שׁוּעָל	여우㉗

• 히브리어에서 양의 이름은 세 가지가 있습니다. 아일, 세, 케베스입니다.

• 번호가 없는 단어들은 2권에서 배웁니다.

<기억 힌트>

문이 **델레트 델레트**…,(덜컥 덜컥 거리는구나).

의자에 앉아 쥬스 들이 **키세** (키세)!

사막…, **낙타**가 가물 가물(**가말**) 하네요.

암양을 보니 **쎄**하네요.

당나귀가 구덩이 빠져 함몰(**하몰**) 됐어요!

보조개-**볼(bor)** 우물이 예쁘구나!

수소와 **암소**는 **파릇 파릇 파란** 풀을 좋아해요.

달이 뜨니 밤이 오네요 (**야래** 夜來아흐~).

여우도 영어를 **슈알** (쐴라 쐴라) 하네요.

위의 스토리텔링을 반복해서 읽고 암송하시기 바랍니다.

신나게 단어 암기하기!

각 단어의 뜻을 쓰세요.

히브리어	뜻		히브리어	뜻		히브리어	뜻	
מִשְׁפָּחָה		①	כִּסֵּא		⑩	בּוֹר		⑲
אַבָּא		②	גָּמָל		⑪	מַיִם		⑳
אִמָּא		③	סוּס		⑫	פַּר		㉑
בַּיִת		④	סוּסָה		⑬	פָּרָה		㉒
עֵץ		⑤	אַיִל		⑭	עֵצִים		㉓
דֶּלֶת		⑥	שֶׂה		⑮	עָנָן		㉔
שֻׁלְחָן		⑦	חֲמוֹר		⑯	כּוֹכָב		㉕
פְּרִי		⑧	בֵּן		⑰	יָרֵחַ		㉖
לֶחֶם		⑨	בַּת		⑱	שׁוּעָל		㉗

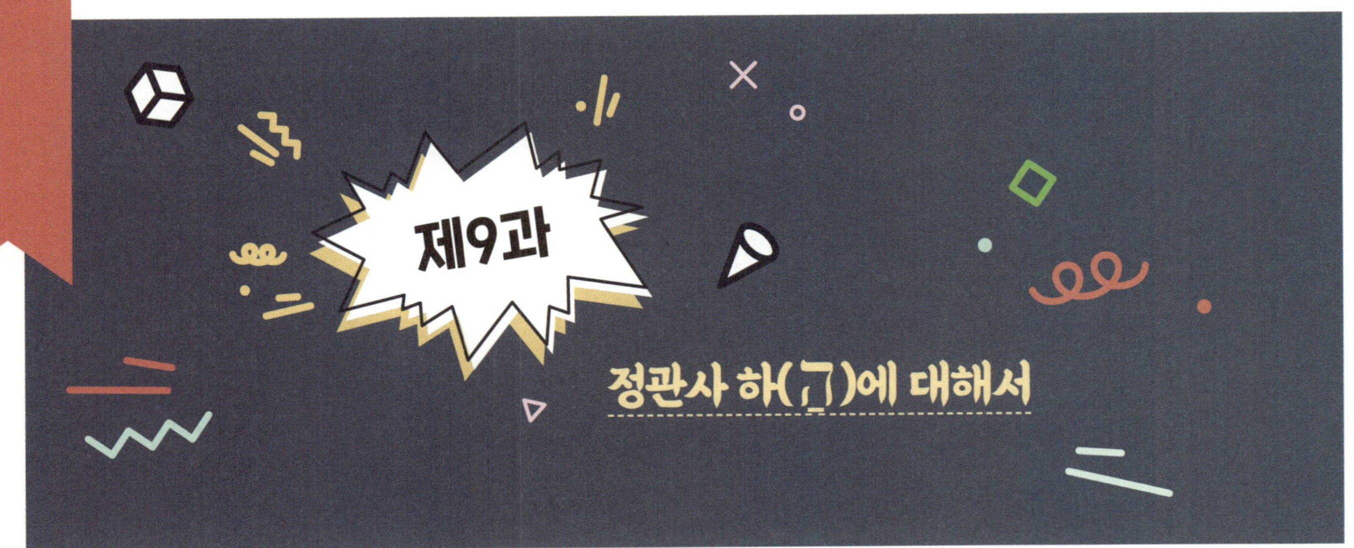

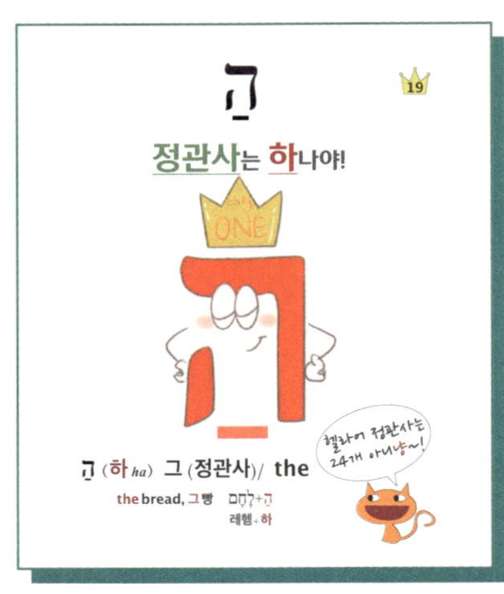

히브리어의 정관사는 하나입니다(헬라어는 24개). 정관사는 the(그)라는 뜻입니다. 단어의 뜻을 명확히 규정하기 위해 정관사를 붙입니다. 주로 명사나 형용사에 붙게 되는데, 단어에 따라 정관사 하(Ha)의 모음이 달라집니다. 이유는 원래 히브리어 "하"는 아랍어 정관사의 알(al)처럼 L(ל)이 있었습니다. 이게 사라지면서 "하"가 됐지만, "할"(הל)에서 사라져 자취를 감춘 ל의 흔적이 남아, 뒷문자에 영향을 주는 것입니다. 그로 인해 뒷문자의 모음에 변화가 옵니다. 주로 점을 찍어서 사라진 L의 존재를 알립니다. 후음에는 점(다게쉬)을 찍을 수 없어서, 단모음 "하"를 장모음(하~)로 바꿔 줍니다(후음을 반드시 기억하세요!).

"하" 다음에 다게쉬(점)가 온 것은 ㄴ가 숨어 있음을 나타내기 위함!

בַּיִת   a house 집   הַבַּיִת   the house 바로 그 집

후음의 경우에는 점을 찍을 수가 없는 규정 때문에, 그 다음에 오는 자음을 길게 해줍니다.

הָאָרֶץ	←	אֶרֶץ 땅	הָ 그 땅 the land
הָעָם	←	עַם 백성	הָ 그 백성 the people
הַגַּן	←	גַּן 동산	הַ 그 동산 the garden

후음엔 점을 찍을 수 없어 장모음이 되었고, 깃멜에는 다게쉬를 찍었습니다.

정관사엔 "바로" 라는 말은 없지만, 특정시키는 기능이 있습니다. 정관사가 나오면 세심히 살펴보는 것이 좋습니다.

마음	לֵב	그 마음	הַלֵּב	소리	קוֹל	그 소리	הַקּוֹל
왕	מֶלֶךְ	그 왕	הַמֶּלֶךְ	손	יָד	그 손	הַיָּד

영어와 달리 정관사 하(the)는 추상 명사나 고유 명사에도 붙습니다

그 하나님 הָאֱלֹהִים   그 아담 הָאָדָם   그 깃네렛 הַכִּנֶּרֶת

정관사 ha모음은 단모음이 기본입니다. 근데 "하"(ha 장모음)와 "헤"(he 단모음)로 달라질 수도 있습니다. 중요한 것은 이 세 가지가 모두 같은 정관사라는 것이죠. 정관사의 모음 변화 네 가지를 정리합니다. 다음은 정관사에 붙는 모음 변화를 설명합니다. 변화를 암기하지 말고, 이해하세요. 단어 원형을 알면, 그 앞에 어떤 변화가 있든지, 모두 정관사(the)라고 보면 됩니다.

b. 단모음이 오는 정관사

후음 문자가 아닌, 일반 문자에는 거의 단모음 "하"가 옵니다.

וַיְהַמֶּלֶךְ דָּוִד זָקֵן　　그리고 그 왕 다윗은 늙었다

c. 장모음이 오는 정관사

후음 문자(알렙, 아인, 레쉬) 앞에선 일단 장모음이 옵니다. 이유는 후음의 발음이 약하니까 길게 해주려는 경향 때문이죠.

הָאֱלֹהִים 그 하나님　　הָאָדָם 그 아담

장모음이 붙은 후음문자 하 הֵ 헷트 חֵ (또는 아인 עֵ) 앞에서는 "헤" הֵ 가 옵니다.

후음문자라 하더라도 단모음을 붙이는 경우도 있습니다.

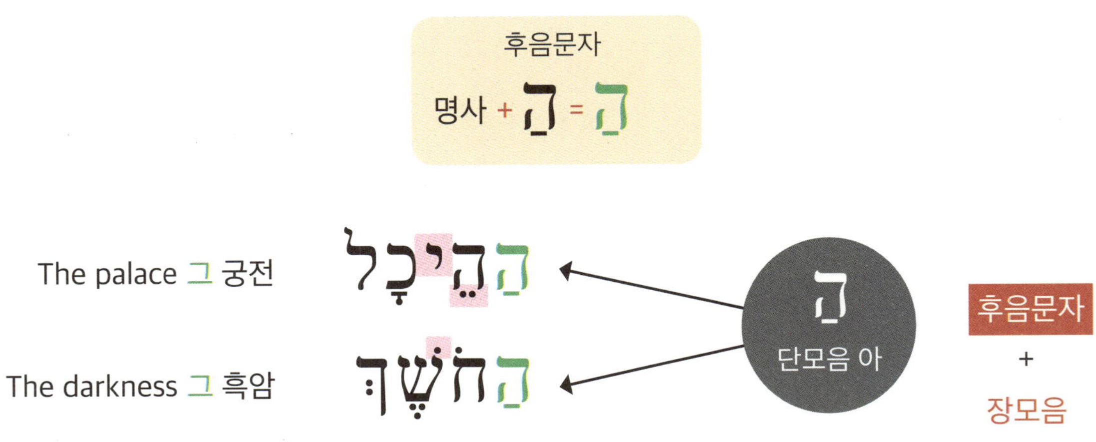

신나게 퀴즈 풀기!

앞서 7과에서 익힌 깜놀 그림 카드 11-30번까지를 다시 확인한 후 다음 문장을 해석하세요.

1 שָׁמַיִם וָאָרֶץ

2 בֵּן וּבַת

3 אִישׁ וְאִשָּׁה

4 עָפָר וַאֲדָמָה

5 הַלֶּחֶם וְהַמַּיִם

6 הָאָב וְהָאֵם

7 הַיּוֹם וְהַלַּיְלָה

8 הָאוֹר וְהַחֹשֶׁךְ

9 הָאֱלֹהִים יְהוָה

10 הָאוֹר וְהָרוּחַ

정답　　　　　　　　　　　　　　　　　　아래를 가리고 문제를 푸세요.

1_하늘과 그리고 땅

2_아들과 그리고 딸

3_남자(남편)와 그리고 여자(아내)

4_먼지(티끌)와 흙

5_그 빵과 그리고 그 물

6_그 아빠와 그리고 그 엄마

7_그 낮과 그리고 그 밤

8_그 빛과 그리고 그 어두움(흑암)

9_여호와 그 하나님

10_그 빛과 그리고 그 성령(바람)

접속사는 두 개의 단어를 잇는 교량 역할을 합니다. 영어로는 and에 해당하지요. 히브리어에도 있어요. 뵈(וְ)라는 단어입니다. 단어 A와 단어 B를 연결해 주는 일을 하죠. 이를 접속사라고 부릅니다. "그 하늘 그리고(וְ) 그 땅"처럼 단어를 연결하죠. 뵈는 항상 뒷단어에 붙습니다. 이를 "불분리 접속사"^{단어와 분리되지 않는}라고 부릅니다. 즉 분리되지 않고 착 달라붙어 있어 그런 말을 사용했습니다. 히브리어의 모든 접속사는 불분리입니다. 이 사실을 꼭 기억하세요!

다음 단어 사이에 뵈가 붙는 것을 보세요.

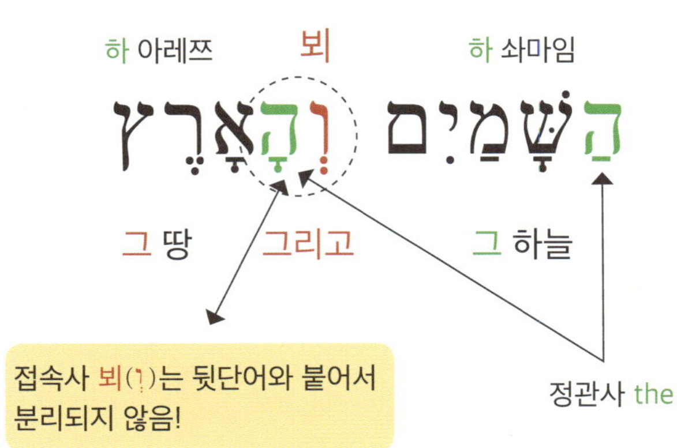

그런데 뵈(וְ, and)는 5가지의 모음 변화를 동반합니다(וַ / וָ / וֶ / וִ / וּ). 이렇게 달라지는 건 자음이 가진 영향 때문입니다.

"봐브"(וְ)에는 그 어떤 모음이 붙어도 뜻은 AND(그리고)입니다(때론 문장에 따라서 but으로 해석될 때도 있죠). 다음에서 5가지 모음의 변화를 설명합니다.

이 변화를 **암기하려고 하지 말고, 이해하세요.**

원칙적으로 봐브에는 슈바가 붙습니다. וְהָאִישׁ("그리고 그 남자"), 즉 슈바가 붙은 바브이지요. 그런데 다른 모음이 붙을 때가 있습니다.

אֱמֶת + וְ 는 וֶאֱמֶת 가 됩니다. לֶחֶם + וְ 는 וְלֶחֶם 이 됩니다.

אֲנָשִׁים + וְ 를 붙이면 וַאֲנָשִׁים 가 됩니다. 뜻은 "그리고 남자들"입니다.

왜 이렇게 봐브의 모음들이 변하는 걸까요? 이 변화는 히브리어의 특징이기도 합니다.

a. 일반적으로 뵈(וָ)가 오는 경우

다음의 도표를 자세히 관찰해 보세요.

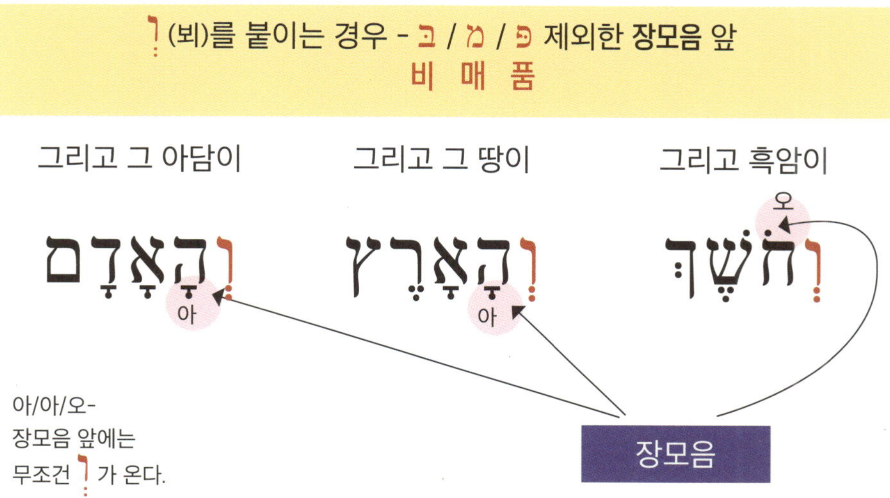

시 133편의 "히네 마 토브 우마 나임 쉐벳트 아힘 감 야핫"을 기억해 보세요!
וּמֶלֶךְ 의 경우도 비/매/품에 해당되기에, "우"가 왔죠. 해석은 "그리고 왕이"입니다. 또한 슈바 앞에서도 "우"가 되는 것을 기억하세요! וּסְפָרִים "그리고 책들이"

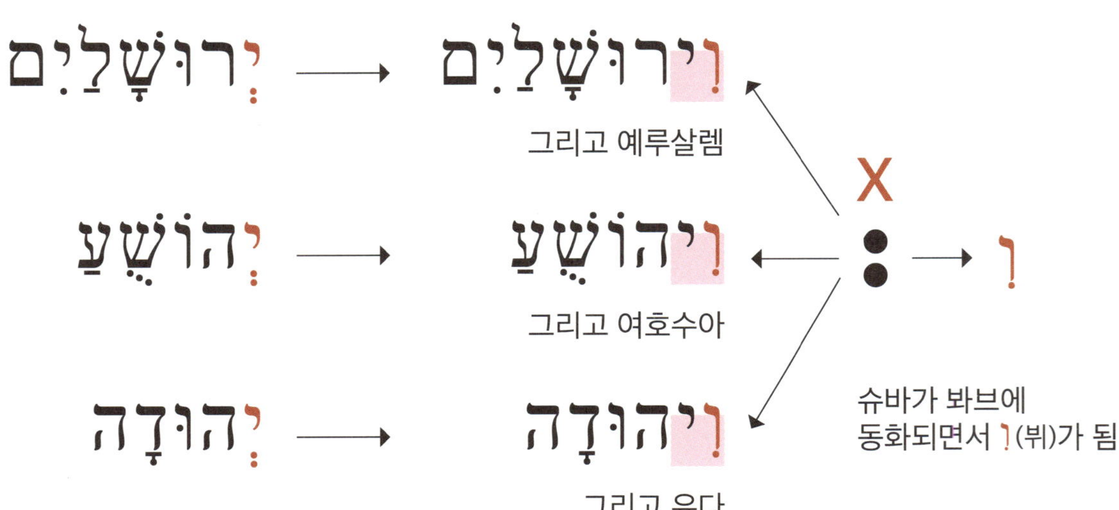

d. 복합 슈바로 인해 변화되는 경우

(복합 슈바)에 ֧ 가 오면 슈바만 사라집니다.

미모음인 복합 슈바에 뵈(and)가 오면 슈바는 없어지고, 남은 모음을 뵈(and)에 붙인다.

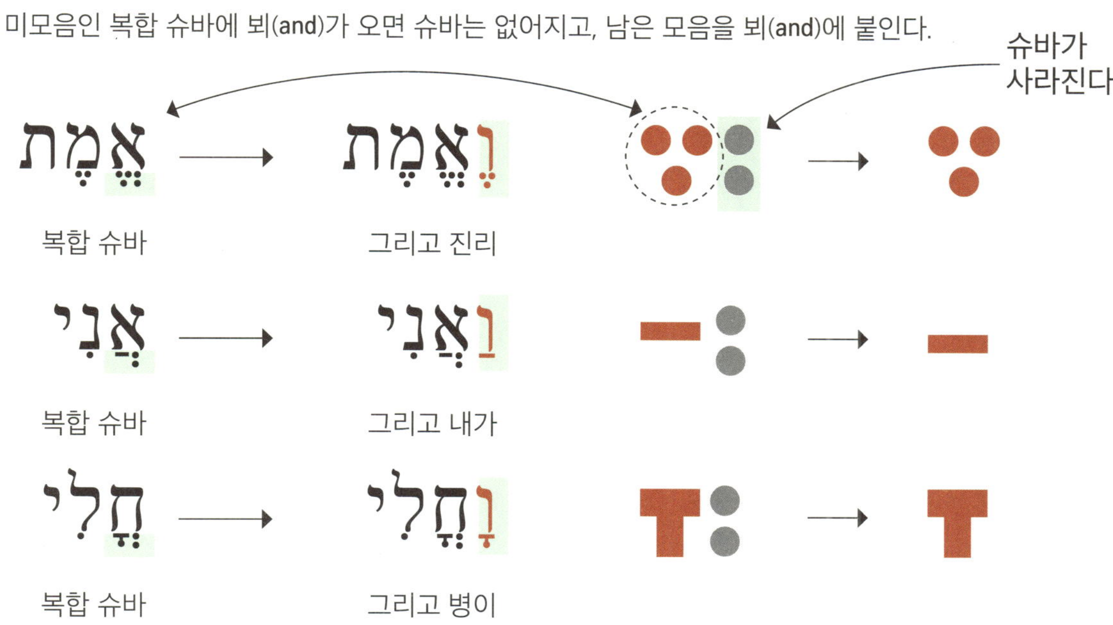

다음 예문을 자세히 살펴 보세요. ֧ (뵈/and)의 변화를 알 수 있습니다.

렘 33:6	שָׁלוֹם וֶאֱמֶת	평안과 진리
출 25:3	זָהָב וָכֶסֶף	금과 은
창 1:4	בֵּין הָאוֹר וּבֵין הַחֹשֶׁךְ	그 빛 사이와 그리고 그 흑암 사이
창 8:22	וְיוֹם וָלַיְלָה	그리고 낮과 밤

| 렘 34:1 | וּנְבוּכַדְרֶאצַּר מֶלֶךְ־בָּבֶל | 그리고 바벨론 왕 느부갓네살이 |

| 민 34:17 | אֶלְעָזָר הַכֹּהֵן וִיהוֹשֻׁעַ בֶּן־נוּן | 그 제사장 엘르아살 그리고 눈의 아들 여호수아 |

47

e. 미모음인 복합 슈바의 변형

(복합 슈바)의 변형은 다음처럼 진행합니다.

אֱלֹהִים + וֶ → וֵאלֹהִים

복합슈바 에(e) + 뵈(וֶ)가 오면 장모음 "에"로 바뀐다.

그리고 하나님께서

단어 + וֶ וֱ וֳ וֹ וּ → and (그리고)

단어와 결합한 어떤 형태의 וֹ도 모두 and임! 항상 and 로 이해하세요!

וְ의 변화 총정리!

일반적인 단어 앞에선 וְ	→	וְהָאִישׁ 그리고 그 남자
		일반 단어

ב / מ / פ 비매품/ 앞에선 וּ	→	וּמֶלֶךְ 그리고 왕
		베트/멤/페 중 하나

복합 슈바 단어 앞에선 וַ / וֶ	→	וַאֲנָשִׁים 그리고 남자들
		아- 복합 슈바

단음절 앞에선 וָ	→	וָצֹאן 그리고 양
		쫀- 단음절

유성 슈바 앞에선 וּ	→	וּצְדָקָה 그리고 의로움
		쩨- 유성 슈바

신나게 퀴즈 풀기!

다음의 명사와 결합한 뵈(and)의 단어를 해석해 보세요. 보면서 익히세요.

깜놀카드 번호		깜놀카드 번호	
23	וְלֶחֶם	34	וּמֶלֶךְ
	וַיהוָה	11	וּבֵן
44	וּסְפָרִים		וּשְׁמוּאֵל
13	וְאִישׁ		וְרִבְקָה
	וְלוֹט		וְאַבְרָם
140	וֶאֱמֶת		וּמַלְכִּי־צֶדֶק

정답	아래를 가리고 문제를 푸세요.
그리고 빵을	그리고 왕이
그리고 여호와께서	그리고 아들이
그리고 책들이	그리고 사무엘이
그리고 남자가	그리고 리브가가
그리고 롯이	그리고 아브람이
그리고 진리가	그리고 멜기세덱이
그리고 이스마엘이	그리고 이삭이
그리고 그 남자가	그리고 바로가
그리고 내 형제가	그리고 당신이
그리고 한나는	그리고 여리고는

단어 카드와 함께
유튜브 영상을 보세요.

형용사란 명사를 꾸며주는 역할을 합니다. 명사를 돋보이게 하는 일종의 장치인 것이지요. **맛있는** 빵, **행복한** 집, **선하신** 하나님… 등의 말에서 빨간색 단어는 형용사입니다. 형용사에 의해서 명사는 더욱 빛나게 됩니다. 히브리어에도 형용사가 있습니다. 형용사에는 한국어와 달리 남성, 여성, 단수, 복수가 있습니다. 한국어와 반대로 히브리어의 형용사는 대개 명사 뒤에 위치합니다. 즉 **높으신(형) 하나님(명)**이, 히브리어에서는 "**하나님(명) 높으신(형)**"으로 반대로 표기됩니다. 그러나 이 순서는 바뀔 수도 있습니다.

a. 남성 형용사와 여성 형용사 - 단수와 복수의 예

형용사의 변화는 명사와 거의 똑같습니다. 형용사는 단독으로도 사용되지만, 주로 명사와 결합합니다. 형용사에는 남성과 여성이 있고, 단수와 복수가 있습니다.

	남성			여성	
단수	טוֹב	좋은		טוֹבָה	좋은
복수	טוֹבִים	좋은 것들		טוֹבוֹת	좋은 것들
단수	קָשֶׁה	까다로운		קָשָׁה	까다로운
복수	קָשִׁים	까다로운		קָשׁוֹת	까다로운
단수	רַב	많은		רַבָּה	많은
복수	רַבִּים	많은		רַבּוֹת	많은

b. 명사와 결합하는 형용사

다음은 형용사와 명사가 결합한 문장입니다. 형용사가 대개 명사 뒤에 온다는 것을 기억하세요(아주 가끔 앞에 올 수도 있음). 남성 명사는 남성 형용사를, 여성 명사는 여성 형용사를 붙여야 합니다.

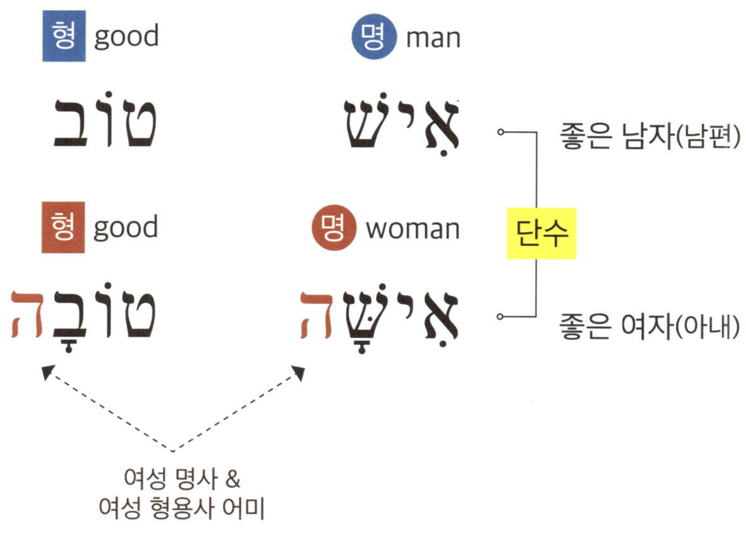

정관사가 명사와 형용사에 같이 붙게 되면, 한정적이며 동시에 강조가 됩니다. 이때 성(gender)과 수(number)가 일치해야 합니다. 성과 수는 바꿔 쓰지 못합니다(반드시 단수=단수, 복수=복수, 여성=여성, 남성=남성을 써야 함).

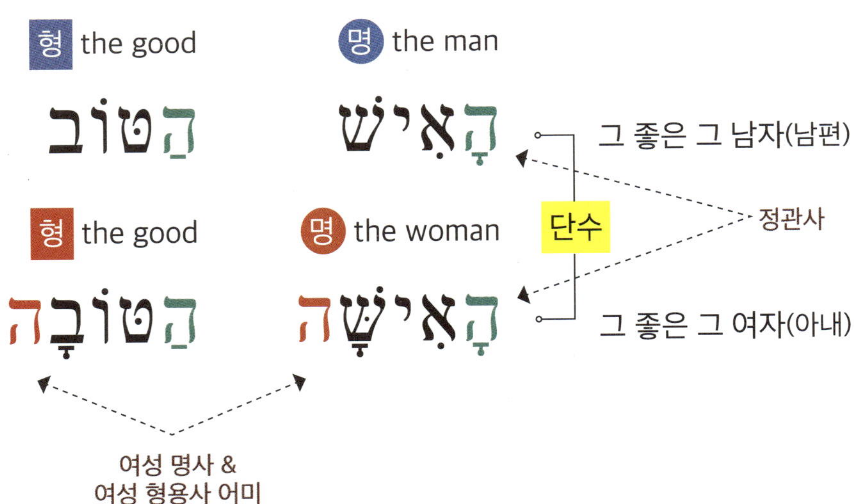

복수 형용사는 복수 명사와만 결합합니다. 남성 형용사는 남성 명사와, 여성 형용사는 여성 명사와 일치한다는 점을 기억하세요!

형용사의 서술적 용법이란 형용사가 동사 역할을 한다는 뜻입니다. 이때 정관사는 주어 명사에만 붙게 됩니다. 따라오는 형용사엔 정관사가 붙지 않습니다. 정관사가 명사에 붙은 것이 확인되면 서술적 용법입니다. 즉 형용사를 동사처럼 해석해야 하죠. 정관사 ha +명사(woman)+ **아름다운(형)** = "그 여자는 아름답다"(the woman is a beautiful). 정관사 ha+명사(bread)+ **맛있는(형)** = "그 빵은 맛이 있다"(the bread is a tasty). 정관사 ha+명사(소리 sound)+ **기쁜(형)** = "그 소리는 기쁘다"(the sound is a delight)라고, "정관사 없는 형용사"가 동사처럼 번역되어야 합니다. 주의할 점은 정관사의 위치를 잘 파악해야 한다는 점입니다.

1) 서술형 문장 – 명사에만 관사가 붙었고, 형용사에는 관사가 없습니다. 명사와 형용사의 순서가 바뀌어도 상관없습니다.

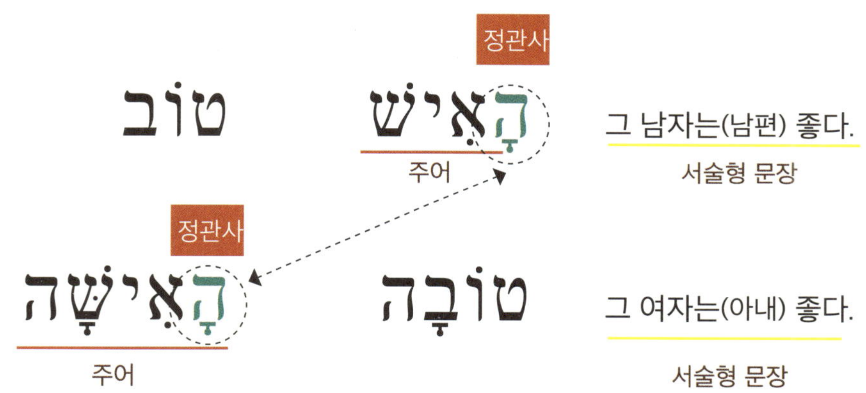

2) 한정형 문장 – 주어와 형용사에 모두 정관사가 붙든지, 모두 없든지 할 경우에는 한정적으로 해석해야 합니다.

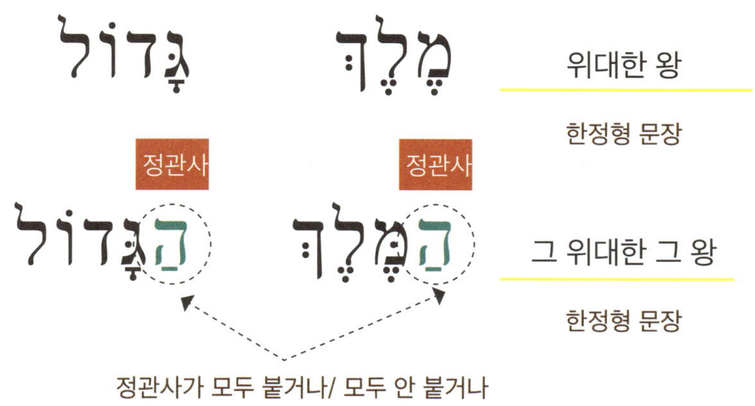

형용사는 독립적으로 사용할 수 있습니다. 형용사에 정관사(ha)를 붙이면 독립적이 됩니다. 즉 다른 주어 없이도, 영어처럼 독립체가 됩니다. 역시 남성, 여성, 단수, 복수 모든 성수에 다 쓰일 수 있습니다.

해석: 그러나 소돔의 사람들(남자들)은 여호와에게 아주 사악하고 범죄적이었다.

*סְדֹם과 סְדוֹם은 같이 쓸 수 있다.

인칭 대명사는 형용사와 함께 사용할 수 있습니다. 대개 명사 뒤에 오지만, 명사나 대명사 앞에 오기도 합니다. 해석은 그리 큰 차이가 없습니다.

신나게 퀴즈 풀기!

다음의 히브리어 원문을 해석해 보세요.

신 1:25

1 טוֹבָה הָאָרֶץ

신 1:14

2 טוֹב הַדָּבָר 54

수 10:3

3 עִיר גְּדוֹלָה 37

창 6:9

4 אִישׁ צַדִּיק 59

창 10:12

5 הָעִיר הַגְּדוֹלָה

삼하 4:11

6 אֲנָשִׁים רְשָׁעִים רָשָׁע 214
사악한

정답		아래를 가리고 문제를 푸세요.

1_ 신 1:25 — 그 땅은 좋은(땅)이다.

2_ 신 1:14 — 그 말씀은 좋은(말씀)이다.

3_ 수 10:3 — 큰 도시(또는 도시는 크다)-관사가 모두 없을 경우는 서술형과 한정형 해석이 가능하다.

4_ 창 6:9 — 의로운 남자(남자는 의롭다)

5_ 창 10:12 — 그 큰 성읍

6_ 삼하 4:11 — 사악한 남자들(남자들은 사악하다)

7_ 삼상 25:15 — 그리고 그 남자는 아주 위대하다

8_ 왕상 2:9 — 당신은 지혜로운 남자다(또는 지혜로운 남자인 당신)

9_ 렘 29:1 — 그 책의 말씀들이

10_ 왕상 4:13 — 큰 성읍들

단어 카드와 함께
유튜브 영상을 보세요.

다음 네 개의 전치사를 반드시 암기하세요. 항상 원문에 나오는 전치사들입니다!

לְ / בְּ / כְּ / מִן

לְ	**레**미제라블을 위하여/ ~에게/ toward, for
בְּ	**배** 안에/ in, by
כְּ	**케**냐 커피처럼/ as like
מִן	**민**수기부터 읽으세요/ from

86

לְ / בְּ / כְּ / מִן 레, 베, 카, 민은 불분리 접속사입니다. '불분리'의 뜻은 다른 단어에 달라 붙어서 분리되지 않는다는 의미이며, 자주 보면 금세 파악할 수 있습니다. 자주 사용되는 전치사이니 자세히 알아두어야 합니다.

לְ "레" ~에게(to), ~를 위하여(for), בְּ "베"는 안에(in), כְּ "케"는 ~처럼(like, as like), מִן "민" ~로부터(from)입니다. 다음처럼 항상 단어와 붙어 다닙니다. 전치사+단어를 잘 구분해야 합니다.

불분리

왕에게	לְמֶלֶךְ	왕	מֶלֶךְ
도시 안에	בְּעִיר	도시	עִיר
아담처럼	כְּאָדָם	아담	אָדָם

다음 예문을 통해서 불분리 접속사를 구분해 보세요.

출 31:18	בְּהַר סִינַי	시내산에서 (시내산 안에서)
출 32:15	מִן־הָהָר	그 산으로부터
창 2:9	יְהוָה אֱלֹהִים מִן־הָאֲדָמָה	그 땅으로부터 여호와 하나님께서

접속사에 붙은 정관사 ha의 생략

히브리어는 축소하는 경향이 있습니다. 정관사가 축소되면 전치사의 모음이 길어집니다. 이런 변화는 외울 필요가 없습니다. 다만 눈으로 보고 익히되, 전치사의 슈바에 변화가 있으면 정관사 (ha)가 생략된 것으로 보고, 해석할 때는 반드시 정관사를 넣어서 해야 합니다.

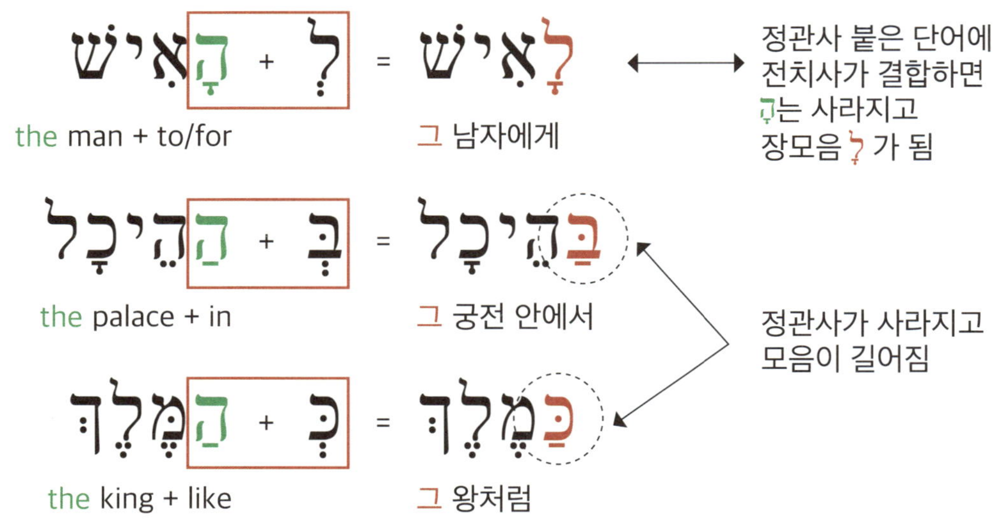

כַּבְּרִית   =   כְּ   +   הַבְּרִית

정관사의 생략-그 언약처럼/ 정관사가 생략되면서
슈바가 단모음 아로 길어졌습니다.

From   מִן

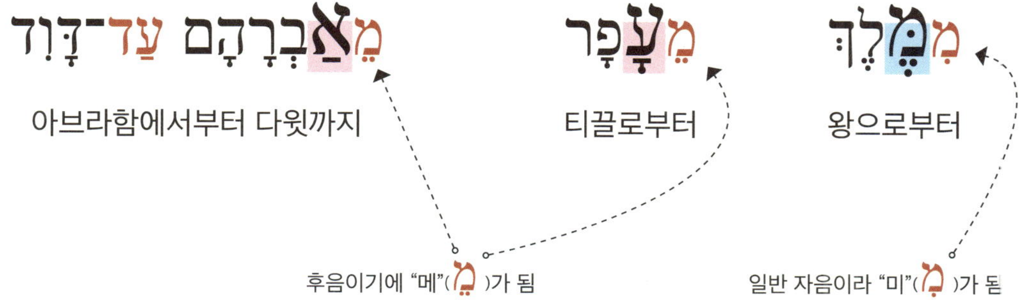

מִן min 에서 "눈"(ן)이 생략될 수 있습니다.
이때 후음 앞에선 מֵ me "메"가 되고, 일반 자음에서는 מִ mi "미"가 됩니다.

מֵאַבְרָהָם עַד־דָּוִד   מֵעָפָר   מִמֶּלֶךְ

아브라함에서부터 다윗까지   티끌로부터   왕으로부터

후음이기에 "메"(מֵ)가 됨   일반 자음이라 "미"(מִ)가 됨

신나게 퀴즈 풀기!

다음 문장을 읽고 해석해 보세요.

1 מִן־הַמֶּלֶךְ מִן־הֶעָפָר

2 כְּמֶלֶךְ דָּוִד כְּאַבְרָהָם

3 לְמֶלֶךְ הֶעָפָר הָאַבְרָהָם הַמֶּלֶךְ

4 בָּרָא אֱלֹהִים אֶת הָאָדָם מִן־הֶעָפָר בְּהָאֲדָמָה

수 24:4　5 לְעֵשָׂו אֶת־הַר שֵׂעִיר

창 28:2　6 מִבְּנוֹת לָבָן אֲחִי אִמֶּךָ

מֵאֶרֶץ מִצְרַיִם מִבֵּית עֲבָדִים **7**

정답   아래를 가리고 문제를 푸세요.

1_ 그 왕으로부터, 그 먼지(티끌)로부터

2_ 다윗왕처럼, 그 아브라함처럼(정관사 생략)

3_ 그 왕에게(정관사 생략), 그 먼지(그 티끌), 그 아브라함, 그 왕

4_ 하나님께서 그 사람(아담)을 그 땅의 그 티끌로부터 창조했다.

5_ 에서에게는 세일산을 (주었고)

6_ 네 어머니의 형제 라반의 딸들로부터

7_ 이집트 땅으로부터 종들의 집으로부터 (이집트의 종이 되었던 집으로부터)

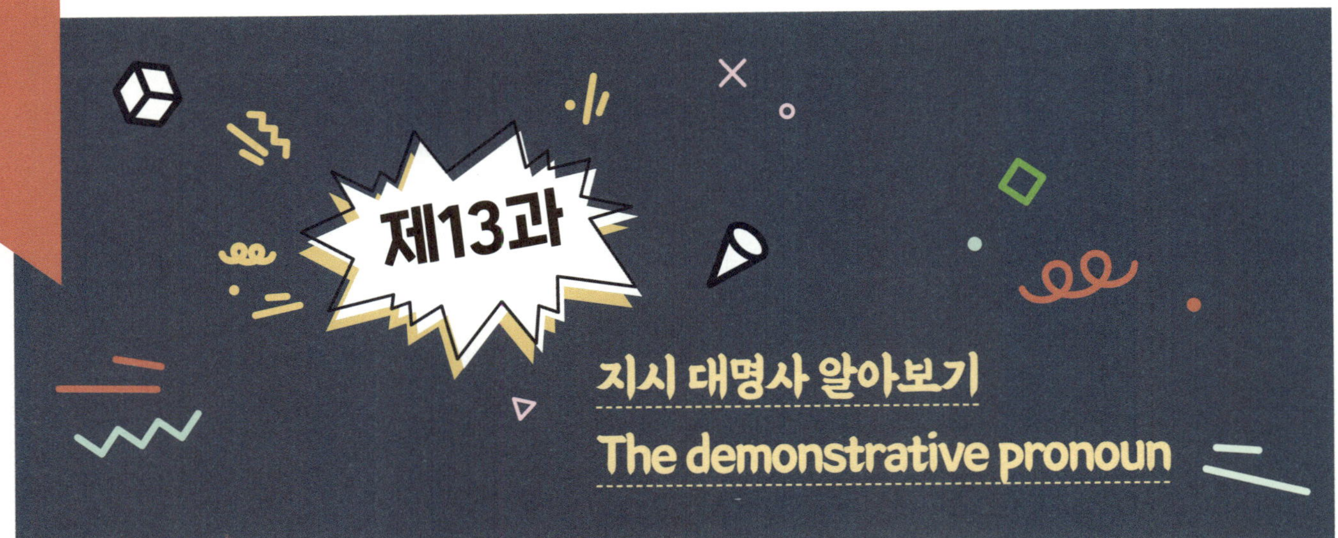

깜놀 단어 카드 1-90번까지 복습해 보세요.

지시 대명사는 어떤 사물이나 사람을 지적할 때 사용합니다. "이것은 물고기입니다"(This is a fish). "이것들은 5개 빵과 2개의 물고기입니다"(These are five loaves and two fishes). 여기서 "이것은" 그리고 "이것들은"을 가리켜 **지시 대명사**라고 합니다.

지시 대명사에는 단수와 복수가 있으며, 남성을 지칭할 땐 남성 지시 대명사를, 여성을 지칭할 땐 여성 지시 대명사를 사용합니다. 복수인 "이것들"만이 공성으로 사용합니다.

여기서 주의할 점은 인칭 대명사 후와 히(He/She 3인칭 남여 단수)와 지시 대명사 "저것"이 같다는 점입니다. 또한 3인칭 인칭 대명사 남성 복수(헴, 헤마)와 여성 복수(헤나)로 인칭 대명사와 같습니다. 따라서 문장 속에서 인칭인지, 지시인지를 구분하면 됩니다.

단수

남		여	
זֶה	הוּא	זֹאת	הִיא
이것 This	저것 That	이것 This	저것 That

공성	남	여
אֵלֶּה	הֵמָּה / הֵם	הֵנָּה / הֵן
이것들 These	저것들 Those	저것들 Those

다음은 지시 대명사를 사용한 원문입니다.

창 5:1	זֶה סֵפֶר	"이것은(this)은 책이다."
출 35:4	זֶה הַדָּבָר	"이것이 그 말씀이다."
창 9:12	זֹאת אוֹת־הַבְּרִית	"이것은 그 언약의 표다."

"언약" בְּרִית 가 여성 명사라서 여성 지시 대명사를 사용했음.

신 34:4	זֹאת הָאָרֶץ	"이것이 그 땅이다."

"땅" אֶרֶץ 가 여성 명사라서 여성 지시 대명사를 사용했음.

창 14:17	הוּא עֵמֶק הַמֶּלֶךְ	"그것은 왕의 골짜기다."
미 7:12	יוֹם הוּא	"그날에(that day)"
창 14:2	הִיא צֹעַר	"그것(that/f,s)은 소알이었다."
수 15:13	הִיא חֶבְרוֹן	"그것은 헤브론이었다."
사 42:16	אֵלֶּה הַדְּבָרִים	"이것들은(these) 그 말씀들이다."

| 창 10:20 | אֵ֣לֶּה בְנֵי־חָם | "이들은 함의 아들들이다." |

| 민 9:7 | הָאֲנָשִׁים הָהֵ֖מָּה | "그 남자들(those men)" |

97

| 민 20:13 | הֵ֚מָּה מֵ֣י מְרִיבָה | "그것들은 므리바의 물(복수)이었다."(those were waters of Meribah) |

| 삼상 27:8 | הֵ֚נָּה יֹשְׁבוֹת הָאָ֔רֶץ | "그들은(those) 이 땅의 거주자다." |

75

a. 지시 대명사의 한정적 해석

지시 대명사는 한정적으로, 때로는 서술적으로 해석됩니다. 이는 정관사가 어디에 붙느냐에 따라 달라집니다. 지시 대명사와 따라오는 목적어에 둘 다 정관사가 없거나, 둘 다 있으면 한정적으로 해석합니다.

1) 지시 대명사와 목적어에 정관사가 없는 경우

한정형

אִישׁ	זֶה	이 남자
a man	this	
אִשָּׁה	זֹאת	이 여자
a woman	this	
יָמִים	הֵם	그날들
days	those	(those days)

2) 지시 대명사와 목적어에 정관사가 있는 경우: 이때는 한정적이지만, 강조의 의미가 있음.

• 땅이 여성 명사라서 형용사도 여성형을 사용했습니다.

3) 둘 다 정관사가 없을 경우: 한정적 해석이지만 서술적 해석도 가능하다.

출 1: 1 וְאֵלֶּה שְׁמוֹת בְּנֵי יִשְׂרָאֵל

그리고 이것들은 이스라엘 자손(아들들/연계형)의 이름들이다(서술적 해석 가능).

대상 2:1 אֵלֶּה בְּנֵי יִשְׂרָאֵל רְאוּבֵן שִׁמְעוֹן לֵוִי

이들은 이스라엘의 자손인 르우벤 시므온 레위이다(서술적 해석 가능).

다음 원문을 통해서 지시 대명사를 익혀 보겠습니다.

다음 문장을 자세히 살펴보면서 해석해 보세요!

삼상 28:18 הַדָּבָר הַזֶּה עָשָׂה־לְךָ יְהוָה הַיּוֹם הַזֶּה

바로 이 일(이것을) ＿＿＿＿＿ 오늘 ＿＿＿＿＿

"오늘 여호와께서 너를 위하여 바로 이 일을 행하셨도다."

여기서 동사 아사(עָשָׂה)는 "3인칭 남성 단수 완료"로서 "그가 만들었다"(he made)라는 뜻입니다. 여기서는 "행하다"로 번역했지만, 그 놀라운 일을 만드신 분이 여호와임을 밝힙니다. 동사는 이 책의 뒷부분에 가서 자세히 배웁니다.

b. 지시 대명사의 서술적 해석

지시 대명사에 정관사가 없고, 따르는 목적어에만 정관사가 붙는다면 서술형으로 해석됩니다. 따르는 목적어의 형용사에도 정관사가 붙을 수 있습니다. 다음 문장이 그런 경우입니다.

서술형

정관사가 없음

הַטּוֹבוֹת הַשָּׁנִים אֵלֶּה

the good — the years — these

이들은 좋은 해들 (good years)이다.

정관사가 없음

הַגָּדוֹל הַמִּדְבָּר הוּא

the great — the wilderness — that

그것은 큰 광야이다.

• 지시 대명사에 정관사가 없으므로 서술형으로 해석해야 합니다.

명사와 형용사에 각각 정관사가 붙을 경우에, 지시 대명사는 뒤에 위치합니다. 이때 정관사가 지시 대명사에 붙으면 한정적으로, 안 붙었으면 서술적으로 해석합니다. 영어와 달리 지시 대명사의 위치는 중요하지 않습니다. 다만 문장에 앞서 나온 것이 좀 더 강조되는 경향이 있습니다.

לֹא זֶה הַדֶּרֶךְ

왕하 6:19

이 문장의 해석은 "이것은 그 길이 아니다"(정관사가 술부에 붙었기에 서술적 해석)입니다.

אָמַר יִצְחָק אֶל־יַעֲקֹב הַאַתָּה זֶה בְּנִי עֵשָׂו אִם־לֹא

창 27:21

"이삭이 야곱에게 말했다. 그 네가(the you) 바로(זֶה) 나의 아들 에서란 말이냐? 그럼 아니냐?" 여기서 지시 대명사 זֶה를 "바로"라고 하면 부드럽게 번역됩니다.

신나게 퀴즈 풀기!

한정형   지시 대명사에 정관사가 있음을 기억하면서 해석하세요.

1 הָאָרֶץ הַטּוֹבָה הַזֹּאת

2 הַמִּדְבָּר הַגָּדוֹל הַהוּא
189

3 הַזֹּאת הַתּוֹרָה הוּא נָתַן מֹשֶׁה
145

4 הָעָם הַזֶּה הָרַע
69

5 הָאֵלֶּה הַמְּלָכִים הַטּוֹבִים

정답   아래를 가리고 문제를 푸세요.

1_ 바로 이 좋은 땅   4_ 바로 이 악한 백성

2_ 바로 저 큰 광야   5_ 바로 이 좋은 왕들

3_ 모세가 준 바로 이 율법

 지시 대명사에 정관사가 없음을 기억하세요.

6 כִּי הַיָּפָה מְאֹד הִיא

7 הִיא הָעִיר הַגְּדוֹלָה

8 אֵלֶּה הַדְּבָרִים הוּא אֱלֹהִים דָּבַר עַל הַר־מוֹרִיָּה

9 זֶה הַמֶּלֶךְ הַדָּוִד הַטּוֹב מְאֹד

10 זֶה הַדָּבָר־יְהֹוָה אֱלֹהִים

11 אֵלֶּה בְּנֵי יִשְׂרָאֵל רְאוּבֵן שִׁמְעוֹן לֵוִי
대상 2:1

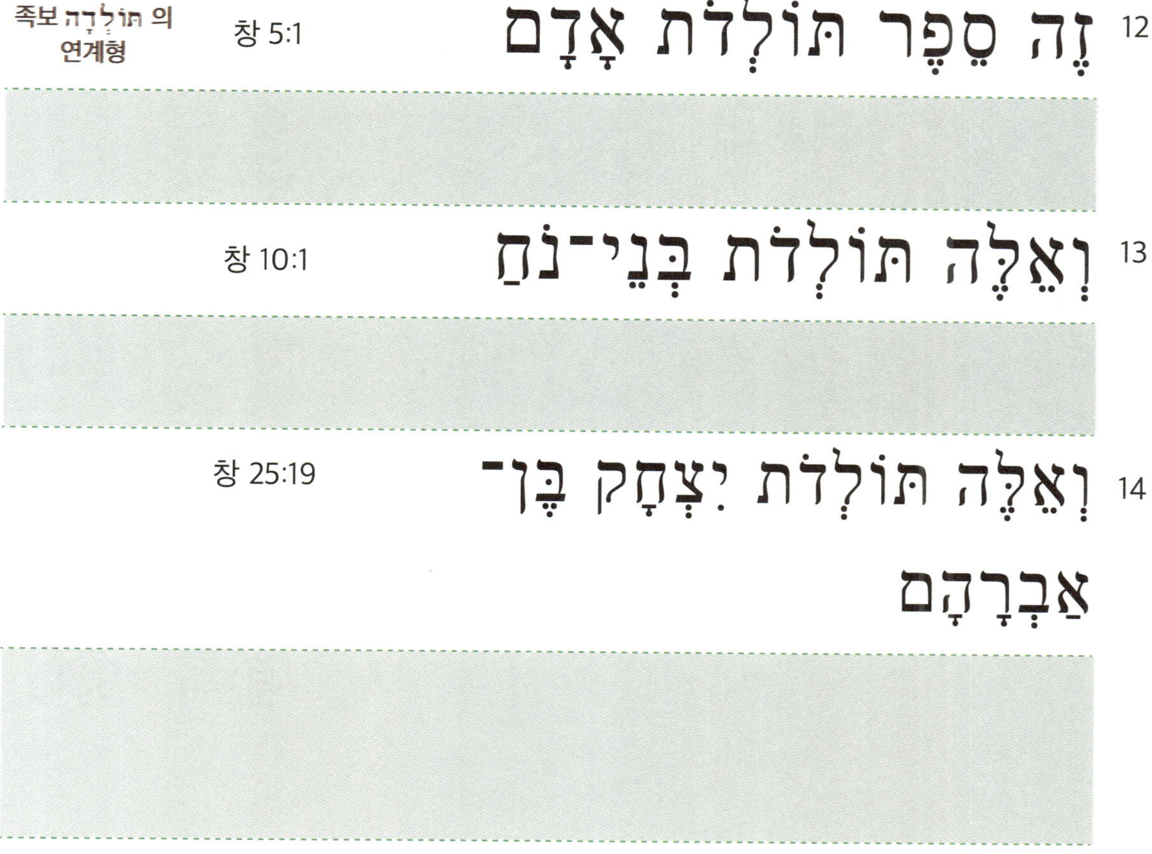

정답　　　　　　　　　　　　　　　　　아래를 가리고 문제를 푸세요.

6_왜냐면 그녀(that)가 매우 아름다웠기 때문이다(지시 대명사도 인칭에 사용될 수 있다.).

7_그것(that)은 큰 도시(the great city)였다.

8_이것들은 모리아산 위의 (위에서 말하신) 그 하나님의 말씀들이다.

9_이는(this) 아주 선한 그 다윗왕이다.

10_ 이것은 하나님 여호와의 그 말씀이다.

11_이들은 이스라엘의 자손인 르우벤, 시므온, 레위다.

12_ 이것은 아담의 계보(족보) 책이다.

13_ 그리고 이것들은 노아의 아들들의 계보다.

14_그리고 이것들은 아브라함의 아들 이삭의 계보다.

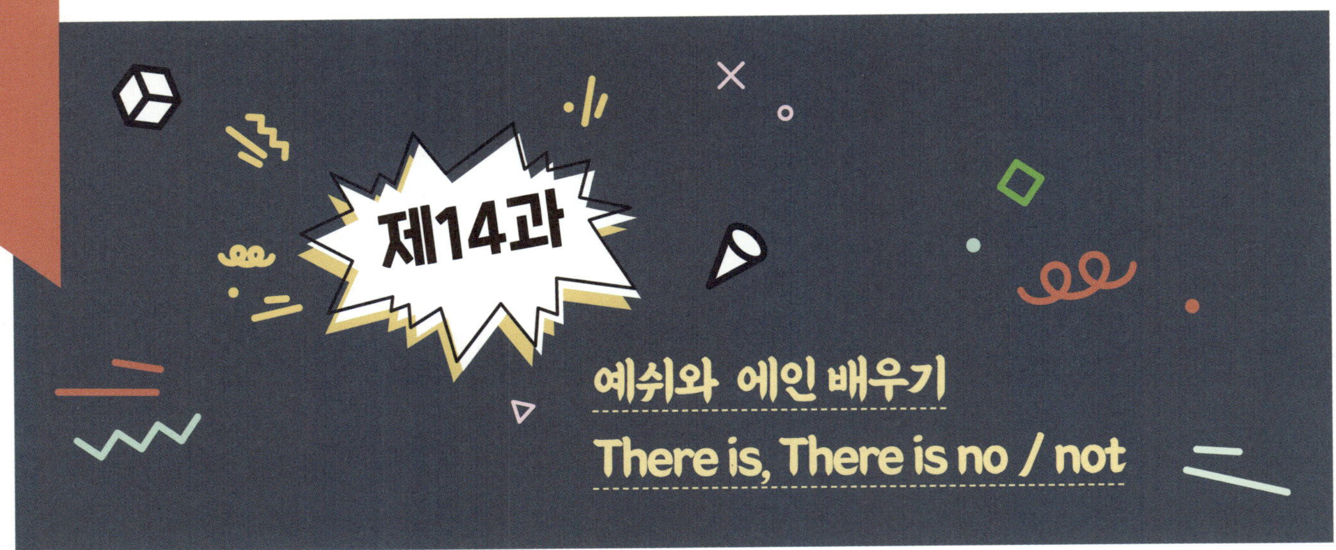

요엘 TV ▶ Tube

깜놀 단어 카드
91-100번

깜놀 단어 카드
101-110번

단어 카드와 함께
유튜브 영상을 보세요.

히브리어 이름 군과 함께 공부하기 알맞는 부사는 예쉬와 에인입니다.

예쉬는 "~가 있다"(there is, there are)이며, 에인은 "~가 없다"(there is not/ there are not)입니다. 단수, 복수에 다 쓰입니다. 히브리어를 잘할 수 있는 비결이 있습니다.

"먼저 단어를 익히고 문장을 보아라!"

다음 단어들을 먼저 완벽히 공부하세요! 그후에 문장을 보면 금세 해석됩니다. 문장 해석이 안 되는 것은 단어를 모르기 때문입니다.

깜놀카드 번호			깜놀카드 번호		
36	טוֹב	좋은/ 선한	113	מִי	누구
41	שֵׁם	이름	123	גִּבּוֹר	용사
45	עֶבֶד	종	131	שָׁמַע	듣다
50	עִם	함께	140	אֱמֶת	진리
53	זָכַר	기억하다	147	אָדוֹן	주인
65	שָׁם	그곳 (there)	149	רָאָה	보다
93	יֶלֶד	소년	157	גָּרַשׁ	쫓아내다
94	חָזַק*	강한	185	מַתָּנָה	선물
105	יֵשׁ	~있다 (there is)	213	בְּרָכָה	축복
106	אֵין	~없다 (there is no)			

* חָזַק 는 동사이며, חָזָק 는 형용사이다.

예쉬/에인은 단수와 복수에 상관없이 함께 쓸 수 있습니다. 상황에 따라 완료나 현재로 해석이 가능합니다.

* 예쉬바 엔 랍비가 / 있다
There is, there are

*예쉬바: 유대인의 종교학교

난 애인 / 없다
There is not, there are not

예쉬와 에인이 들어간 원문을 해석해 보겠습니다.

삼상 1:2   לִפְנִנָּה יְלָדִים וּלְחַנָּה אֵין יְלָדִים

브닌나에게는 아이들이 (있었으나), 그러나 한나에게는 아이들이 없었다.

창 28:16   יֵשׁ / יְהוָה / בַּמָּקוֹם הַזֶּה

여호와께서 바로 이 장소에 계신다.

다음 문장에서 문장에 슬레시(/)를 그은 것은, 쉽게 해석하도록 하기 위해서입니다. 그러나
한국어로 해석할 때는 뒤에서 해석하는 게 매끄럽습니다.

삼상 17:46	כִּי / יֵשׁ / אֱלֹהִים / לְיִשְׂרָאֵל
	이스라엘에게 / 하나님이 / 있으시기 / 때문에

왕하 3:12	יֵשׁ / אוֹתוֹ / דְּבַר־יְהוָה
	여호와의 말씀이 / 그에게 / 있다.

창 19:31	אָבִינוּ זָקֵן / וְאִישׁ אֵין בָּאָרֶץ
	그리고 그 땅에 남자가 없었다 / 우리 아버지는 늙었다.

창 31:50	אֵין אִישׁ / עִמָּנוּ
	우리와 함께한 / 사람이 없었다.

창 37:24	אֵין בּוֹ מָיִם
	그 안에 물이 / 없었다.

신나게 퀴즈 풀기!

다음 원문을 해석해 보세요.

왕하 5:8	יֵשׁ נָבִיא בְּיִשְׂרָאֵל [1]

잠 14:12

2 יֵשׁ דֶּרֶךְ יָשָׁר לִפְנֵי־אִישׁ

창 47:13

3 וְלֶחֶם אֵין בְּכָל־הָאָרֶץ כִּי־כָבֵד הָרָעָב
그 기근　179

민 20:5

4 וּמַיִם אַיִן לִשְׁתּוֹת
to drink, 마실 수 있는

민 21:5

5 בַּמִּדְבָּר כִּי אֵין לֶחֶם וְאֵין מַיִם
189

수 6:1

• 여기서 분사는 동작을 가진 형용사로 해석할 수 있습니다(~하고 있는). 더 부드럽게 해석하려면 "~하는 자"로도 가능합니다.

6 אֵין יוֹצֵא וְאֵין בָּא
분사　분사　100

삿 13:9

7 וּמָנוֹחַ אִישָׁהּ אֵין עִמָּהּ
50　그녀의 남편 (Her husband)

8 אֵין מֶלֶךְ בְּיִשְׂרָאֵל

9 וְאֵין צוּר כֵּאלֹהֵינוּ

178

정답

아래를 가리고 위의 문제를 푸세요.

1_ 이스라엘에 선지자가 있다.

2_ 정직한 길이 사람의 앞에 있다.

3_ 그 기근이 심했기(무거웠기) 때문에, 그리하여 양식(빵)이 그 모든 땅에 없었다.

4_ 그리하여 마실 수 있는(to drink) 물이 없었다.

5_ 그 광야 안에 빵(양식)도 없었고 또한 물도 없었기 때문에

6_ 나가는 것도 없었고, 들어오는 것도 없었다.

7_ 그러나 마노아, 그녀의 남편은 그녀와 함께 있지 않았다.

8_ 이스라엘에 왕이 없었다.

9_ 그러나 우리 하나님과 같은 반석이 없도다.

시편 42:1

כְּאַיָּל תַּעֲרֹג עַל־אֲפִיקֵי־מָיִם

물(이 흐르는) 시냇가들을 향해 / 갈망하고 있는 / 사슴처럼

כֵּן נַפְשִׁי תַעֲרֹג אֵלֶיךָ יְהוָה

여호와 / 당신을 향해 갈망할 것입니다. / 내 영혼이 / 그것처럼

케아얄 타아록

엘리쉐바 숌론

제15과

전치사 총정리

Preposition

눈이 오는 날 미끄러진 리어카로 전치사 익히기

15과의 단어는
다음 그림을 통해 익히도록 합니다.

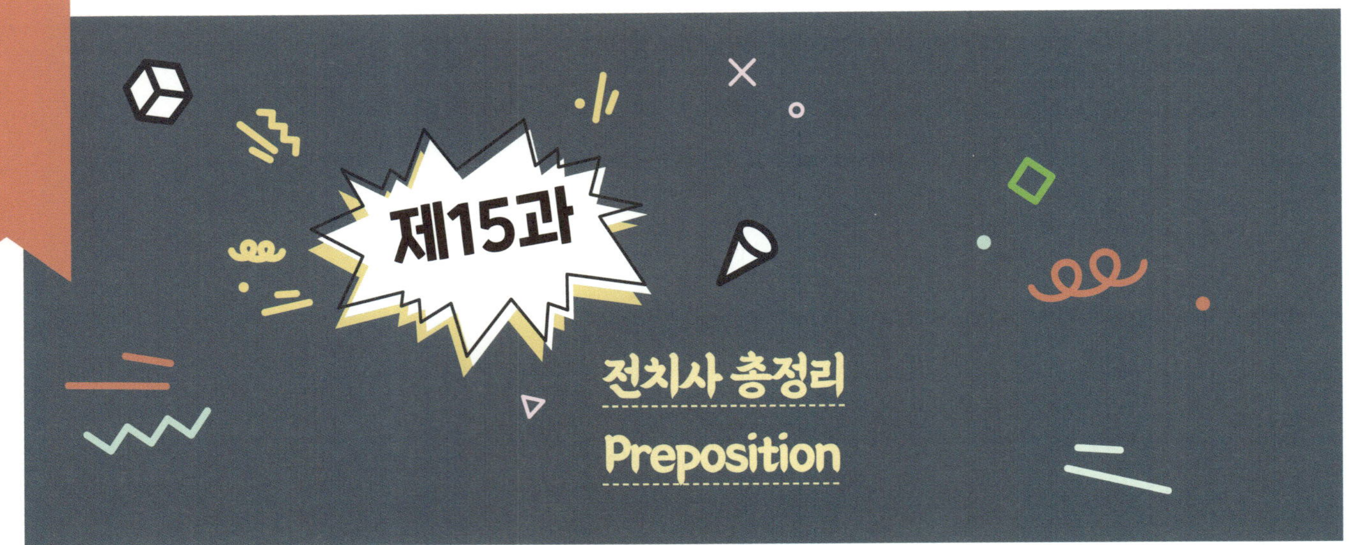

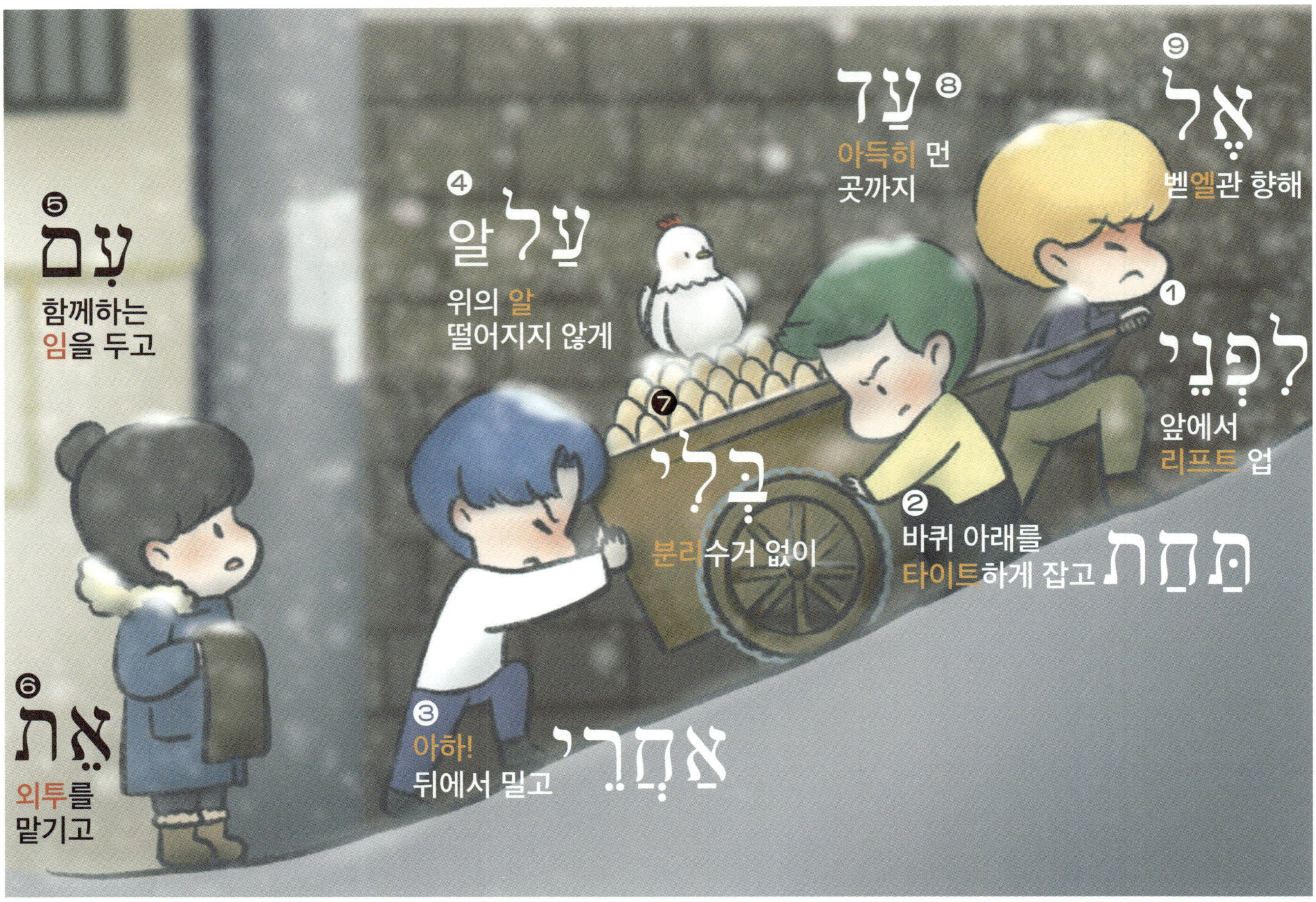

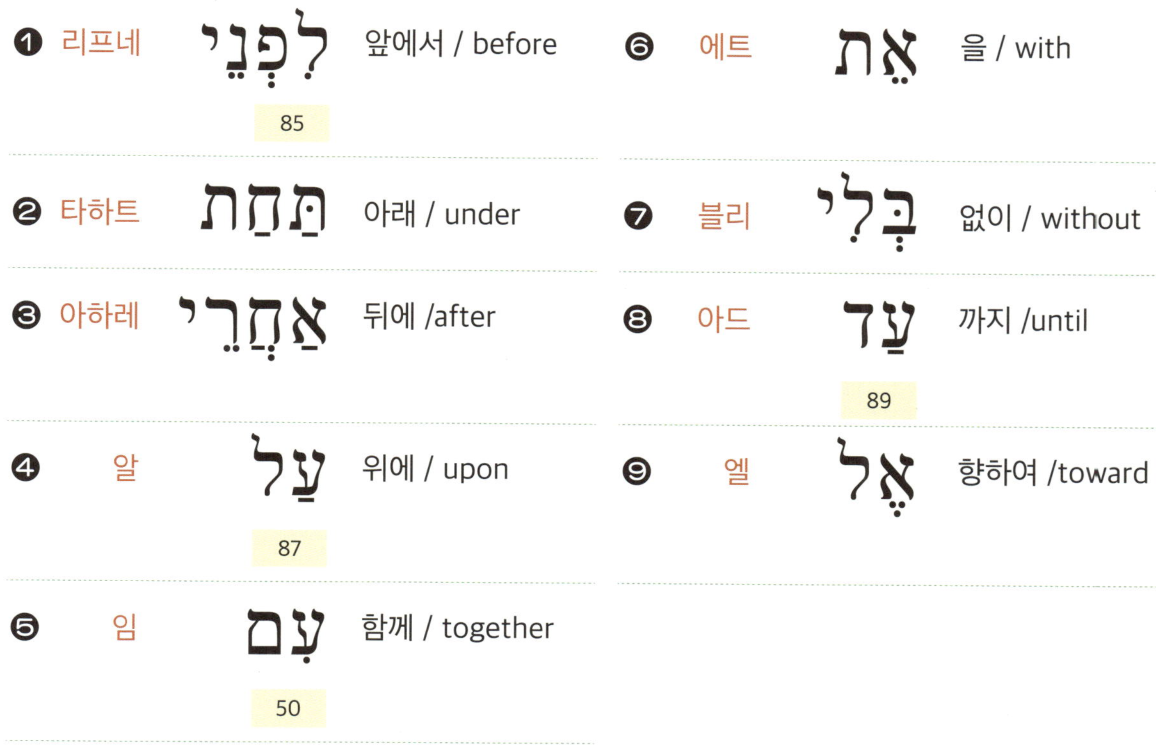

a. 단어 앞에 놓인 전치사

히브리어 전치사는 한국어와 달리 단어 앞에 위치합니다.

예를 들어 "왕 앞에서" → "앞에서 왕", "나무 아래에서" → "아래에서 나무" 식으로

항상 단어 앞에 옵니다. 이 점을 기억하면서 전치사를 이해하면 해석에 도움이 됩니다.

다음은 보편적으로 사용되는 전치사입니다.

전치사는 암기하기 까다롭기에, 다음과 같은 스토리와 그림을 통해서 보면 쉽게 접근할 수 있습니다. 예문을 자주 읽으면서 문장에서 이해하도록 하세요.

HGU 캠퍼스에 눈이 펑펑 왔습니다.

학생들이 수레를 끌다가 눈길에서 미끄러졌습니다. 꽈당.~

❶ 앞에서 끌었지만 **리프트업**…, 어어~/

❷ 바퀴 아래를 **타이트**하게 잡고/,

❸ 뒤쪽 **아래**에서 밀었습니다. 영차~/

❹ "수레 위 달걀(**알**).., 조심 해"!/ 함께하던 ❺ 여친 님(**임**)이 외쳤습니다./

❻ **외투**를 맡기고 낑낑~ /❼ **분리** 수거 없이/

❽ **아득**히 먼 곳까지/ ❾ 벧**엘** 관을 **향해** 갑니다/

야밤에 공부하는 학생들에게 달걀 삶아 주고, 쓰레기 치워 주려고 ….

리프네	לִפְנֵי	앞에서 / before	에트	אֵת	을 / with
타하트	תַּחַת	아래 / under	블리	בְּלִי	없이 / without
아하레	אַחֲרֵי	뒤에 /after	아드	עַד	까지 /until
알	עַל	위에 / upon	엘	אֶל	향하여 /toward
임	עִם	함께 / together			

예문으로 전치사 익히기

לִפְנֵי הַמֶּלֶךְ הַדָּוִד	그 다윗왕 앞에서 (before the king David)
תַּחַת הָעֵץ הַגָּדוֹל	그 큰 나무 아래 (under the big tree)
מִן־אֶרֶץ טוֹבָה	그 아름다운 땅으로부터 (from a good land)
מִן הָאָרֶץ יִשְׂרָאֵל	그 이스라엘 땅으로부터 (from the land of Israel)
עַד הָאָרֶץ מִצְרַיִם	그 이집트 땅까지 (until the land of Egypt)
אֶל הָעִיר יְרוּשָׁלַיִם	그 도시 예루살렘을 향하여 (toward the city of Jerusalem)

מֵאֶרֶץ מִצְרַיִם עַד־הַמָּקוֹם הַזֶּה

이집트 땅에서부터 바로 이곳까지
(from a land of Egypt to this place)

עִם אֲרוֹן הָאֱלֹהִים

그 하나님의 법궤와 함께
(together an ark of (the) God)

עַד הַיּוֹם הַזֶּה

오늘날까지(until today)

אֶת־אֲרוֹן יְהֹוָה עַל־עִיר דָּוִד

다윗의 도시 위에(로) 여호와의 법궤를(an ark of the Lord upon a city of David)

수 3:3   אֵת אֲרוֹן בְּרִית־יְהֹוָה אֱלֹהֵיכֶם

너희 하나님 여호와의 언약궤를
(with the ark of your God the Lord)

왕하 1:4   וְהַנַּעֲרָה יָפָה עַד־מְאֹד

그리고 그 소녀(처녀, young lady)는 극도로 아름다웠다
(아드 메오드).

렘 33:14   אֶל־בֵּית יִשְׂרָאֵל וְעַל־בֵּית יְהוּדָה

이스라엘 집에게, 그리고 유다의 집 위에

창 6:7   מֵאָדָם עַד־בְּהֵמָה

206

사람으로부터 짐승까지

히브리어에도 주어 + 동사 + 목적어 등의 구성이 있습니다. 특히 목적어의 구나 절을 만들려면 **에트**를 앞에 붙여 줍니다. 에트에 딸려 나오는 문장이 목적구(또는 절)가 됩니다. 에트는 두 가지가 있습니다. 하나는 목적격 조사, 또 하나는 함께(with)입니다. 이 두 가지 차이는 문장을 보고 파악해야 합니다. 이 둘에게 붙는 소유격 접미사는 서로 다릅니다.

한국어와 달리, 히브리어는 1) 동사 + 2) 주어 + 3) 목적어 순으로 전개됩니다.

히브리 문장 순서

① 읽었다(**동사**)　　　+　　　② 나는(**주어**)　　　+　　　③ 성경을(**목적어**)

이때 목적어 구문을 이끄는 대장님이 에트입니다.

렘 3:9	אֶת־הָאֶבֶן וְאֶת־הָעֵץ	그 돌을 그리고 그 나무를
	זָכַר אֶת־בְּרִיתִי	내 언약을 그가 기억했다.
수 2:13	אֶת־אָבִי וְאֶת־אִמִּי וְאֶת־אַחַי	나의 아버지를, 그리고 나의 어머니를, 그리고 내 형제를
출 18:16	אֶת־חֻקֵּי הָאֱלֹהִים	그 하나님의 법도들을

전치사는 문장과 함께 공부할 때가 가장 효과적입니다.

לִפְנֵי /앞에서, in front of

① 출 6:12　　דִּבֶּר מֹשֶׁה לִפְנֵי יְהוָה

② 신 12:7　　וַאֲכַלְתֶּם־שָׁם לִפְנֵי יְהוָה אֱלֹהֵיכֶם

명사에 붙는 2인칭 남/복　　　　동사에 붙는 2인칭 남/복

תַּחַת / 아래, under

③ 출 24:4　　וַיִּבֶן מִזְבֵּחַ תַּחַת הָהָר

제단　　세우다

④ 수 13:5　　תַּחַת הַר־חֶרְמוֹן

אַחֲרֵי / 뒤에, after

⑤ 삼상 11:5　　שָׁאוּל בָּא אַחֲרֵי הַבָּקָר מִן־הַשָּׂדֶה

들녘　　가축(소떼)

⑥ 왕상 11:6　　וְלֹא מִלֵּא אַחֲרֵי יְהוָה כְּדָוִד אָבִיו

전적으로 따르다/채우다

עַל
/ 위에, on, upon, against

| ⑦ | 창 41:56 | וְהָרָעָב הָיָה עַל כָּל־פְּנֵי הָאָרֶץ |

기근

| ⑧ | 출 20:12 | עַל הָאֲדָמָה אֲשֶׁר־יְהוָה אֱלֹהֶיךָ נֹתֵן לָךְ |

분사, 주신

עִם
/ 함께, together

| ⑨ | 창 21:10 | עִם־בְּנִי עִם־יִצְחָק |

| ⑩ | 창 24:58 | עִם־הָאִישׁ הַזֶּה |

אֵת
/ ~을, with

| ⑪ | 창 42:32 | אֶת־אָבִינוּ בְּאֶרֶץ כְּנָעַן |

| ⑫ | 창 1:29 | וְאֶת־כָּל־הָעֵץ |

בְּלִי
/ ~없이, without

| ⑬ | 욥 8:11 | בְּלִי־מָיִם |

| ⑭ | 욥 31:39 | בְּלִי־כֶסֶף |

עַד
/ ~까지, until

| ⑮ | 수 7:26 | עַד הַיּוֹם הַזֶּה |

| ⑯ | 시 145:1 | שִׁמְךָ לְעוֹלָם וָעֶד |

 / 향하여, toward

⑰	창 12:11	אֶל־שָׂרַי אִשְׁתּוֹ
⑱	창 19:2	אֶל־בֵּית עַבְדְּכֶם

정답

아래를 가리고 위의 문제를 푸세요.

① **출 6:12_** 모세는 하나님 앞에서 말했다.

② **신 12:7_** 그리고 너희는 너희 하나님 여호와 앞 그곳에서 먹을 것이라.

③ **출 24:4_** 그리고 그가 그 산 아래에 제단을 세웠다.

④ **수 13:5_** 헐몬산 아래에

⑤ **삼상 11:5_**사울은 그 들녘으로부터 그 가축 떼 뒤에 오고 있었다.

⑥ **왕하 11:6_** 그러나 그는 그의 아버지 다윗처럼 여호와의 뒤를 전적으로 따르지 않았다.

⑦ **창 41:56_** 그리고 그 모든 땅(표면) 위에 그 기근이 있었다.

⑧ **출 20:12_** 너희 하나님 여호와께서 너에게 주신 바 그 땅 위에

⑨ **창 21:10_** 내 아들과 함께, 이삭과 함께(내 아들 이삭과 함께)

⑩ **창 24:58_** 바로 이 남자와 함께(이 남자와 함께)

⑪ **창 42:32_** 가나안 땅에 있는 우리의 아버지와 함께

⑫ **창 1:29_** 그리고 그 모든 나무를

⑬ **욥 8:11_** 물이 없이

⑭ **욥 31:39_** 돈 없이

⑮ **수 7:26_** 오늘날까지

⑯ **시 145:1_** 당신의 이름이 영원히(your name forever and ever) (영원부터 영원까지)

⑰ **창 12:11_** 그의 아내 사라에게

⑱ **창 19:2_** 너희의 종의 집으로

다음의 원문을 해석해 보세요.

대하 19:2	מִלִּפְנֵי יְהוָה	1
대하 16:2	אֶל־בֶּן־הֲדַד מֶלֶךְ אֲרָם	2
신 4:2	אֶת־מִצְוֹת יְהוָה אֱלֹהֵיכֶם	3
신 4:6	אֵת כָּל־הַחֻקִּים הָאֵלֶּה	4
출 1:13	אֶת־בְּנֵי יִשְׂרָאֵל	5
출 1:18	אֶת־הַיְלָדִים	6

출 2:7	אֶל־בַּת־פַּרְעֹה	7
출 2:9	אֶת־הַיֶּלֶד הַזֶּה	8
출 2:11	אִישׁ־עִבְרִי מֵאֶחָיו	9

212

출 2:15	אֶת־הַדָּבָר הַזֶּה	10
대하 11:3	אֶל־רְחַבְעָם בֶּן־שְׁלֹמֹה מֶלֶךְ יְהוּדָה	11
신 4:10	לִפְנֵי יְהוָה אֱלֹהֶיךָ בְּחֹרֵב	12
룻 1:1	אִישׁ מִבֵּית לֶחֶם יְהוּדָה	13

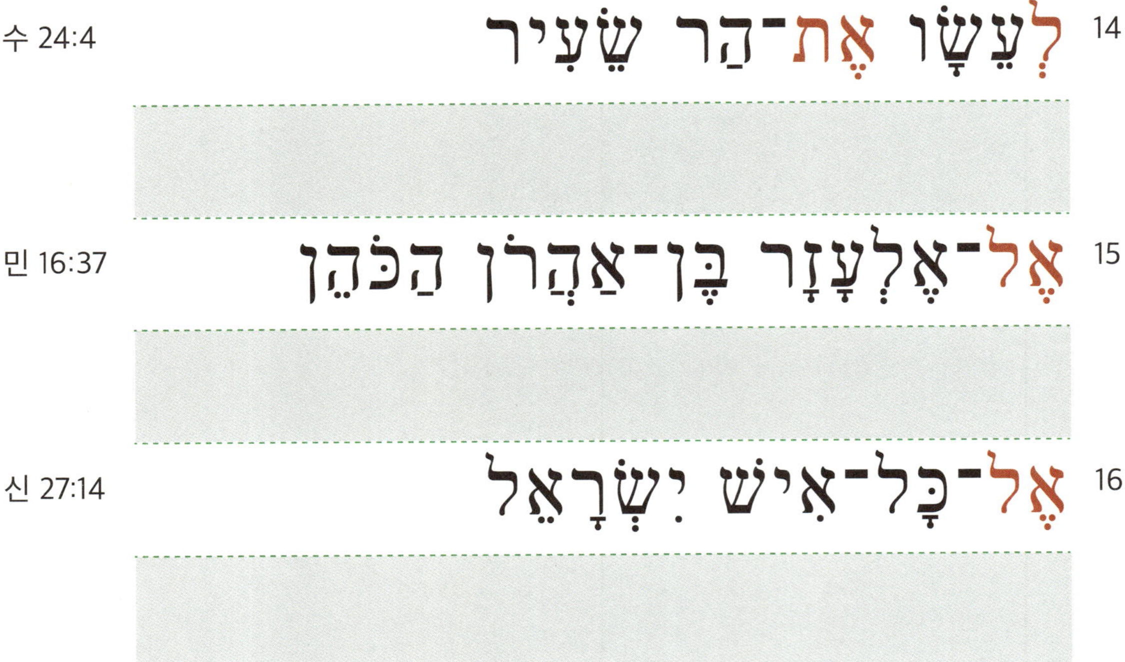

정답	아래를 가리고 위의 문제를 푸세요.

1_ 대하 19:2	여호와의 면전(앞)으로부터	9_ 출 2:11	그의 형제로부터 히브리 남자가
2_ 대하 16:2	아람왕 벤 하닷을 향하여	10_ 출 2:15	바로 이 말씀을
3_ 신 4:2	너희들의 하나님 여호와의 계명을	11_ 대하 11:3	유다 왕 솔로몬의 아들 르호보암에게
4_ 신 4:6	이 모든 규례들을	12_ 신 4:10	호렙의 네 하나님 여호와 앞에서
5_ 출 1:13	이스라엘 자손들을	13_ 룻 1:1	유다 베들레헴으로부터 온 남자(사람)가
6_ 출 1:18	그 소년들을(아이들)	14_ 수 24:4	에서에게는 세일산을
7_ 출 2:7	바로의 딸에게	15_ 민 16:37	그 제사장 아론의 아들 엘르아살에게
8_ 출 2:9	바로 이 소년을	16_ 신 27:14	이스라엘 모든 남자에게

전치사 접미 노래
이카크오하

이요엘 편곡

공성 ——
남성 ——
여성 ——

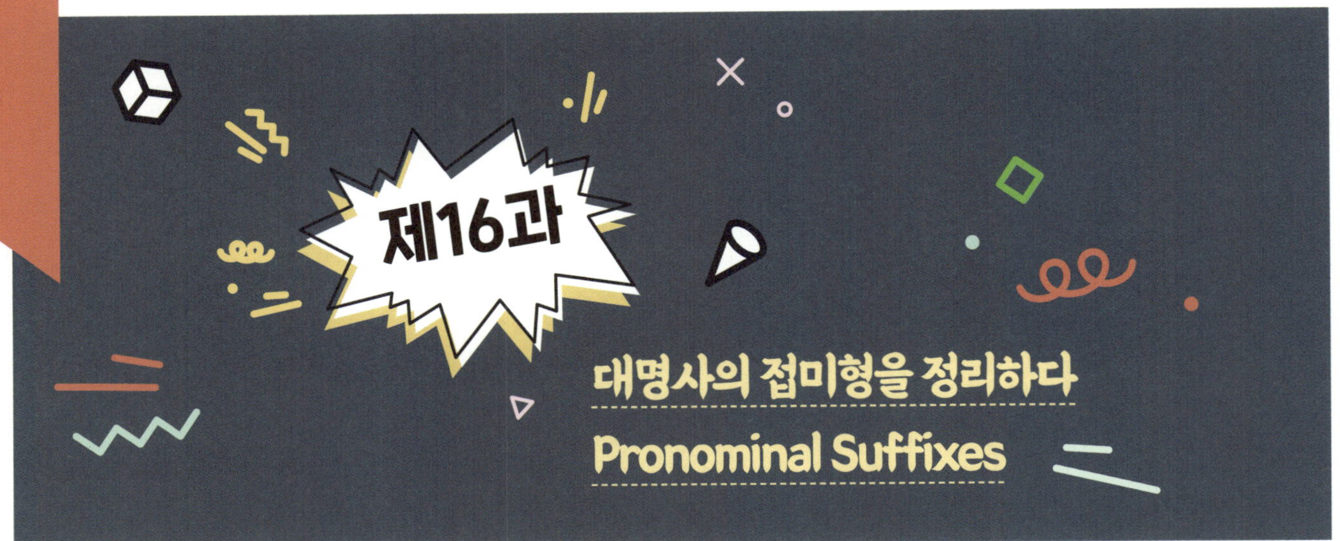

단어 카드와 함께
유튜브 영상을 보세요.

대명사(명사 대신 지목할 때 사용하는 품사)가 나(I), 너(you), 그(he/ she), 우리(we), 너희들(you, pl.), 그들(they)이라는 것을 앞에서 배웠지요? 이 대명사적 역할을 하는 접미사가 단어 마지막에 붙게 되는데 이를 대명사의 접미라고 합니다. 대명사의 접미가 단어 끝에 붙어서 뜻을 만듭니다.

a. 대명사 접미는 세 가지에 붙어요

소유격에도 붙는다

대명사의 접미가 명사 끝에 붙어서 "나의 ○○", "너의 ○○", "그의 ○○" 등 명사의 **소유격**으로 해석되는 소유격 접미사입니다. 특히 명사에 붙을 경우에 "나의 집", "너의 빵", "우리들의 하나님", "그들의 아빠" 등의 소유격을 나타냅니다.

목적격에도 붙는다

같은 대명사의 접미가 단어 끝에 붙어서, "○○을" "○○를"이라는 목적격을 형성하게 됩니다(예; 나를, 그녀를, 우리를).

전치사에도 붙는다

전치사에 붙을 경우에는 전치사가 가진 본래의 뜻에 따라서 해석됩니다(나에게, 내 안에, 그들을, 그녀처럼, 그로부터).

그러면 다음의 예를 보면서 대명사의 접미형을 익혀 보겠습니다.

b. 성/수/인칭이 있어요

접미사에도 남성과 여성, 단수와 복수, 인칭 등으로 나뉩니다. 접미사를 잘 정리해서 공부하면 해석에 큰 도움이 됩니다. 오늘날 현대 이스라엘에서도 많이 사용합니다.

זְכָרָם אֹתָם 문장의 경우는 "그가 그들을 기억했다"라고 번역이 됩니다. "오탐"은 여기서 "에트"와 결합한 3인칭 남성 복수의 어미입니다.

וְשֵׁם הָאִישׁ אֱלִימֶלֶךְ וְשֵׁם <u>אִשְׁתּוֹ</u> נָעֳמִי   룻 1:2

이쉬토

이 문장을 해석하면 "그리고 그 남편의 이름은 엘리멜렉이며, 그리고 그의 아내의 이름은 나오미였다"인데, 그의 아내(his wife) "이쉬토"에 3인칭 남성 소유격 접미사를 붙이니, "그의 아내"가 됩니다. 이처럼 명사에는 소유격 접미사가 붙습니다. 모든 명사마다 소유격 접미가 붙습니다.

c. 전치사의 대명사 접미표

전치사의 대명사 접미

	단수 Single				복수 Plural			
1인칭 공성	나 me	י	또는	בִי	우리 us	נוּ		
2인칭 남	너 you	ךָ			너희 you	כֶם		
2인칭 여	너 you	ךְ			너희 you	כֶן		
3인칭 남	그 him	וֹ	또는	הוּ	그들 them	הֶם	또는	ם
3인칭 여	그녀 her	הָ	또는	הָ	그녀들 them	הֶן	또는	ן

בִי   הוּ   הָ   ם   ן

이 다섯 개의 접미는 위의 도표에서처럼 함께 쓰일 수 있습니다

• 전치사 접미 노래를 부르면서 익히세요(이카크오하).

ל 레/ 접미사 에게 to, 위하여 for

	단수 Single		복수 Plural	
1인칭 공성	나에게 to me	לִי	우리에게 to us	לָנוּ
2인칭 남	너에게 to you	לְךָ	너희에게 to you	לָכֶם
2인칭 여	너에게 to you	לָךְ	너희에게 to you	לָכֶן
3인칭 남	그에게 to him	לוֹ	그들에게 to them	לָהֶם
3인칭 여	그녀에게 to her	לָהּ	그녀들에게 to them	לָהֶן

בְּ 베/ 접미사 안에 in, 인하여 by

	단수 Single		복수 Plural	
1인칭 공성	내 안에 in me	בִּי	우리 안에 in us	בָּנוּ
2인칭 남	네 안에 in you	בְּךָ	너희 안에 in you	בָּכֶם
2인칭 여	네 안에 in you	בָּךְ	너희 안에 in you	בָּכֶן
3인칭 남	그 안에 in him	בּוֹ	그들 안에 in them	בָּהֶם
3인칭 여	그녀 안에 in her	בָּהּ	그녀들 안에 in them	בָּהֶן

כְּ 케/ 접미사   처럼 like

	단수 Single		복수 Plural	
1인칭 공성	나처럼 like me	כָּמוֹנִי	우리처럼 like us	כָּמוֹנוּ
2인칭 남	너처럼 like you	כָּמוֹךָ	너희처럼 like you	כָּכֶם
2인칭 여	너처럼 like you	כָּמוֹךְ	너희처럼 like you	כָּכֶן
3인칭 남	그처럼 like him	כָּמוֹהוּ	그들처럼 like them	כָּהֶם
3인칭 여	그녀처럼 like her	כָּמוֹהָ	그녀들처럼 like them	כָּהֶן

מִן 민/ 접미사   ~로부터 from

	단수 Single		복수 Plural	
1인칭 공성	나로부터 from me	מִמֶּנִּי *	우리로부터 from us	מִמֶּנּוּ
2인칭 남	너로부터 from you	מִמְּךָ	너희로부터 from you	מִכֶּם
2인칭 여	너로부터 from you	מִמֵּךְ	너희로부터 from you	מִכֶּן
3인칭 남	그로부터 from him	מִמֶּנּוּ	그들로부터 from them	מֵהֶם
3인칭 여	그녀로부터 from her	מִמֶּנָּה	그녀들로부터 from them	מֵהֶן

* מִמֶּנִּי 의 경우, מִן (민)에서 눈(נ)이 생략되면서 그 뒤에 점이 생성됨.

* 3인칭 남성 단수와 1인칭 복수 공성이 같은 형태다.

אֶל　엘/ 접미사　에게 unto/ to

	단수 Single		복수 Plural	
1인칭 공성	나에게 unto me	אֵלַי	우리에게 unto us	אֵלֵינוּ
2인칭 남	너에게 unto you	אֵלֶיךָ	너희에게 unto you	אֲלֵיכֶם
2인칭 여	너에게 unto you	אֵלַיִךְ	너희에게 unto you	אֲלֵיכֶן
3인칭 남	그에게 unto him	אֵלָיו	그들에게 unto them	אֲלֵיהֶם
3인칭 여	그녀에게 unto her	אֵלֶיהָ	그녀들에게 unto them	אֲלֵיהֶן

다음 예문을 익히면서 알아가세요.

창 42:22	אָמַרְתִּי* אֲלֵיכֶם	"내가 너희들에게 말했다."
렘 35:14	דִּבַּרְתִּי* אֲלֵיכֶם	"내가 너희들에게 선포했다."
민 11:29	אֶת־רוּחוֹ עֲלֵיהֶם	"그의 영을 그들 위에"
창 15:4	דְּבַר* יְהוָה אֵלָיו	"여호와의 말이 그에게[있었다]"
창 32:27	וַיֹּאמֶר* אֵלָיו מַה־שְּׁמֶךָ	"그리고 그가 그에게 말했다. 네 이름이 무엇이냐?"

* 동사 문장은 19과 이후부터 자세히 배웁니다.

목적격 조사(~을)의 변화와 전치사(~함께)의 변화를 주시해야 합니다. 매우 비슷하지만, 모음은 다르게 붙습니다.

목적격 조사 אֶת־ ~을 　　전치사 אֵת ~함께

	단수 Single		복수 Plural	
1인칭 공성	나를 me	אֹתִי	나와 함께 with me	אִתִּי
2인칭 남	너를 you	אֹתְךָ	너와 함께 with you	אִתְּךָ
2인칭 여	너를 you	אֹתָךְ	너와 함께 with you	אִתָּךְ
3인칭 남	그를 him	אֹתוֹ	그와 함께 with him	אִתּוֹ
3인칭 여	그녀를 her	אֹתָהּ	그녀와 함께 with her	אִתָּהּ

	단수 Single		복수 Plural	
1인칭 공성	우리를 us	אֹתָנוּ	우리와 함께 with me	אִתָּנוּ
2인칭 남	너희를 you	אֶתְכֶם	너희와 함께 with you	אִתְּכֶם
2인칭 여	너희를 you	אֶתְכֶן	너희와 함께 with you	אִתְּכֶן
3인칭 남	그들을 them	אֹתָם	그들과 함께 with them	אִתָּם
3인칭 여	그녀들을 them	אֹתָן	그녀들과 함께 with them	אִתָּן

레 26:7	לִפְנֵיכֶם	"너희들 앞에서"
출 3:16	יְהוָה אֱלֹהֵי אֲבֹתֵיכֶם	"너희 아비들(조상)의 하나님 여호와께서"
창 34:21	הֵם אִתָּנוּ	"그들이 우리와 함께"
삿 17:2	הִנֵּה־הַכֶּסֶף אִתִּי	"보라, 그 은이 나와 함께 있도다."
렘 8:8	וְתוֹרַת יְהוָה אִתָּנוּ	"그리고 여호와의 율법이 우리와 함께 (있도다.)"

단수 명사와 결합하는 접미사

אָב **아빠(명사)** 인칭 대명사 추가

인칭		단수 Single		인칭		복수 Plural	
1인칭 공성	אֲנִי	나의 아빠 my father	אָבִי	אֲנַחְנוּ	우리의 아빠 our father	אָבִינוּ
2인칭 남	אַתָּה	너의 아빠 your father	אָבִיךָ	אַתֶּם	너희의 아빠 your father	אֲבִיכֶם
2인칭 여	אַתְּ	너의 아빠 your father	אָבִיךְ	אַתֵּן	너희의 아빠 your father	אֲבִיכֶן
3인칭 남	הוּא	그의 아빠 his father	אָבִיו	הֵם	그들의 아빠 their father	אֲבִיהֶם
3인칭 여	הִיא	그녀의 아빠 her father	אָבִיהָ	הֵן	그녀들의 아빠 their father	אֲבִיהֶן

단수 명사와 결합하는 접미사

עַם **백성(명사)** 인칭 대명사 추가

인칭		단수 Single		인칭		복수 Plural	
1인칭 공성	אֲנִי	나의 백성 my people	עַמִּי	אֲנַחְנוּ	우리의 백성 our people	עַמֵּנוּ
2인칭 남	אַתָּה	너의 백성 your people	עַמְּךָ	אַתֶּם	너희의 백성 your people	עַמְּכֶם
2인칭 여	אַתְּ	너의 백성 your people	עַמֵּךְ	אַתֵּן	너희의 백성 your people	עַמְּכֶן
3인칭 남	הוּא	그의 백성 his people	עַמּוֹ	הֵם	그들의 백성 their people	עַמָּם
3인칭 여	הִיא	그녀의 백성 her people	עַמָּהּ	הֵן	그녀들의 백성 their people	עַמָּן

수 2:14   עִמָּךְ חֶסֶד וֶאֱמֶת

전치사/ 함께

이 문장에서는 עִמָּךְ 가 명사가 아닌 전치사 "함께"이기에, "인자와 진실이 너와 함께하길" (여/단/2)이라는 뜻이 됩니다.

תּוֹרָתוֹ   그의 율법   חֻקָּיו   그의 규례(법)

렘 33:26	וְדָוִד עַבְדִּי	"그리고 나의 종 다윗이"
출 3:10	אֶת־עַמִּי בְנֵי־יִשְׂרָאֵל מִמִּצְרָיִם	"이집트로부터 나온 나의 백성 이스라엘 자손들을"
출 10:10	יְהוָה עִמָּכֶם	"여호와께서 너희들(남/복)과 함께하시도다."
삼하 3:30	וַאֲבִישַׁי אָחִיו	"그리고 그의 형제 아비새는"

g. 명사(복수)에 붙는 접미 변화표

	남성 단수 명사 סוּסִי (내 말)	남성 복수 명사 סוּסַי (내 말들)
	단수(Single)의 단수 명사	단수(Single)의 복수 명사
1인칭 공성	내 말 my horse — סוּסִי	내 말들 my horses — סוּסַי
2인칭 남	네 말 your horse — סוּסְךָ	네 말들 your horses — סוּסֶיךָ
2인칭 여	네 말 your horse — סוּסֵךְ	네 말들 your horses — סוּסַיִךְ
3인칭 남	그의 말 his horse — סוּסוֹ	그의 말들 his horses — סוּסָיו
3인칭 여	그녀의 말 her horse — סוּסָהּ	그녀의 말 her horse — סוּסֶיהָ
	복수(Plural)의 단수 명사	복수(Plural)의 복수 명사
1인칭 공성	우리의 말 our horse — סוּסֵנוּ	우리의 말들 our horses — סוּסֵינוּ
2인칭 남	너희의 말 your horse — סוּסְכֶם	너희의 말들 your horses — סוּסֵיכֶם
2인칭 여	너희의 말 your horse — סוּסְכֶן	너희의 말들 your horses — סוּסֵיכֶן
3인칭 남	그들의 말 their horse — סוּסָם	그들의 말들 their horses — סוּסֵיהֶם
3인칭 여	그녀들의 말 their horse — סוּסָן	그녀들의 말들 their horses — סוּסֵיהֶן

• 전치사 접미 노래를 부르면서 익히세요(이카크오하). 외우지 말고 눈으로 구분하세요!

여성 단수 명사	여성 복수 명사

תּוֹרָתִי	내 율법	תּוֹרוֹתַי	내 율법들

단수(Single)의 단수 명사		단수(Single)의 복수 명사	
1인칭 공성	내 율법 my law	תּוֹרָתִי	내 율법들 my laws	תּוֹרוֹתַי
2인칭 남	네 율법 your law	תּוֹרָתְךָ	네 율법들 your laws	תּוֹרוֹתֶיךָ
2인칭 여	네 율법 your law	תּוֹרָתֵךְ	네 율법들 your laws	תּוֹרוֹתַיִךְ
3인칭 남	그의 율법 his law	תּוֹרָתוֹ	그의 율법들 his laws	תּוֹרוֹתָיו
3인칭 여	그녀의 율법 her law	תּוֹרָתָהּ	그녀의 율법들 her laws	תּוֹרוֹתֶיהָ

복수(Plural)의 단수 명사		복수(Plural)의 복수 명사	
1인칭 공성	우리의 율법 our law	תּוֹרָתֵנוּ	우리 율법들 our laws	תּוֹרוֹתֵינוּ
2인칭 남	너희의 율법 your law	תּוֹרַתְכֶם	너희 율법들 your laws	תּוֹרוֹתֵיכֶם
2인칭 여	너희의 율법 your law	תּוֹרַתְכֶן	너희 율법들 your laws	תּוֹרוֹתֵיכֶן
3인칭 남	그들의 율법 their law	תּוֹרָתָם	그들의 율법들 their laws	תּוֹרוֹתֵיהֶם
3인칭 여	그녀들의 율법 their law	תּוֹרָתָן	그녀들의 율법들 their laws	תּוֹרוֹתֵיהֶן

신 8:11   מִצְוֹתָיו וּמִשְׁפָּטָיו וְחֻקֹּתָיו   "그의 명령들과 그의 판단들과 그리고 그의 규칙들"

신나게 퀴즈 풀기!

다음의 원문을 해석해 보세요.

창 29:10   **1**   אֲחִי אִמּוֹ

출 21:15   **2**   אָבִיו וְאִמּוֹ

삿 4:14   **3**   בְּיָדֶךָ

창 13:10   **4**   אֶת־עֵינָיו

116

쌍수-dual

삼하 3:32   **5**   אֶת־קוֹלוֹ

49

창 27:34　　　　　　　　　　　　6　אֶת־דִּבְרֵי אָבִיו

창 27:36　　　　　　　　　　　　7　שְׁמוֹ יַעֲקֹב

정답　　　　　　　　　　　　　　　　아래를 가리고 위의 문제를 푸세요.

1 창 29:10_ 그의 어머니의 형제

2 출 21:15_ 그의 아버지와 그리고 그의 어머니

3 삿 4:14_ 네 손으로 (네 손 안에)

4 창 13:10_ 그의 두 눈을

5 삼하 3:32_ 그의 목소리를

6 창 27:34_ 그의 아버지의 말씀들을

7 창 27:36_ 그의 이름은 야곱(이다)

יְהוָה אֲדֹנֵינוּ
아도나이 아도네이누
여호와 우리의 주

화살표 방향으로 해석 ←

יְהוָה אֲדֹנֵינוּ /מוֹשִׁיעֵנוּ הַנִּפְלָאָה /אֵל קָדוֹשׁ /מַחְסִינוּ /אֲבִי עַד יֵשׁוּעַ

1절

거룩한 하나님 / 그 놀라우신 우리의 구원자 /여호와 우리의 주
영원하신 아버지 예수님 / 우리의 피난처

אָנוּ אוֹהֲבִים אֹתְךָ /בְּכָל לִבֵּנוּ /אָנוּ אוֹהֲבִים אֹתְךָ /אַתָּה כָּל חַיֵּינוּ

후렴

우리는 당신을 사랑합니다 / 우리의 온맘을 다해
우리는 당신을 사랑합니다 / 당신은 우리의 모든 생명입니다

אָנוּ אוֹהֲבִים אֹתְךָ /בְּכָל לִבֵּנוּ /אָנוּ אוֹהֲבִים אֹתְךָ /אָנוּ אוֹהֲבִים אֹתְךָ

우리는 당신을 사랑합니다 / 우리의 온맘을 다해
우리는 당신을 사랑합니다 / 우리는 당신을 사랑합니다

יְהוָה אֲדֹנֵינוּ /מוֹשִׁיעֵנוּ הַנִּפְלָאָה /שַׂר שָׁלוֹם /גּוֹאֲלֵינוּ /אָנוּ אוֹהֲבִים אֹתְךָ

2절

그 놀라우신 우리의 구원자 / 여호와 우리 주
우리가 당신을 사랑합니다 / 우리의 구속자 평화의 왕

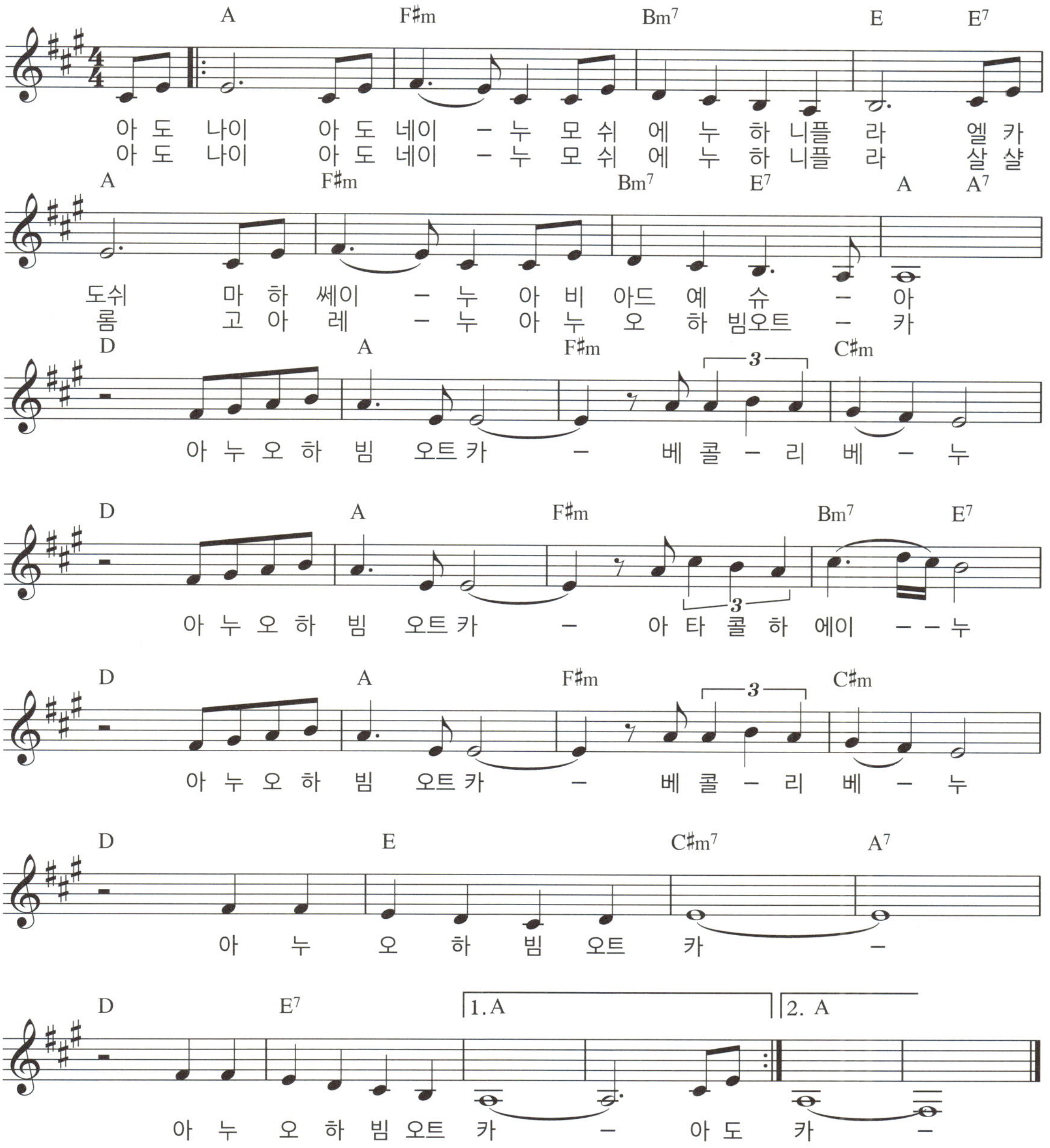

A F#m Bm7 E E7
아 도 나이 아 도 네이 ─ 누 모 쉬 에 누 하 니플 라 엘 카
아 도 나이 아 도 네이 ─ 누 모 쉬 에 누 하 니플 라 살 샬
A F#m Bm7 E7 A A7
도쉬 마 하 쎄이 ─ 누 아 비 아드 예 슈 ─ 아
롬 고 아 레 ─ 누 아 누 오 하 빔오트 ─ 카
D A F#m C#m
3
아 누 오 하 빔 오트 카 ─ 베 콜 ─ 리 베 ─ 누
D A F#m Bm7 E7
3
아 누 오 하 빔 오트 카 ─ 아 타 콜 하 에이 ─ ─ 누
D A F#m C#m
3
아 누 오 하 빔 오트 카 ─ 베 콜 ─ 리 베 ─ 누
D E C#m7 A7
아 누 오 하 빔 오트 카 ─
D E7 1.A 2.A
아 누 오 하 빔 오트 카 ─ 아 도 카 ─

요엘 TV
Tube
아도나이 아도네이누

단어 카드와 함께
유튜브 영상을 보세요.

히브리어엔 의문사가 6개 있습니다. 영어의 6하 원칙과 같습니다(what, how, where, when, who, why). 히브리어로는 다음과 같습니다.

| מִי 미, 누가 | מָתַי 마타이, 언제 | אֵי 아이, 어디서 |
| מָה 마, 무엇을 | אֵיךְ 에이크, 어떻게 | לָמָה 라마, 왜 |

이들은 원문에서 많이 사용하니 꼭 익혀야 합니다. 간단히 익히는 방식을 소개합니다.

6개 의문사를 통해 모세 이야기를 읽어 보겠습니다.

1 _누가 / 하나님의 종 모세는

2 _언제 / 80세가 된 어느 날

3 _어디서 / 호렙산의 불붙는 떨기나무 앞에서

4 _무엇을 / 출애굽의 소명을 받았다.

5 _어떻게 / 이를 위해 형 아론을 찾았고, 바로의 궁으로 들어갔다.

6. _왜 / 그의 백성을 가나안으로 인도하기 위해서였다.

6개의 의문사(누가/ 언제/ 어디서/ 무엇을/어떻게/왜)를 '납치된 어린이' 스토리를 통해 익혀 보세요.

누가 미행했지?   언제 막차가 떠났지?   어디서 아이가 유괴됐지?
무엇을 마신 거야!   이크 어떻게?   왜 라마승이 의심될까?

"어디서"(where)는 아이(אֵי) 외에도, "아예"(אַיֵּה), "에이포"(אֵיפֹה)로도 쓰입니다.
에이포(אֵיפֹה)는 "A4 용지를 어디서 사지?"로 암기하세요. 에이포(אֵיפֹה)는 성경에서도 많이
쓰이지만, 현대 히브리어에서도 많이 사용되기에 꼭 알아두시길 바랍니다.

수 4:6	מָה הָאֲבָנִים הָאֵלֶּה לָכֶם	이(these) 돌들이 너희에게 무엇이냐?
삼상 19:22	אֵיפֹה שְׁמוּאֵל וְדָוִד	사무엘과 다윗은 어디에 있는가?
삿 8:18	אֵיפֹה הָאֲנָשִׁים	그 남자들은 어디서 온 자들이냐?
삼하 9:4	אֵיפֹה הוּא	그는 어디서 왔느냐?
욥 4:7	וְאֵיפֹה יְשָׁרִים	그러나 정직한 자들은 어디에 있느냐?

d. 의문사와 지시 대명사 결합 문장

의문사와 지시 대명사를 결합하여 문장 연습을 해봅시다. 다음을 볼까요?

---

1. 남성   מִי זֶה   이분은 누구인가요? Who (m/s) is this?

זֶה אֲבִישָׁלוֹם הוּא בֶּן דָּוִד

이분은 압살롬이죠. 그는 다윗의 아들입니다.

---

2. 여성   מִי זֹאת   이분은 누구인가요? Who (f/s) is this?

זֹאת מַעֲכָה הִיא אֵם אֲבִישָׁלוֹם

이분은 마아가(그술왕 달매의 딸) 이죠. 그녀는 압살롬의 어머니입니다.

---

3. מָה זֶה? זֶה לֶחֶם גָּדוֹל

남성 형용사   남성 명사

이것은 무엇인가요(What (m/s) is this)? 이것은 큰 빵입니다.

---

4. מָה זֹאת? זֹאת עִיר גְּדוֹלָה

여성 형용사   여성 명사

이것은 무엇인가요(What (f/s) is this)? 이것은 큰 도시입니다.

* 여성 지시 대명사는 여성 명사와 여성 형용사만 취합니다.

욘 1:2   אֶל־נִינְוֵה הָעִיר הַגְּדוֹלָה   그 큰 도시
니느웨를 향하여

그 큰(f)   그 도시(f)   니느웨를 향하여

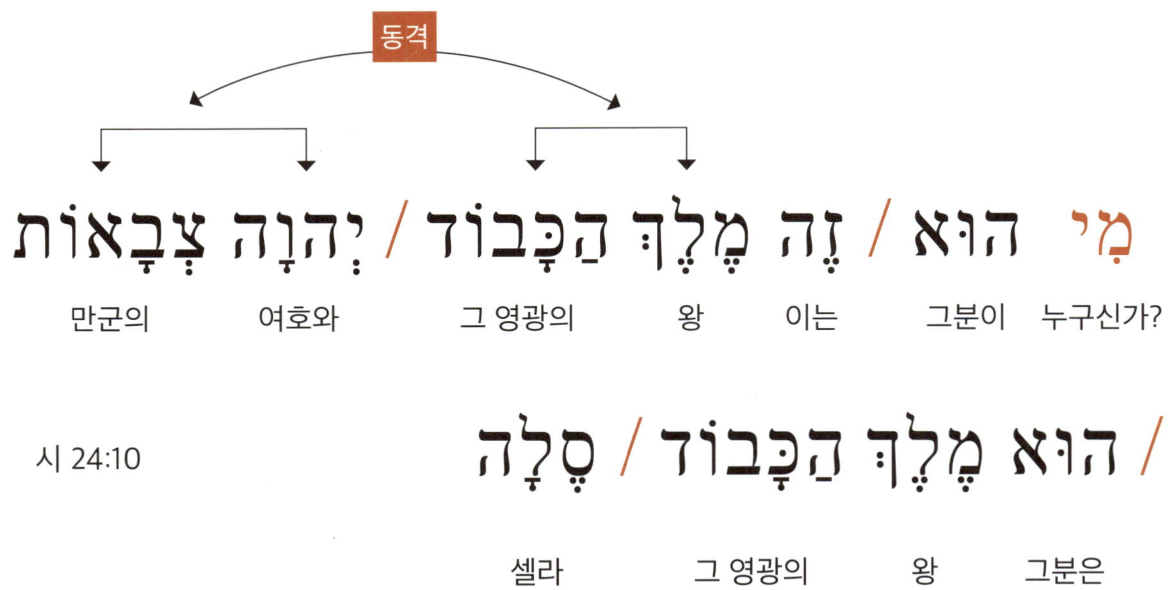

מִי הוּא / זֶה מֶלֶךְ הַכָּבוֹד / יְהוָה צְבָאוֹת

만군의   여호와   그 영광의   왕   이는   그분이   누구신가?

시 24:10   הוּא מֶלֶךְ הַכָּבוֹד / סֶלָה

셀라   그 영광의   왕   그분은

해석

그분이 누구신가? 이는 그 영광의 왕이신 만군의 여호와, 그분은 그 영광의 왕이시로다. 셀라

왕하 18:35

מִי בְכָל־אֱלֹהֵי הָאֲרָצוֹת

그 땅들　　　복수연계형

그 땅들의 모든 신들 가운데서 누가(어떤 신이)!
* 엘로힘은 하나님 외에도 신들(gods)로도 쓰입니다.

출 3:11

주어　　　동사

וַיֹּאמֶר מֹשֶׁה / אֶל־הָאֱלֹהִים / מִי אָנֹכִי

내가　누구입니까?　　　그 하나님을 향하여　　　모세가　그리고 그가 말했다

해석

그리고 모세가 그 하나님을 향하여 말했다. "내가 누구입니까?"

시 94:3

עַד־מָתַי רְשָׁעִים יְהוָה / עַד־מָתַי רְשָׁעִים יַעֲלֹזוּ

3/남/복/미완료　214　　　214　עַד־מָתַי 언제+까지=언제까지

원형 עָלַז 그들이 의기양양할 것인가?

부사구

해석

언제까지 사악한 자들이, 여호와여! 언제까지 사악한 자들이 의기양양할 것입니까?

렘 33:24	מַה־הָעָם הַזֶּה	"이 백성은 무엇이냐?"
창 27:18	מִי אַתָּה בְּנִי	"내 아들아, 네가 누구냐?"
잠 30:4	וּמַה־שֶּׁם־בְּנוֹ	"그런데 그의 아들의 이름이 뭐냐?"
시 24:8	מִי זֶה מֶלֶךְ הַכָּבוֹד	"그 영광의 왕이 누구뇨?"

81

신나게 퀴즈 풀기!

다음의 원문을 해석해 보세요. 아직 배우지 않은 동사가 원문에 있어서, 간략하게 설명합니다.
물론 동사는 뒤에서 배웁니다. 빈칸에 히브리어 문장을 쓴 후에 해석해 보세요.

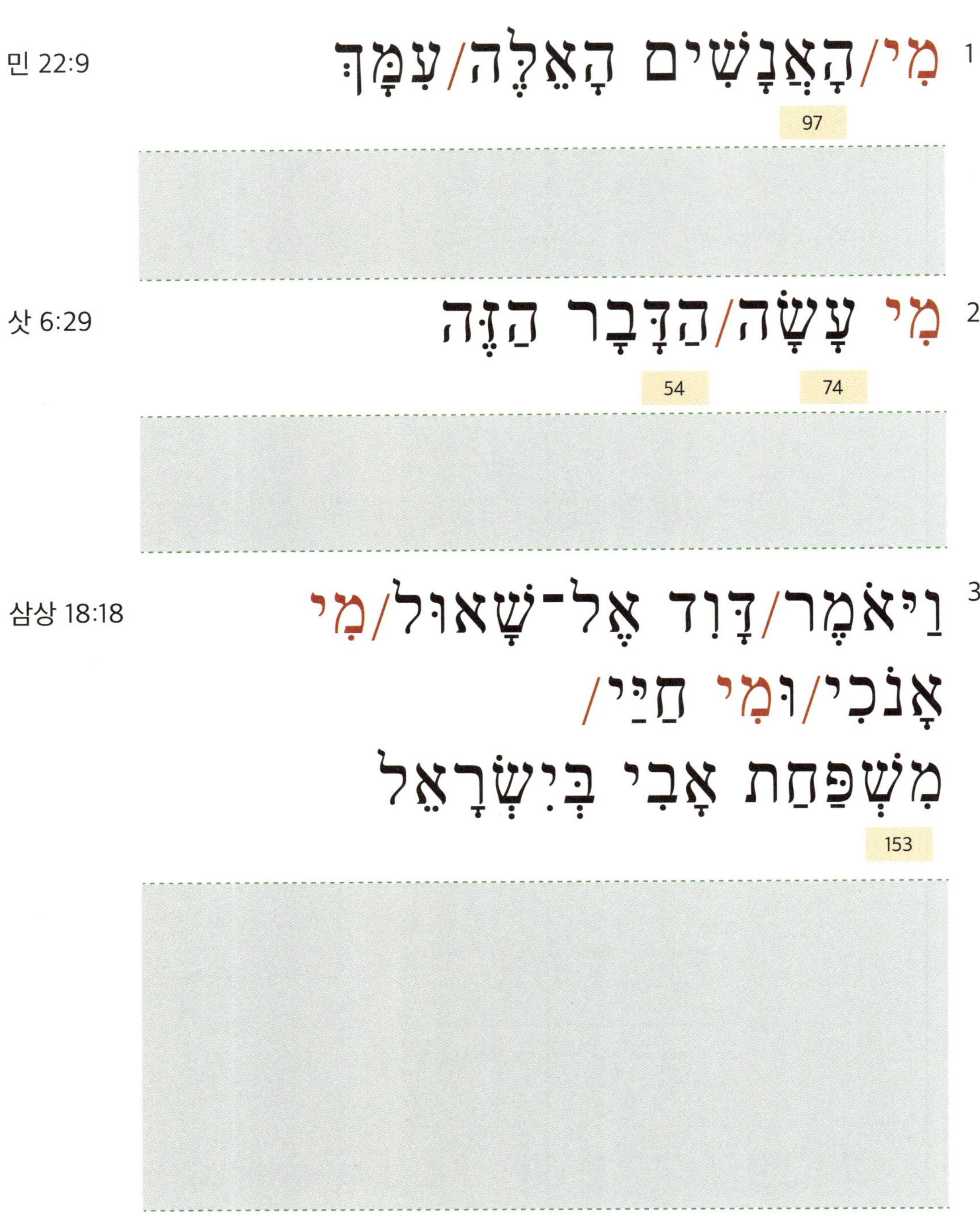

창 19:5

4 who

אַיֵּה הָאֲנָשִׁים/אֲשֶׁר־בָּאוּ אֵלֶיךָ

원형 בָּא 그들이 왔다   where are the men

/הַלָּיְלָה

시 137:4

5 주어+동사

אֵיךְ נָשִׁיר/אֶת־שִׁיר־יְהוָה/עַל

195

שִׁיר 우리가(1공/복/미완료)
노래를 부를 것인가

אַדְמַת נֵכָר

נֵכָר 재앙당한, 이방의   אֲדָמָה 연계형

삼상 15:19

6 2/남/단/완료

וְלָמָּה לֹא־שָׁמַעְתָּ/בְּקוֹל יְהוָה

음성을   You heard

7 삼하 13:26

3/남/단/미완료　　　　　　　3/남/단/미완료

וַיֹּאמֶר לוֹ הַמֶּלֶךְ/לָמֶה יֵלֵךְ/

원형 הָלַךְ 가다　　　원형 אָמַר 말하다

עִמָּךְ

8 렘 44:7

2/남/복/분사

לָמָה אַתֶּם עֹשִׂים/רָעָה גְדוֹלָה

원형 עָשָׂה 만들다

9 창 4:9

אֶל־קַיִן/אֵי הֶבֶל אָחִיךָ

10 수 4:6

מָה הָאֲבָנִים הָאֵלֶּה/לָכֶם

1_민 22:9　　너와 함께한 이 남자들이 누구냐?

2_ 삿 6:29　　바로 이것들을 누가 만들었느냐?

3_ 삼상 18:18　　그리고 다윗이 사울에게 말했습니다. 내가 누구입니까? 나의 생명이 무엇이며, 이스라엘에서 내 아비의 가족이 (무엇입니까?) 여기서 mi는 what(무엇)으로도 해석할 수 있다.

4_ 창 19:5　　너를 향해 왔던 그 남자들(사람들)이 어디서 왔느냐?

5_ 시 137:4　　재앙을 당한 (이방) 땅 위에서 어찌 우리가 여호와의 노래를 부를 수 있는가?

6_ 삼상 15:19　　어찌하여 너는 여호와의 음성에 순종하지(듣지) 않았는가?

7_ 삼하 13:26　　그 왕이 그에게 말했다. 왜 그가 너와 함께 가야 하니(가야 한단 말인가)?

8_ 렘 44:7　　어찌하여 너희가 큰 악을 저지른 것이냐(만든 것이냐)? (*분사는 현재진행형으로 해석 가능하다.)

9_ 창 4:9　　가인에게 (말하길), 네 형제 아벨이 어디에 있느냐?

10_수 4:6　　이 돌들이 너희에게 무엇이냐?

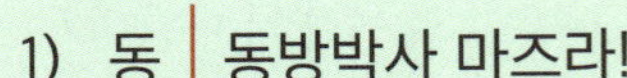

동서남북을 쉽게 깨우치는 공식을 알려드려요.

동방박사가 음식점을 찾아온 것으로 시작합니다.

주인이 종에게…,

1) 동 │ 동방박사 마즈라!
2) 서 │ 서서 국수 말아라!
3) 남 │ 남 다른 걸로 준비해라!
4) 북 │ 수북이 짬뽕도 만들어라!

1) 마즈라 (미즈라 East)

2) 말아라 (마아랍 West)

3) 다른 (다롬 South)

4) 짬뽕 (짜폰 North)

다음의 원문으로 동서남북을 익히도록 하세요.

수 4:19	מִזְרַח יְרִיחוֹ	여리고의 동쪽
느 3:29	שַׁעַר הַמִּזְרָח	그 동쪽의 문 a gate of the east
시 103:12	מִזְרָח מִמַּעֲרָב	서쪽으로부터 동쪽
사 59:19	מִמַּעֲרָב אֶת־שֵׁם יְהוָה	서쪽으로부터 여호와의 이름을
전 1:6	הוֹלֵךְ אֶל־דָּרוֹם 분사 הָלַךְ	남쪽을 향하여 걸어가는
겔 40:27	בְּשַׁעַר הַדָּרוֹם	그 남쪽 문에서
잠 25:23	רוּחַ צָפוֹן גֶּשֶׁם	북풍이 비를 (몰고 온다)

בַּשָּׁנָה הַבָּאָה

바쇼나 하바아 (오는 해 Coming year)

Folk song

1절

בַּשָּׁנָה הַבָּאָה נֵשֵׁב עַל הַמִּרְפֶּסֶת וְנִסְפּוֹר צִיפּוֹרִים נוֹדְדוֹת

יְלָדִים בְּחוּפְשָׁה יְשַׂחֲקוּ תּוֹפֶסֶת בֵּין הַבַּיִת לְבֵין הַשָּׂדוֹת

오는 해에, 우리는 현관에 앉아서 철새들을 세어 볼 거야.
방학을 맞은 애들은 집과 들판에서 술래잡기를 하겠지.

후렴

עוֹד תִּרְאֶה ,עוֹד תִּרְאֶה כַּמָּה טוֹב יִהְיֶה בַּשָּׁנָה הַבָּאָה

(후렴 2번)
너는 다시 보게 될 거야. 너는 다시 보게 될 거야.
오는 해가 얼마나 좋을 것인지, 너는 다시 보게 될 거야,
너는 다시 보게 될 거야, 오는 해가 얼마나 좋은지를.

2절

עֲנָבִים אֲדוּמִים יַבְשִׁילוּ עַד הָעֶרֶב וְיוּגְּשׁוּ צוֹנְנִים לַשׁוּלְחָן

וְרוּחוֹת רְדוּמִים יִשְׂאוּ אֶל אֵם הַדֶּרֶךְ עִיתּוֹנִים יְשָׁנִים וְעָנָן

붉은 포도들이 밤새 익어갈 거고, 차갑게 식탁에 올려질 거야.
노곤한 바람들이 네 거리들로 옛 신문과 구름을 몰고 오겠지.

3절

בַּשָּׁנָה הַבָּאָה נִפְרוֹשׂ כַּפּוֹת יָדַיִם מוּל הָאוֹר הַנִּיגָּר הַלָּבָן

אֲנָפָה לְבָנָה תִּפְרוֹשׂ בָּאוֹר כְּנָפַיִם וְהַשֶּׁמֶשׁ תִּזְרַח בְּתוֹכָן

오는 해에 찬란한 태양을 향해, 우리는 손을 펼칠 거야.
백로 한 마리가 빛이 그 양 날개를 펼치는 것처럼, 그 날개에서 해가 떠오르겠지.

요엘 TV
▶ Tube
바쏘나 하바이

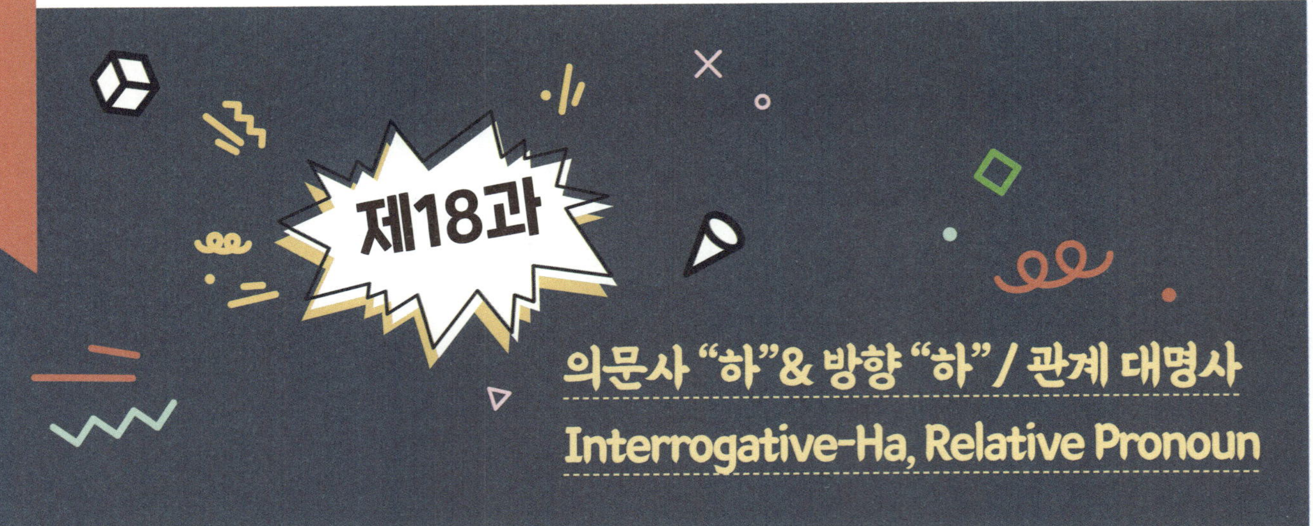

요엘 TV ▶ Tube

깜놀 카드
131-140번

깜놀 카드
141-150번

**단어 카드와 함께
유튜브 영상을 보세요.**

a. 의문사 "하"에 대해서

'하'는 정관사 외에도 의문문에 사용됩니다. 부사 및 동사와 결합하여 의문을 나타냅니다. 이때 ha를 정관사로 보면 안되며, 의문문을 형성하는 것으로 봐야 합니다!

הַ에는 세 가지 형태의 모음이 붙습니다. 대부분은 הֲ로 표기가 되나, 후음이나 슈바 앞에서는 הַ로 변합니다. 후음 아래 장모음 "아"가 붙은 후음 단어와 결합할 경우에는 הֶ로 변화됩니다.

$$\text{הֲשָׁלַח הַמֶּלֶךְ אֶת־הַנָּבִיא אֶל־הָעִיר}$$

101

그 왕이 그 선지자를 그 도시로 보낸 것이냐?

왕하 3:11	הַאֵין פֹּה נָבִיא לַיהוָה	"여기엔 여호와를 위한 선지자가 없는 것이냐?"
창 45:3	וַיֹּאמֶר יוֹסֵף אֶל־אֶחָיו אֲנִי יוֹסֵף הַעוֹד אָבִי חָי	"그리고 요셉이 그의 형제에게 말 했다. 나는 요셉이라. 나의 아버지 가 아직 살아 있느냐?"
신 32:6	הֲלֹא־הוּא אָבִיךָ	"그분은 너희 아버지가 아니냐?"
창 43:29	הֲזֶה אֲחִיכֶם הַקָּטֹן	"너희 형제들 중에 이 아이가(this) 그 막내냐?"

38

창 29:25	הֲלֹא בְרָחֵל עֲבַדְתִּי *	(* 내가 일했다–동사 완료) "내가 라헬을 위하여 (안에서) 일하지 않았습니까?"

158

룻 3:1	בִּתִּי הֲלֹא אֲבַקֶּשׁ־לָךְ	"내 딸아, 내가 너를 위해 안식처를 찾아 주지 않겠느냐?"

1인칭/공성/단수/미완료 בָּקַשׁ   내가 찾을 것이다

167

מָנוֹחַ

안식처

b. 방향을 나타내는 접미 "하" ָה

"하"가 명사 뒤에 붙을 때는 여성이 아닌, 방향 지시를 뜻합니다. 여성 명사로 착각할 수도 있으므로 주의해서 봐야 합니다. "~을 향하여"의 뜻입니다.

עִיר   도시   הָעִירָה   그 도시를 향하여

יָם	호수/바다	יָמָּה	호수/바다를 향하여
שָׁם	그 곳	שָׁמָּה	그 곳을 향하여
צָפוֹן	북	צָפוֹנָה	북쪽을 향하여

창 46:4

אָנֹכִי אֵרֵד עִמְּךָ מִצְרַיְמָה

이집트   **134**   원형 יָרַד(내려가다)

내가 너와 함께 이집트로 향하여 내려갈 것이다.

대상 11:1

וַיִּקָּבְצוּ כָל־יִשְׂרָאֵל אֶל־דָּוִיד חֶבְרוֹנָה

헤브론

그리하여 모든 이스라엘이 다윗을 위해 헤브론을 향하여 모였다.

슥 14:4

מִזְרָחָה וָיָמָּה

동쪽을 향하여 그리고 서쪽(바다)쪽을 향하여

히브리어 원문에서는 서쪽(west)을 말할 때 대부분 יָם yam(바다)을 사용합니다. 이는 이스라엘 서쪽에 위치한 지중해를 가리킵니다.

창 47:14

1

וַיְבֵא יוֹסֵף אֶת־הַכֶּסֶף בֵּיתָה פַרְעֹה

(그리고 그가 가져왔다) בָּא의 히필형: 사역동사

창 43:17

2

וַיָּבֵא הָאִישׁ אֶת־הָאֲנָשִׁים בֵּיתָה יוֹסֵף

히필형: בָּא의 사역동사

창 28:14

3

יָמָּה וָקֵדְמָה וְצָפֹנָה וָנֶגְבָּה

여기서 יָם(바다)은 서쪽, נֶגֶב은 남쪽, קֶדֶם은 동쪽을 가리킵니다.

＊ 여러 동사 형태(히필형, 피엘형 포함)에 대해선 2권에서 자세히 다룹니다.

정답　　　　　　　　　　　　　　**아래를 가리고 위의 문제를 푸세요.**

1_창 47:14　　그리고 요셉이 그 돈을 바로의 집으로 가지고 왔다(돌렸다). 히필 동사(사역형) "~하게 하다"

2_ 창 43:17　　그 남자가 그 사람들을 요셉의 집으로 데리고 왔다(히필 동사: 사역형).

3_ 창 28:14　　서쪽과 동쪽으로 그리고 북쪽과 남쪽으로

אֲשֶׁר

관계 대명사라는 말이 어렵죠? 관계 대명사는 두 문장을 서로 연결시켜 주는 일종의 연결사입니다. 즉 문장 A와 문장 B 중간에 삽입되어 있어, 두 문장을 엮어 주는 거지요. 영어와는 달리 히브리어의 관계 대명사는 אֲשֶׁר 아쉘 하나밖에 없답니다. 관계 대명사는 문장으로 익히면 금세 알게 되죠. 다음 히브리어 문장을 살펴보도록 하겠습니다.

הַר אֲשֶׁר תַּחַת הַשָּׁמַיִם

43

그 하늘 아래에 있는 산 (A mountain *that* is under the heaven).

여기서 아쉘 אֲשֶׁר 은 관계 대명사 that이며, 선행사인 산을 수식해 줍니다.

삼하 6:12

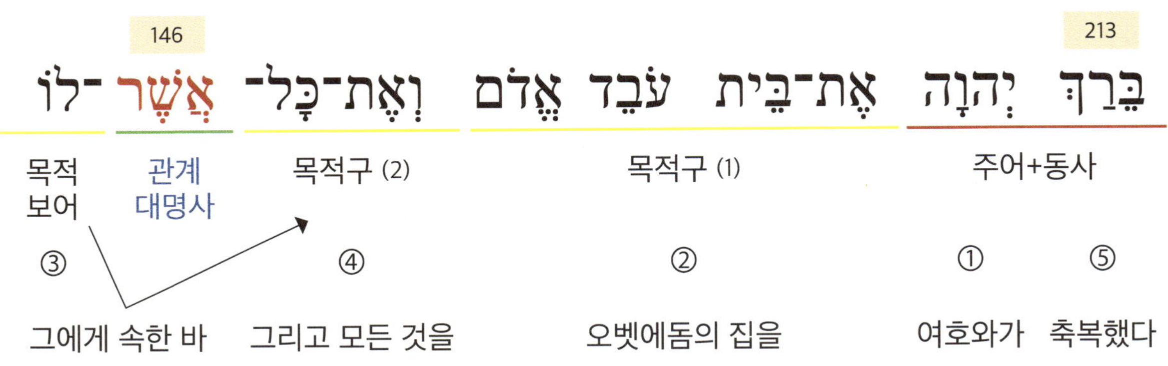

목적 보어	관계 대명사	목적구 (2)	목적구 (1)	주어+동사
③		④	②	① ⑤
그에게 속한 바		그리고 모든 것을	오벳에돔의 집을	여호와가 축복했다

해석

여호와께서(주어)
오벳에돔의 집과(목적구 1)
그리고 /그에게 속한 바(목적 보어/ 관계 대명사)
모든 것을(목적구 2)/
축복해 주셨다(동사- 피엘 3/남/단/완).

신 4:1

너희에게 준	너희의 아버지들	연계형 ~의 하나님 여호와	관계 대명사	그 땅을 선행사
③	①	②		④
너희에게 준	너희의 아버지들	~의 하나님 여호와		그 땅을

해석

너희 아버지들의 하나님 여호와께서
너희에게 준바(관계 대명사)그 땅을

신 4:8

선행사를 꾸며주는 형용사 절	관계 대명사	선행사
①	②	③
오늘 내가 너희들 앞에서 준	(바 that)	바로 이 율법

해석

오늘 내가 너희들 앞에서 준
바로 이 율법을

1   출 1:8   מֶלֶךְ־חָדָשׁ עַל־מִצְרָיִם אֲשֶׁר

109

לֹא־יָדַע אֶת־יוֹסֵף

120

2   창 1:29   וְאֶת־כָּל־הָעֵץ אֲשֶׁר־בּוֹ פְרִי־עֵץ

28

3   창 1:30   עַל־הָאָרֶץ אֲשֶׁר־בּוֹ נֶפֶשׁ

4   창 3:3   וּמִפְּרִי הָעֵץ אֲשֶׁר בְּתוֹךְ־הַגָּן

5   창 7:15   מִכָּל־הַבָּשָׂר אֲשֶׁר־בּוֹ רוּחַ

הוּא וְהָאֲנָשִׁים אֲשֶׁר־עִמּוֹ

정답

아래를 가리고 위의 문제를 푸세요.

1_ 출 1:8 요셉을 알지 못하는 새로운 왕이 이집트 위에 [등극했다].

2_ 창 1:29 그리고 나무의 열매가 그 안에 있는 (열매 맺는) 모든 그 나무를

3_ 창 1:30 생명이 그 안에 있는 그 땅 위에

4_ 창 3:3 그리고 그 동산의 중앙에 있는 그 나무의 열매로부터

5_ 창 7:15 영(숨breath)이 그 안에 있는 그 모든 육체로부터

6_ 창 24:54 그와 함께 있던 그와 그리고 그 남자들이

〔 〕이런 괄호 형태는 없는 내용을 추가할 때 사용합니다.

히브리 노래 배우기

칼동사 완료 히브리송

218 219

이요엘 편곡

요엘 TV
Tube

칼동사 완료 히브리송

요엘 TV ▶ Tube

깜놀 카드
151-160번

깜놀 카드
161-170번

단어 카드와 함께
유튜브 영상을 보세요.

히브리어로 "칼"은 가볍다는 뜻입니다. 동사의 기본형에 속합니다. 그러면서 보편적 강세 동사라고 보면 됩니다. 칼 동사는 가장 기본이 되는 동사입니다. 히브리어에는 모두 7개의 동사 변화들이 있지만, 먼저 칼 동사를 이해하는 것이 기본입니다.

히브리어 동사에는 완료(perfect)와 미완료(imperfect)가 있습니다. 완료는 동작이 이미 끝난 상태를 말합니다. 미완료는 동작이 끝나지 않고, 계속된다는 의미입니다. 다음의 동사들은 בָּרָא를 제외하고는 원문에서 가장 많이 쓰이니, 꼭 알아야 합니다.

단어를 먼저 외우고, 문장을 보라!

16	בָּרָא	창조하다/ he created	72	קָרָא	부르다/ he called
75	יָשֵׁב	앉다/ he settled, dwelled	74	עָשָׂה	만들다/ he made

76	הָיָה	되다/ he became	51	אָמַר	말하다/ he said
71	אָכַל	먹다/ he ate	52	הָלַךְ	걷다/ he walked
57	נָתַן	주다/ he gave	53	זָכַר	기억하다/ he remembered
73	בָּא	오다/ he came			

a. 규칙 동사와 불규칙 동사

히브리어 동사는 대부분이 불규칙 동사라고 보면 됩니다. 따라서 모음 기호가 변화되는 것을 주의 깊이 이해해야 합니다. 그렇다고 너무 심각하지 않아도 됩니다. 일단은 불규칙 동사 단어의 특징을 알려 드립니다. 규칙 동사는 다음 네 가지에 해당하지 **않는** 모든 동사들입니다.

• 불규칙 동사

1) 동사 단어 중에 후음(א / ה / ח / ע)이 있으면 불규칙- הָלַךְ / בָּרָא

2) 동사 단어 중에 첫 자음이 유드(י)와 눈(נ)으로 시작될 경우- נָתַן

3) 동사 단어 중 중간에 유드(י)와 봐브(ו)가 올 경우- הָיָה

4) 동사 단어 중에 두 번째와 세 번째 자음이 똑같을 경우- הָלַל

다음 문장은 히브리어의 기본 문장을 보여 줍니다.

한글 해석 순서 → **해석**
하나님이 그 하늘과 그 땅을 창조하셨다.

다음은 완료 동사 문장을 분석한 것입니다.

- 히브리어의 완료 문장은 항상 완료만을 의미하지 않을 수도 있습니다. 대부분은 완료이지만, 원문의 상황에 따라 현재나(present tense) 진행형으로도 해석이 가능합니다.

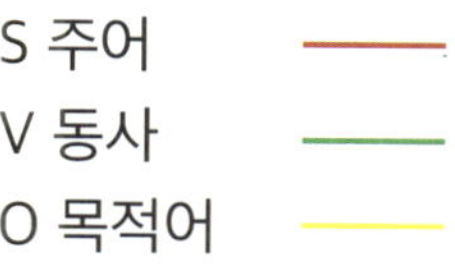

대하 34:14

해석

그 제사장 힐기야는 모세의 손에 있던 (모세가 기록한) 여호와의 율법 책을 발견했다.

בֵּרַךְ אֱלֹהִים אֶת־יִשְׂרָאֵל עַד הַיּוֹם הַזֶּה

"오늘날까지 하나님께서 이스라엘을 축복했다"(완료형 동사 문장)

여기서 바라크(בֵּרַךְ)는 문장을 시작하는 동사로서, 칼 동사에 해당하는 3인칭 남성 단수 완료입니다. 영어로는 he blessed (그가 축복했다)로서, 뒤에 따르는 엘로힘(אֱלֹהִים)이 주어가 됩니다. 즉 동사 "바라크" 안에는 이미 3인칭(he)이 들어있지만, 그 3인칭이 하나님을 가리키는 것입니다. 전형적인 완료 문장이죠.

אָמַר יְהוָה אֶת־הַדָּבָר הַזֶּה אֶל־מֹשֶׁה

"여호와께서 바로 이 말을 모세에게 말했다"(완료형 동사 문장).

אָמַ֣ר יְהוָ֗ה אֱלֹהֵ֤י יִשְׂרָאֵל֙ עַל־בָּתֵּי֙ הָעִ֣יר הַזֹּ֔את

וְעַל־בָּתֵּ֖י מַלְכֵ֥י יְהוּדָֽה

"이스라엘의 하나님 여호와께서 이 도시(the this city)의 딸들에게,
그리고 유다 왕들의 딸들에게 **말씀하셨다**"(완료형 동사 문장).

c. 자주 사용하는 동사의 예문들

해석
그리고 다윗이 마하나임으로 갔다(왔다)/
그리고 압살롬도 요단강을 건넜다/
그와 그리고 그와 함께한 모든 이스라엘 남자가 [건넜다].

오다/ he came

여기서 בָּא 는 분사로서 진행형 동사의 역할을 한다.

삼상 17:45

וַיֹּאמֶר דָּוִד אֶל־הַפְּלִשְׁתִּי

그 블레셋인에게 / 다윗이 / 그리고 말했다

70

אַתָּה בָּא אֵלַי בְּחֶרֶב וּבַחֲנִית

그리고 그 창과 / 칼로 / 나에게 / 오고 있지만 / 너는

וְאָנֹכִי בָא אֵלֶיךָ בְּשֵׁם יְהוָה צְבָאוֹת

만군의 / 여호와 / 이름으로 / 너를 향해 / 가고 있다 / 그러나 나는

해석

그리고 다윗이 그 블레셋인을 향하여 말했다.
너는 칼과 그 창으로 내게 오고 있지만, 그러나 나는 너를 향하여
만군의 여호와 이름으로 나아가고 있다.

בָּא בַיָּמִים   זָקֵן   וְאַבְרָהָם

그 날들이 오게 됐다 / 그리고 아브라함은 늙었고

וַיהוָה   בֵּרַךְ   אֶת־אַבְרָהָם   בַּכֹּל

모든 것으로 / 아브라함을 / 축복했다 / 그리고 여호와께서

"그날들이 오게 됐다"는 많은 시간이 흘러갔다로 해석할 수 있다.

해석
아브라함은 늙게 되었고 그 많은 날들이 지나갔다.
그리하여 여호와께서 그 모든 것으로 아브라함을 축복했다.

스스로 해석해 보기!

다음 문장을 스스로 해석해 보세요! 문장을 해석할 때 단어들을 분석해서 원형을 살피는 습관을 갖기 바랍니다. 원형에 접미사나 접두사가 붙으면서 변형이 일어납니다. 원형을 파악하는 노력을 통해, 이런 변형을 이해할 수 있게 됩니다.

창조하다/ he created

בָּרָא אֱלֹהִים אָדָם עַל־הָאָרֶץ   1

בְּרָא־לִי אֱלֹהִים 2

명령형

정답   아래를 가리고 위의 문제를 푸세요.

1_ 신 4:32 하나님께서 사람을 그 땅 위에서 창조하셨다.

2_시 51:10 하나님! 나를 위해 창조하소서 [정한 마음을] 명령형

앉다, 살다/ he settled, dwelled

분사/남/단

민 13:29   עֲמָלֵק   יוֹשֵׁב   בָּאֶרֶץ   הַנֶּגֶב

그 네게브(남쪽) / 땅 안에 / 살고 있는 / 아말렉

창 19:30   וַיֵּשֶׁב בַּמְּעָרָה הוּא

미완료 3인칭, 남성 단수가 포함

그리고 그가 그 동굴 안에서 살았다.

창 13:12   אַבְרָם יָשַׁב בְּאֶרֶץ־כְּנָעַן 1

정답   아래를 가리고 위의 문제를 푸세요.

1_창 13:12 아브람이 가나안 땅에 정착했다.

 되다/ he became

창 4:2	1 וְקַיִן הָיָה עֹבֵד אֲדָמָה
	분사(일을 하는)

창 4:20	2 הוּא הָיָה אֲבִי יֹשֵׁב אֹהֶל
	분사(거주하는) אָב의 연계형

호 1:9	3 וַיֹּאמֶר קְרָא שְׁמוֹ לֹא עַמִּי כִּי
	명령형
	אַתֶּם לֹא עַמִּי

정답   아래를 가리고 위의 문제를 푸세요.

1_ 창 4:2   그리고 가인은 땅의 경작자가 되었다 (땅을 일구는 자, 분사).

2_ 창 4:20   그는 장막에 거하는 자의 아비가 되었다.

3_ 호 1:9   그리고 그가 말씀했다. 그의 이름을 "로 암미" (내 백성이 아님)로 부르라,

              [더 이상] 너희가 내 백성이 아니기 때문이다.

 만들다/ he made

1 וַיֹּאמֶר אֲבִימֶלֶךְ לֹא יָדַעְתִּי
מִי **עָשָׂה** אֶת־הַדָּבָר הַזֶּה

2 רָאָה יִשְׂרָאֵל אֶת־הַיָּד הַגְּדֹלָה
אֲשֶׁר **עָשָׂה** יְהוָה בְּמִצְרַיִם

3 **עָשָׂה** יְהוָה אֶת־הַשָּׁמַיִם וְאֶת־הָאָרֶץ
אֶת־הַיָּם וְאֶת־כָּל־אֲשֶׁר־בָּם

4

מֶה עָשָׂה יְהֹוָה אֱלֹהֵינוּ לָנוּ אֶת־

מָה   어찌하여

כָּל־אֵלֶּה

정답   **아래를 가리고 위의 문제를 푸세요.**

1_ 창 21:26   그리고 아비멜렉이 말했다. "누가 이 일을 행하였는지(만들었는지) 나는 알지 못하노라."

2_ 출 14:31   이스라엘이 여호와께서 이집트에서 행하신 바 그 큰 손을 보았다.

3_ 출 20:11   여호와께서 그 하늘과, 그리고 그 땅과, 그리고 그 바다와, 그리고 그 안의 모든 것을 만드셨다.

4_ 렘 5:19   어찌하여 우리 하나님 여호와께서 이 모든 것들을 행하셨는가?

אָמַר   말하다/ he said

말 1:14   1

כִּי מֶלֶךְ גָּדוֹל אָנִי אָמַר יְהֹוָה

צְבָאוֹת

사 48:22   אֵין שָׁלוֹם אָמַר יְהוָה לָרְשָׁעִים   2

214

삼상 9:27   שְׁמוּאֵל אָמַר אֶל־שָׁאוּל   3

정답   **아래를 가리고 위의 문제를 푸세요.**

1_ 말 1:14 나는 위대한 왕이라, 만군의 여호와께서 말씀하셨다.

2_ 사 48:22 악인들에게는 평화가 없다고 여호와께서 말씀하셨다.

3_ 삼상 9:27 그리고 사무엘은 사울을 향해 말했다.

먹다/ he ate

출 34:28   לֶחֶם לֹא אָכַל וּמַיִם לֹא שָׁתָה   1

마시다(to drink)

2

לֹא אָכַל לֶחֶם כָּל־הַיּוֹם וְכָל־הַלַּיְלָה

아래를 가리고 위의 문제를 푸세요.

1_ 출 34:28 그는 빵도 먹지 않았고, 그리고 물도 마시지 않았다.

2_ 삼상 28:20 그는 온 종일 그리고 온 밤 동안 빵을 먹지 않았다.

נָתַן

주다/ he gave

출 16:15

1

וַיֹּאמֶר מֹשֶׁה אֲלֵהֶם הוּא הַלֶּחֶם אֲשֶׁר נָתַן יְהוָה לָכֶם לְאָכְלָה

먹을 수 있게(to eat)

כַּאֲשֶׁר נָתַן לָהֶם מֹשֶׁה עֶבֶד יְהוָה   2

* כַּאֲשֶׁר ~한 것처럼

정답   아래를 가리고 위의 문제를 푸세요.

1_ 출 16:15   그리고 모세가 그들에게 말했다. 이것은 여호와께서 너희들이 먹을 수 있도록 주신 그 빵이다.

2_ 수 13:8   여호와의 종 모세가 그들에게 준 것처럼

부르다/ he called

창 21:31   עַל־כֵּן קָרָא לַמָּקוֹם הַהוּא בְּאֵר   1

עַל־כֵּן 그리하여

שֶׁבַע

수 8:34

그후에(afterward)

וְאַחֲרֵי־כֵן קָרָא אֶת־כָּל־דִּבְרֵי
הַתּוֹרָה הַבְּרָכָה

정답   아래를 가리고 위의 문제를 푸세요.

1_창 21:31   그리하여 그가 그 장소를 브엘세바라고 불렀다.

2_ 수 8:34   그리고 그후에 그가 그 축복의 율법의 말씀들을 읽었다.

걷다/ he walked

창 26:26   וַאֲבִימֶלֶךְ הָלַךְ אֵלָיו מִגְּרָר   1

그랄

창 32:1   וְיַעֲקֹב הָלַךְ לְדַרְכּוֹ   2

3 וְגַם־בָּלָק הָלַךְ לְדַרְכּוֹ

107

발락

---

4 וְגַם־שָׁאוּל הָלַךְ לְבֵיתוֹ גִּבְעָתָה* 삼상 10:26

גִּבְעָה* 기브아(사울의 고향)

정답

아래를 가리고 위의 문제를 푸세요.

1_ 창 26:26 그리고 아비멜렉이 그랄 [땅]에서 그를 향하여 걸어갔다.

2_ 창 32:1 그리고 야곱이 그의 길로 걸어갔다.

3_ 민 24:25 그리고 또한 발락은 그의 길로 걸어갔다.

4_ 삼상 10:26 그리고 또한 사울은 그의 집[이 있는] 기브아를 향하여 걸어갔다.

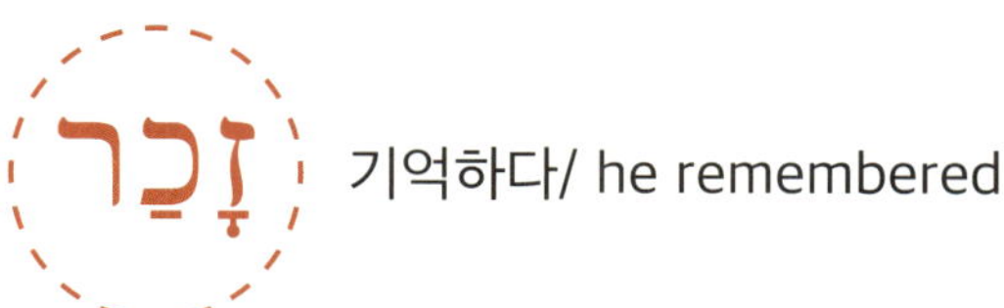

기억하다/ he remembered

1 זָכַר חַסְדּוֹ וֶאֱמוּנָתוֹ לְבֵית יִשְׂרָאֵל 시 98:3

אֱמֶת 진실

그가 이스라엘 집을 위하여 그의 인자와 그리고 그의 진실을 기억했다.

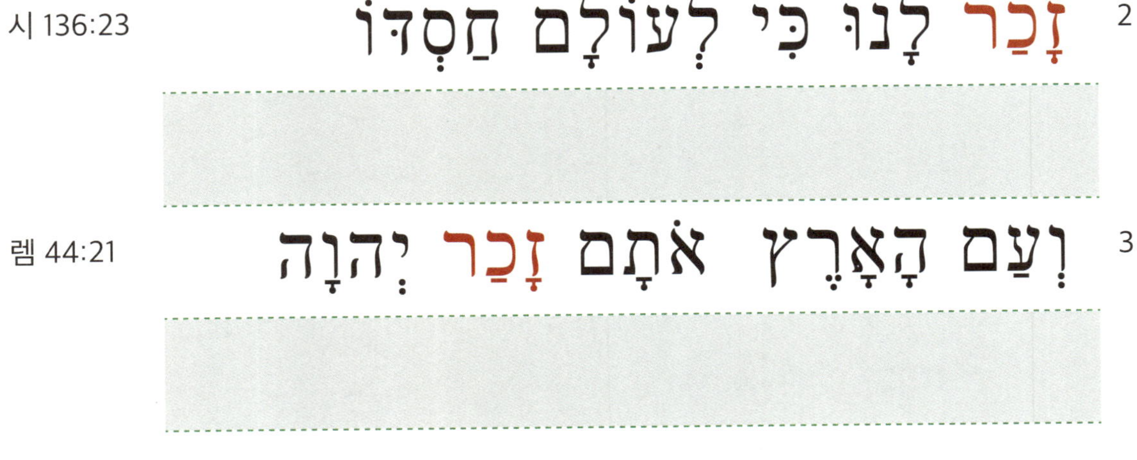

정답	아래를 가리고 위의 문제를 푸세요.

2_ 시 136:23 그의 인자하심이 영원함으로, 그가 우리를 기억하셨다.

3_ 렘 44:21 그리고 그 땅의 백성, 그들을 여호와께서 기억하셨다.

e. 기본 동사 익히기

다음의 동사들은 그림에서도 볼 수 있습니다. 반드시 알고 있어야 하는 동사 단어들입니다. 히브리어 동사는 7가지 형식이며 과학적으로 패턴적으로 변화합니다.

가장 기본적인 동사는 칼 동사입니다. 다음의 동사에는 이중 자음 동사 및 약동사 변화를 취하는 동사들도 있습니다. 다만 1권에서는 칼 동사와 함께 묶어서 간단한 해석 범주에 넣어 보았습니다. 이유는 일단 동사의 변화 패턴을 익히라는 취지에서입니다. 불규칙성을 보면서 암기하세요. 2권에서는 7개 동사 중심으로 자세하게 소개하겠습니다.

"단어를 먼저 외우고 문장을 보세요!"

77	שָׁמַר	지키다/ he kept
79	בָּנָה	세우다/ he built

173	נָפַל	떨어지다/ he fell on
177	נָכָה	강타하다/ he smote

번호	히브리어	뜻
92	יָלַד	낳다/ gave birth
120	יָדַע	알다/ he knew
126	בָּטַח	믿다/ he trusted
122	כָּתַב	쓰다/ he wrote
130	קָטַל	죽이다/ he killed
131	שָׁמַע	듣다, 순종하다/ he heard, obeyed
144	עָלָה	올라가다/ he went up
148	עָמַד	일어서다/ he stood up
149	רָאָה	보다/ he saw
150	פָּקַד	방문하다, 돌보다/ he visited, took care of
151	חָטָא	죄짓다/ he committed a sin
171	חָפֵץ	기뻐하다/ he delighted in
133	עָזַב	떠나다/ he left
137	לָקַח	취하다/ he took
142	פָּחַד	두려워하다/ he is in dread
167	דָּרַשׁ	구하다/ he sought
197	צָעַק	울부짖다/ he cried out
199	שָׂרַף	불지르다/ he burned
141	מוּת	죽다/ he died
136	קוּם	일어나다/ he rose up
135	נָשָׂא	들어올리다/ he lifted up
80	מָצָא	발견하다/ he found
94	חָזַק	강하게 하다/ he hardened
102	שׁוּב	돌아오다/ he returned
101	שָׁלַח	보내다/ he sent
100	יָצָא	나가다/ he went out
132	יָשַׁע	구원하다/ he saved
158	עָבַד	일하다/ he worked
159	אָבַד	망하다/ he is ruined
160	יָרֵא	두려워하다, 경외하다/ he is feared

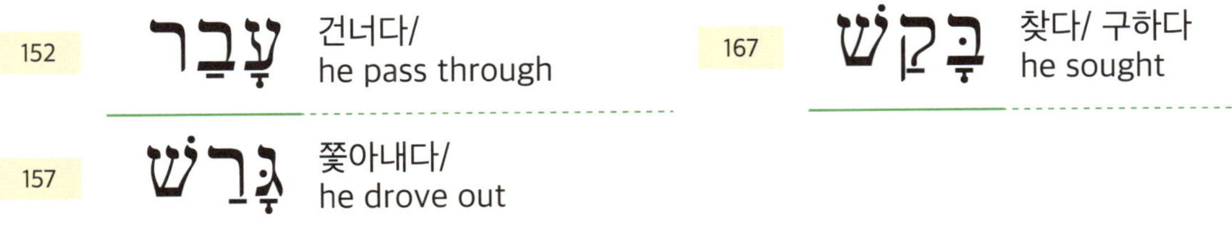

신나게 동사 원문 해석하기!

이곳에서는 3인칭 남성 단수 완료 형태 동사 문장만을 해석해 보도록 합니다.

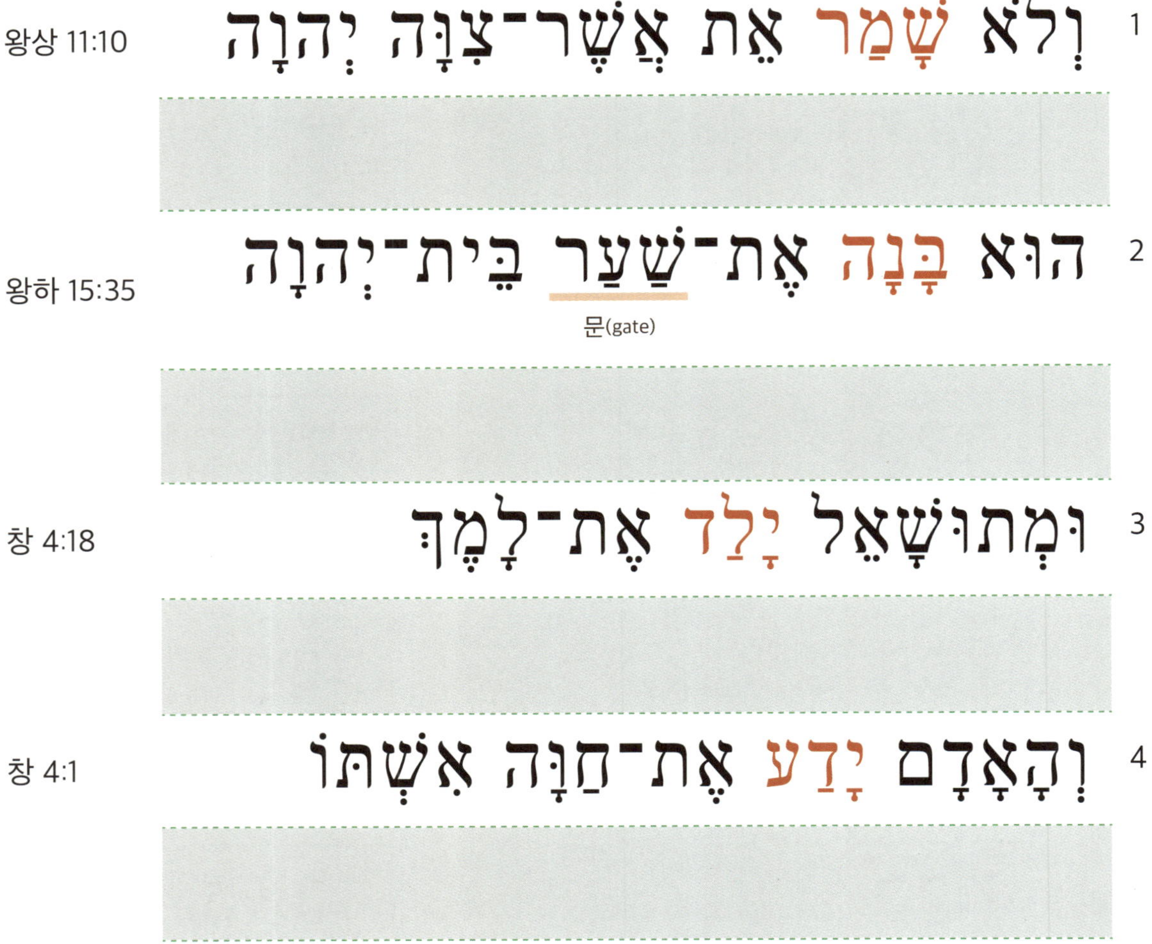

왕하 18:5 — 5

בַּיהוָה אֱלֹהֵי־יִשְׂרָאֵל בָּטָח
וְאַחֲרָיו לֹא־הָיָה כָמֹהוּ

그와 같은 자

수 8:32 — 6

תּוֹרַת מֹשֶׁה אֲשֶׁר כָּתַב לִפְנֵי בְּנֵי
יִשְׂרָאֵל

창 35:1 — 7

וַיֹּאמֶר אֱלֹהִים אֶל־יַעֲקֹב קוּם
עֲלֵה בֵית־אֵל

קוּם	명령형 2인칭 남,단	
동사	אָמַר	그리고 그가 말했다
	עֲלֵה	명령형 2인칭 남,단

시 1:1 — 8

וּבְדֶרֶךְ חַטָּאִים לֹא עָמָד

창 29:10

9 רָאָה יַעֲקֹב אֶת־רָחֵל בַּת־לָבָן
אֲחִי אִמּוֹ וְאֶת־צֹאן לָבָן

창 21:1

10 וַיהוָה פָּקַד אֶת־שָׂרָה כַּאֲשֶׁר
אָמָר

~한 것처럼

창 6:8

11 וְנֹחַ מָצָא חֵן בְּעֵינֵי יהוָה

대상 21:4

12 וַיְדְבַר־הַמֶּלֶךְ חָזַק עַל־יוֹאָב וַיֵּצֵא
יוֹאָב

동사 יָצָא 나가다, 3인칭 남/단/바브 미완료

13 וַיֹּאמֶר יְהוָה אֶל־יַעֲקֹב שׁוּב אֶל־ 창 31:3

그리고 그가 말했다 אָמַר 동사 שׁוּב 명령형 2/남

אֶרֶץ אֲבוֹתֶיךָ

14 וַיֹּאמֶר שְׁמוּאֵל אֶל־שָׁאוּל אֹתִי 삼상 15:1

그리고 그가 말했다 אָמַר

שָׁלַח יְהוָה

15 וְשָׁם הָיָה נָבִיא לַיהוָה עֹדֵד 대하 28:9

선지자 오뎃

שְׁמוֹ

16 הִנֵּה עַם יָצָא מִמִּצְרָיִם 민 22:5

대상 14:17
17
וַיהֹוָה נָתַן אֶת־פַּחְדּוֹ עַל־כָּל־
142
פַּחַד 가 여기서 명사로 사용 (그의 두려움)
הַגּוֹיִם
창 33:3
18
וְהוּא עָבַר לִפְנֵיהֶם
152
수 4:22
19
בַּיַּבָּשָׁה עָבַר יִשְׂרָאֵל אֶת־הַיַּרְדֵּן
부사/ 165
הַזֶּה
창 3:24
20
וַיְגָרֶשׁ אֶת־הָאָדָם
그리고 그가 쫓아냈다 157
(바브+3인칭 미완료)-다음 과에서 배움

21 עָבְדוּ אֶת־כְּדָרְלָעֹמֶר

158

그들이 섬기다(3/공/복/완료)

삼상 18:22

22 הִנֵּה חָפֵץ בְּךָ הַמֶּלֶךְ

171

대하 17:3

23 וְלֹא דָרַשׁ לַבְּעָלִים

186

왕상 20:39

24 וְהוּא צָעַק אֶל־הַמֶּלֶךְ

197

왕하 25:9

25 וְאֶת־כָּל־בֵּית גָּדוֹל שָׂרַף בָּאֵשׁ

199

26 נָשָׂא זָהָב מֵאוֹפִיר

오빌로부터(from Ophir)　191　135

사 57:1

27 הַצַּדִּיק אָבַד וְאֵין אִישׁ שָׂם עַל־לֵב

שׂוּם 분사/남/단/ to put　159

삿 6:27

28 יָרֵא אֶת־בֵּית אָבִיו וְאֶת־אַנְשֵׁי הָעִיר

160

정답　　　　　　　　　　　　아래를 가리고 위의 문제를 푸세요.

1_ 왕상 11:10　그러나 그는 여호와께서 명하신 것을 지키지 아니했다.

2_ 왕하 15:35　그는 여호와의 집(성전)의 문을 세웠다.

3_ 창 4:18   그리고 므드사엘은 라멕을 낳았다.

4_ 창 4:1   그리고 그 아담이 그의 아내 하와를 알았다(동침했다).

5_ 왕하 18:5   그가 이스라엘의 하나님 여호와를 (안에서) 신뢰했다. 그러나 그의 후에는 그와 같은
자가 없었다.

6_ 수 8:32   이스라엘의 자손 앞에서 기록한 바 모세의 율법

7_ 창 35:1   그리고 하나님께서 야곱에게 말했다. 일어나라, 벧엘로 올라가라.

8_ 시 1:1   그리하여 악인들의 길에 그가 서지 않는다.

9_ 창 29:10   야곱이 그의 어머니의 형제인 라반의 딸인 라헬과 그리고 라반의 양(떼)를 보았다.

10_ 창 21:1   그리고 여호와께서 사라를 방문(권고)하셨다. 그가 말한 것처럼.

11_ 창 6:8   그리고 노아는 여호와의 눈에서 은혜를 발견했다(은혜를 입었다).

12_ 대상 21:4   그리하여 그 왕의 말이 요압에 대하여 압박했다. 그러고는 요압이 나섰다.

13_ 창 31:3   그리고 여호와께서 야곱에게 말씀하시길, 너희 아버지들(조상)의 땅으로 돌아가라 하셨다.

14_ 삼상 15:1   그리고 사무엘이 사울에게 말했다. 여호와께서 나를 보내셨다.

15_ 대하 28:9   그리고 그곳에 여호와(의)를 위한 선지자가 있었다. 그의 이름은 오뎃(이었다).

16_ 민 22:5   보라 백성이 이집트로부터 나갔다.

17_ 대상 14:17   그리하여 여호와께서 그의 두려움을 모든 그 열방들에게 주었다.

18_ 창 33:3   그리고 그가 그들 앞에서 건너갔다.

19_ 수 4:22   이스라엘이 이 요단(강)의 메마른 곳으로 건너갔다.

20_ 창 3:24   그리고 그가 그 아담을 추방했다.

21_ 창 14:4   그들이 그돌라오멜을 섬겼다.

22_ 삼상 18:22   보라 그 왕이 네 안에서 기뻐하노라

23_ 대하 17:3   그러나 그는 바알들을 구하지 아니했다.

24_ 왕상 20:39   그리고 그는 그 왕에게 부르짖었다.

25_ 왕하 25:9   그리고 그가 모든 큰 집을 불로 태워버렸다.

26_ 왕상 10:11   그가 오빌로부터 금을 들어 올렸다(가지고 왔다).

27_ 사 57:1   그 의로운 자는 망하였고, 그리고 마음에 [이를] 두는 남자가 없도다.

28_ 삿 6:27   그가 그의 아비 집과 그리고 그 도시(성읍)의 남자들을 두려워했다.

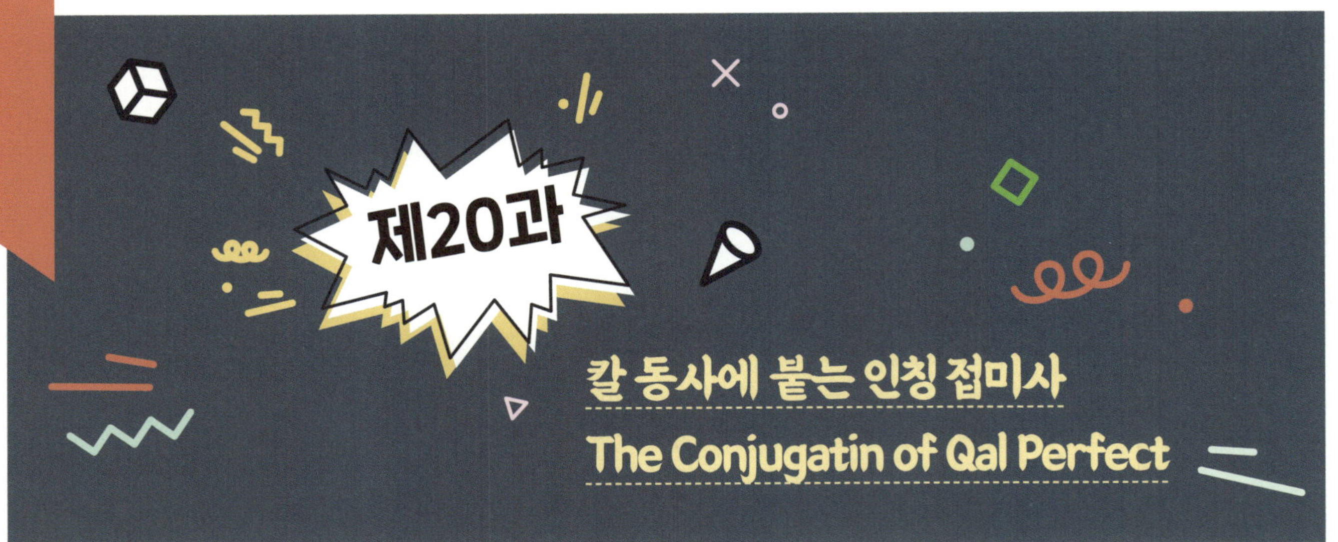

잘 모르는 단어 아래에 원형과 함께
축약형을 써두었으니 참고하세요.

남성(남) · 여성(여) · 공성(공)
단수(단) · 복수(복) · 완료(완)
미완료(미) · 인칭(1, 2, 3)

요엘 TV ▶ Tube

깜놀 카드
171-180번

깜놀 카드
181-190번

단어 카드와 함께
유튜브 영상을 보세요.

동사에는 인칭 접미사가 붙습니다. 동사마다 주어가 포함된다는 것입니다. 한국어와는 매우 다른 양상이지만, 자주 보면 금세 알게 된답니다.

동사에 인칭 접미사를 붙여서 하나의 동사 문장을 완성합니다. 동사에 붙는 접미사에는 남성/여성, 단수/복수가 있습니다. 명사에 붙는 것과 같은 이치입니다. 이런 동사에 목적어를 넣으면 훌륭한 문장이 됩니다.

다음 문장은 접미사를 붙인 동사 문장의 기본입니다. 인칭 대명사를 추가한 것은 이해를 돕기 위해서입니다. 인칭 대명사 없이 해석하길 바랍니다.

a. 단수를 살펴보겠습니다!

동사에 "티/타/트/하"라는 인칭을 나타내는 접미사가 붙습니다. 이 "티/타/트/하"를 반복해서 읊조리면서 암기해 보세요!

목적어	인칭 대명사		동사-인칭 접미사	
	אֲנִי	I killed (c)	קָטַלְתִּי	내가 죽였다 (공)
	אַתָּה	You killed (m)	קָטַלְתָּ	네가 죽였다 (남)
אֶת־הַגָּלְיָת	אַתְּ	You killed (f)	קָטַלְתְּ	네가 죽였다 (여)
그 골리앗을	הוּא	He killed (m)	קָטַל	그가 죽였다 (남)
	הִיא	She killed (f)	קָטְלָה	그녀가 죽였다 (여)

번역하면 "내가 /네가(남,여)/ 그가/ 그녀가/ 골리앗을 죽였다"입니다. 이 패턴을 완벽하게 이해할 수 있어야 합니다. 노래로도 익히세요('티타트하 누템텐우' 노래).

다음 문장을 보세요.

욥 17:14

קָרָאתִי אָבִי אַתָּה אִמִּי

내가 당신을 나의 아버지, [나의] 어머니로 불렀다.

민 18:24

אָמַרְתִּי לָהֶם בְּתוֹךְ בְּנֵי יִשְׂרָאֵל

이스라엘 자손들 사이에서 내가 그들에게 말하였다.　בְּתוֹךְ ~ 사이에서(among)

창 30:6

עַל־כֵּן קָרְאָה שְׁמוֹ דָּן

그러므로, 그녀가 그의 이름을 단이라고 불렀다.　עַל־כֵּן 그러므로 (therefore)

אֵיךְ כָּתַבְתָּ אֶת־כָּל־הַדְּבָרִים הָאֵלֶּה מִפִּיו

어떻게 너는 그의 입으로부터[나온 from his mouth], 이 모든 말들을 기록하였느냐?

이는 אֵיךְ (어떻게)가 서두에 오면서 의문문이 된 경우입니다.

아래의 도표를 보면서 동사변화(단수)패턴을 익히세요!

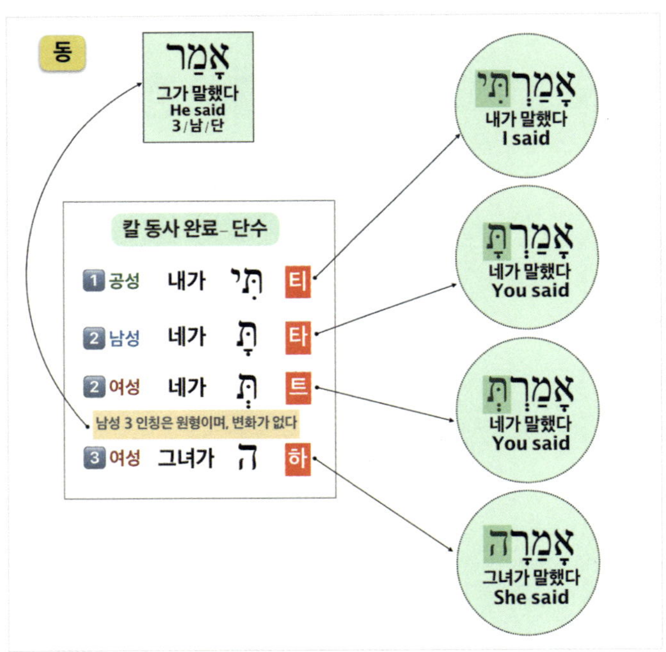

다음의 히브리어 원문을 해석해 보세요!

신 28:66　　　1　　וּפָחַדְתָּ לַיְלָה וְיוֹמָם

대낮(daytime)　142

삼상 15:19　　　2　　וְלָמָּה לֹא־שָׁמַעְתָּ בְּקוֹל יְהוָה

창 42:28　　　3　　מַה־זֹּאת עָשָׂה אֱלֹהִים לָנוּ

호 11:1　　　4　　וּמִמִּצְרַיִם קָרָאתִי לִבְנִי

삼하 19:25　　　5　　לָמָּה לֹא־הָלַכְתָּ עִמִּי מְפִיבֹשֶׁת

신 21:14　　　6　　אִם־לֹא חָפַצְתָּ בָּהּ

그녀를/　171　　만일 ~하지 아니하면
그녀 안에서

1_ 신 28:66   그리하여 너는 밤과 그리고 낮을 두려워할 것이라.

2_ 삼상 15:19   그런데 너는 어찌하여 여호와의 음성에 순종하지 않았느냐?

3_ 창 42:28   하나님께서 우리를 위해 행하신 이것이 무엇이냐?

4_ 호 11: 1   그리하여 내가 내 아들을 (위해) 이집트에서 불러냈다.

5_ 삼하 19:25   므비보셋아! 어찌하여 나와 함께 가지 않았느냐?

6_ 신 21:14   만일 네가 그녀를 기뻐하지 않는다면….

b. 복수를 살펴볼까요?

함께 복수 인칭을 붙여서 문장을 보도록 하겠습니다. 단수처럼 동사 단어에 인칭을 붙이면 하나의 문장이 됩니다.

번역하면 "우리가/ 너희가 남성 복수, 여성 복수 /그들이/ 아합 왕을 죽였다." (3인칭 복수는 남성과 여성 구분이 없는 공성입니다)

S 주어 — V 동사 — O 목적어 —

해석
우리의 선조들(아버지들)이 여호와의 말씀을 지키지 않았다.

대개 동사가 먼저 나오므로, 주어와 목적어와 동사의 순서대로 해석해 주면 자연스럽습니다.

아래의 도표를 보면서 동사 변화(복수) 패턴을 익히세요!

칼 동사 완료형을 암기하려면 "티타트하 누템텐우"를 지속적으로 읊조리세요.

אֲמַרְתֶּם אֵלָי

너희들이 나에게 말했다.

민 9:23

שָׁמְרוּ עַל־פִּי יְהוָה בְּיַד־מֹשֶׁה

모세의 손에 있는 여호와 입(말씀)을 그들이 지켰다.

신나게 해석해 보기!

1
대상 11:7

עַל־כֵּן דָּוִד עִיר־קָרְאוּ לוֹ

그리하여 (therefore)

2
시 78:10

לֹא שָׁמְרוּ בְּרִית אֱלֹהִים
וּבְתוֹרָתוֹ

3
암 2:4

אֶת־תּוֹרַת יְהוָה וְחֻקָּיו לֹא שָׁמָרוּ

161

출 15:22　4　בַּמִּדְבָּר וְלֹא־מָצְאוּ מָיִם

80

민 11:20　5　יָצָאנוּ מִמִּצְרָיִם

민 16:35　6　וְאֵשׁ יָצְאָה מֵאֵת יְהוָה

from　100

3/단/여/완료 동사　주어 אֵשׁ 가 여성 명사

렘 30:5　7　שָׁמַעְנוּ פַחַד וְאֵין שָׁלוֹם

명사　142

레 26:7　8　וְנָפְלוּ לִפְנֵיכֶם לֶחָרֶב

칼에 의하여 by sword　173

9 אֵיךְ נָפְלוּ גִבּוֹרִים?   삼하 1:27

123

10 וְשִׁמְעִי בֶן־גֵּרָא נָפַל לִפְנֵי הַמֶּלֶךְ   삼하 19:18

173   131

정답

아래를 가리고 위의 문제를 푸세요.

1_ 대상 11:7   따라서 그들은 그것을 다윗의 성이라고 불렀다.

2_ 시 78:10   그들이 하나님의 언약과 그의 율법을 지키지 않았다.

3_ 암 2:4   그들이 여호와의 율법과 그의 규례를 지키지 않았다.

4_ 출 15:22   그 광야에서 그리하여 그들이 물을 찾지 못했다.

5_ 민 11:20   우리가 이집트로부터 나왔다.

6_ 민 16:35   그리고 불이 여호와로부터 나왔다.

7_ 렘 30:5   우리가 두려움[에 대한 소식]을 들었다. 또한 평강이 없었다."

8_ 레 26:7   그리하여 그들이 너희들 앞에서 칼에 쓰러졌다(떨어졌다).

9_ 삼하 1:27   어찌하여 용사들이 나가 떨어졌는가(죽었는가)?

10_ 삼하 19:18   그리고 게라의 아들 시므이는 왕 앞에서 부복했다(fell down).

나탄 동사의 경우, 접미사와 결합할 때 마지막의 눈(נ)은 사라지면서, 접미사에 다게쉬 포르테(강음점)를 붙여 줍니다. 눈은 매우 약하기에 사라지는 경향이 있습니다.

눈(נ) 녹듯 사라지지만, 다게쉬 포르테(강음점)를 남겨주기에 잘 헤아려야 합니다.

נָתַן   Qal 동사

נ 생략함. 대신 תּ 에 강음점을 표시

נָתַתִּי   S/단수

1인칭/공	נָתַתִּי	내가 주었다
2인칭/남	נָתַתָּ	네가 주었다 (m)
2인칭/여	נָתַתְּ	네가 주었다 (f)
3인칭/남	נָתַן	그가 주었다 (m)
3인칭/여	נָתְנָה	그녀가 주었다 (f)

중간자음이 슈바로 변함!

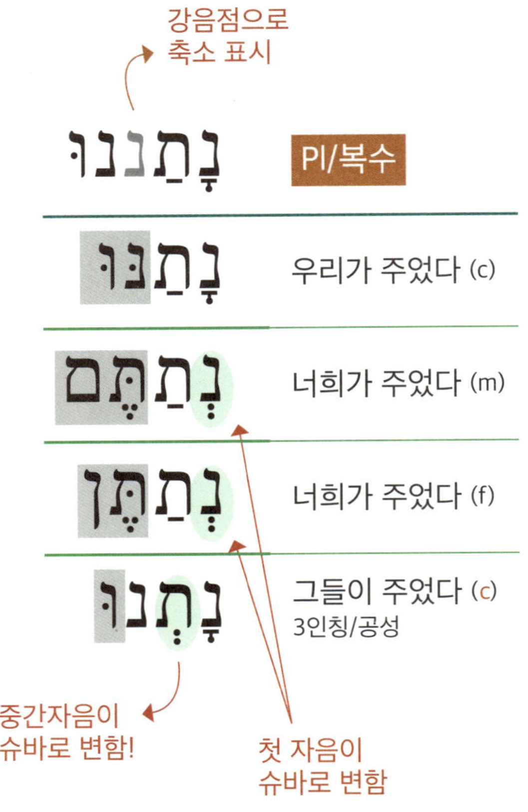

창 9:3

נָתַ֫תִּי לָכֶם אֶת־כֹּל

내가 너희에게 모든 것을 **주었다**.

수 19:50   עַל־פִּי יְהוָה נָתְנוּ לוֹ אֶת־הָעִיר   여호와의
입으로 (직역)

여호와의 말씀에 따라서, **그들이 그 도시를 그에게 주었다**.

여기서 עַל־פִּי יְהוָה는 "여호와의 입 위에"로 해석하기보다는 "여호와의 말씀을 따라"(according to the word of the Lord)로 해석해야 합니다. 여기서 נָתְנוּ가 3인칭 공성 복수임을 주의하세요! (강음점-다게쉬 포르테가 없음!).

וּמִיָּדְךָ נָתַנּוּ לָךְ

"그리고 네 손으로부터 우리가 너에게 주었다."
다게쉬 포르테가 "눈"에 붙어 있기에 1인칭 복수임!

창 15:18

לְזַרְעֲךָ נָתַתִּי אֶת־הָאָרֶץ הַזֹּאת

168

מִנְּהַר* מִצְרַיִם עַד־הַנָּהָר הַגָּדוֹל

נְהַר־פְּרָת

"이집트 강에서부터 그 큰 강 유프라테스까지,
내가 네 씨(자손)에게 이 땅을 주었다."
נָהָר (작은 규모의 강)　נַחַל (큰 규모의 강)

멋지게 원문 해석하기!

민 21:34

בְּיָדְךָ נָתַתִּי אֹתוֹ וְאֶת־כָּל־עַמּוֹ
וְאֶת־אַרְצוֹ 1

수 6:2

נָתַ֣תִּי בְיָדְךָ֔ אֶת־יְרִיח֖וֹ 2

118

신 2:24

נָתַ֣תִּי בְיָדְךָ֗ אֶת־סִיחֹ֣ן מֶֽלֶךְ־ 3

시혼

חֶשְׁבּ֧וֹן הָאֱמֹרִ֛י וְאֶת־אַרְצ֖וֹ

아모리　　　헤스본

대상 29:3

זָהָ֣ב וָכֶ֗סֶף נָתַ֤תִּי לְבֵית־אֱלֹהַ֔י 4

수 21:13

וְלִבְנֵי֩ אַהֲרֹ֨ן הַכֹּהֵ֜ן נָֽתְנ֣וּ אֶת־עִ֗יר 5

왕하 18:12

וְעָבְד֖וּ יָרְא֣וּ אֶת־יְהֹוָ֑ה 6

160

요엘 TV  Tube

깜놀 카드
191-200번

깜놀 카드
201-216번

단어 카드와 함께
유튜브 영상을 보세요.

동사에는 완료와 미완료가 있습니다. 미완료는 동작이 끝나지 않은 상태를 의미합니다. 따라서 진행형의 의미가 있습니다. 동사의 미완료가 나오면 일단 행동이 끝나지 않은 채 계속적으로 해석해야 합니다. 다음 도표는 단수 미완료이며, 접두사가 붙어서 미래적 미완료형을 나타냅니다. 단수 미완료에서는 **2인칭 남성 단수**와 **3인칭 여성 단수**가 똑같으니, 문장에서 구분하면 됩니다.

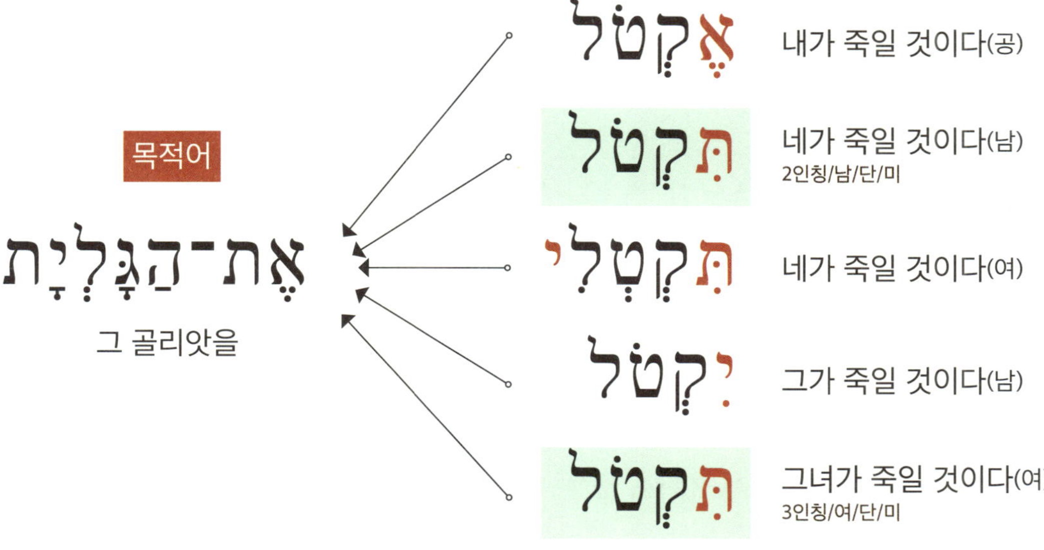

창 18:14

אָשׁוּב אֵלֶיךָ

1/공/단/미완료/שׁוּב/돌아가다

내가 너에게 **돌아갈 것이다** (아직 돌아가지 아니함).

창 40:19

יִשָּׂא פַרְעֹה אֶת־רֹאשְׁךָ מֵעָלֶיךָ

3/남/단/미완료/נָשָׂא/들어올리다(נ이 생략됨)

바로가 네 머리를 네 위로 들어 **올릴 것이다** (매달 것이다).

이 문장에서는 들어올리다 נָשָׂא에 3인칭 미완료 유드 י가 결합하면서, 눈 נ이 사라졌습니다. 이런 현상은 주로 약한 소리를 내는 문자에서 발생합니다. 눈, 헤, 알렢 등이 사라지는 경향이 있습니다. 그때마다 설명하겠습니다.

167 וְדָמוֹ מִיָּדְךָ אֲבַקֵּשׁ

155

1/공/단/미완료/בָּקַשׁ/찾다

"또한 그의 피를 네 손으로부터 내가 찾을 것이다."

수 1:17

יִהְיֶה יְהוָה אֱלֹהֶיךָ עִמָּךְ כַּאֲשֶׁר

~처럼

3/남/단/미완료/הָיָה/있다(He will be)

הָיָה עִם־מֹשֶׁה

"여호와 너희 하나님께서 너와 함께하실 것이다. 그가 모세와 함께 있었던 것처럼."

다음 도표는 복수 형태의 변화를 보여 줍니다. 반드시 익히도록 하세요.

단수 변화와 달리 복수에서는 2인칭 여성 복수와 3인칭 여성 복수가 똑같기에, 문장에서 구분하면 구별이 됩니다.

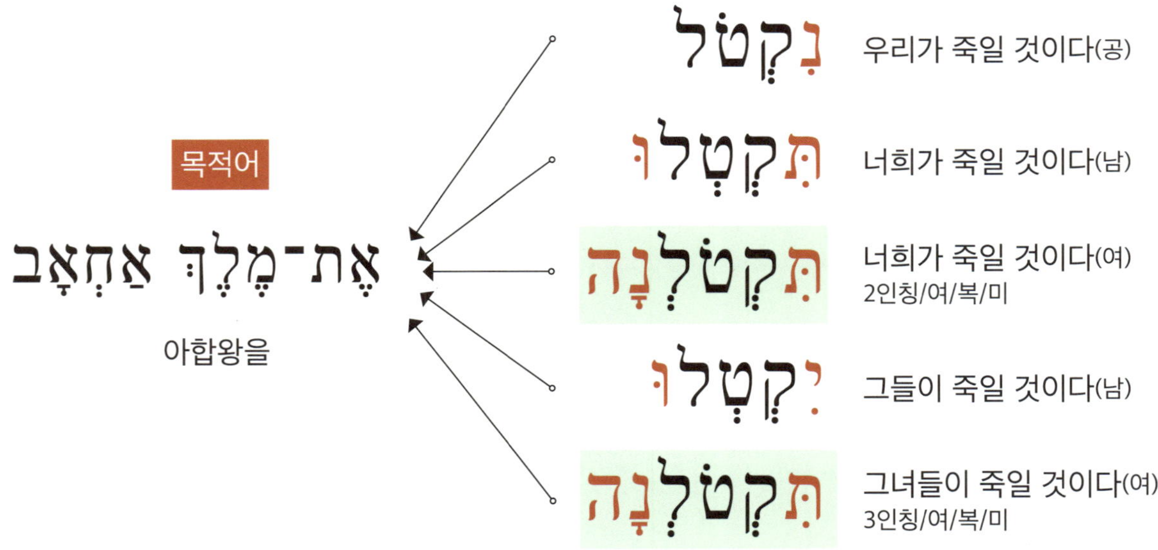

אֱלֹהֵי אַבְרָהָם וֵאלֹהֵי נָחוֹר יִשְׁפְּטוּ

3/공/복/미완료 שָׁפַט 동사/판결하다

בֵּינֵינוּ אֱלֹהֵי אֲבִיהֶם

בֵּין ~ 사이

해석

아브라함의 하나님, 나홀의 하나님, 그들의 아비의 하나님이 우리 사이(라반과 야곱)를 판단하실 것이라(미완료 상태로 계속성을 담고 있음).

여기서 יִשְׁפְּטוּ는 3인칭, 공성, 복수, 미완료이기에 "그들이 판결할 것이다"(they will judge)가 됩니다. 원형은 שָׁפַט / שָׁפַט(he judged)입니다.

a. 봐브 연속법(Vav Consecutive)

봐브 연속법(Vav Consecutive)은 히브리어의 매우 특이한 형태입니다.

이 봐브 연속법은, 봐브(and/ 그리고)가 미완료와 결합할 경우에, 완료로 해석해 주는 것을 말합니다. "그리고 ~을 할 것이다"(미완료 문장)가 "그리고 ~을 했다"라는 완료 문장이 되는 것이죠. 주의해서 해석해야 합니다.

히브리어 문장에는 수많은 봐브 연속법 문장이 있습니다. 따라서 봐브가 붙은 동사 문장을 보면 반드시 "그리고 ~을 했다"라는 완료형으로 해석해야 합니다.

이와 반대로, 완료 동사에 봐브가 붙으면, 미완료로 해석해 주어야 합니다.

봐브+완료동사=미완료, 즉 "그리고 ~을 할 것이다"로 해석해야 합니다.

완료 동사(~을 했다)에 봐브(and)가 붙으면, 이는 봐브 연속법으로서, 미래형으로 해석한다고 했습니다. 즉 "~을 할 것이다"이죠. 이는 히브리 동사가 가진 특징 중 하나입니다.

다음 예문을 보고 이해해 보십시오.

렘 34: 2

כֹּה־אָמַר יְהֹוָה אֱלֹהֵי יִשְׂרָאֵל הָלֹךְ

הָלֹךְ 명령형

וְאָמַרְתָּ

אֶל־צִדְקִיָּהוּ מֶלֶךְ יְהוּדָה וְאָמַרְתָּ

אֵלָיו כֹּה אָמַר יְהֹוָה הִנְנִי

נֹתֵן אֶת־הָעִיר הַזֹּאת בְּיַד מֶלֶךְ־

בָּבֶל וּשְׂרָפָהּ בָּאֵשׁ:

"그리하여 이스라엘의 하나님 여호와께서 말씀하셨다. 가라! (명령형2/남/단) 그리고 너는 유다 왕 시드기야에게 말할 것이라! 너는 그에게 이렇게 말할지니라. 이제 여호와께서 말씀하셨다. 보라! 이 도시를 바벨론왕의 손에 주었고(분사), 또한 그가 그것을(그 도시=3인칭 여성 단수) 불로(by fire) 살라버릴 것이다."

וּשְׂרָפָהּ 라는 단어의 뜻은 "그리고 그가(3인칭 남성 단수-바벨론왕) 그녀(도시)를 불에 사를 것이라"입니다.

이 단어 안에는 3인칭 남성 단수와 3인칭 여성 단수가 같이 들어 있습니다. 3인칭 여성 단수 הּ는 도시(예루살렘)를 말하는데, "도시"가 여성 명사이기 때문입니다.

다음 예문을 보도록 합니다.

렘 33:15	וְעָשָׂה מִשְׁפָּט וּצְדָקָה בָּאָרֶץ

"그리고 그가 심판과 정의를 그 땅에서 실행할 것이다."

창 33:13	וָמֵתוּ כָּל־הַצֹּאן

양(양떼)

* 여기서 모든 가축떼는 3인칭 복수이므로, 동사도 3인칭 공성 복수(וָמֵתוּ)를 사용했습니다. "그리하여 모든 떼들이 죽게 될 것이다"

레 26:29	וַאֲכַלְתֶּם בְּשַׂר בְּנֵיכֶם וּבְשַׂר בְּנֹתֵיכֶם

129

[죄로 인하여] "그리고 너희들은 네 아들들의 살과 그리고 네 딸들의 살을 먹게 될 것이다." 이 경우 וַאֲכַלְתֶּם을 (그리고 너희들은 먹었다)라고 해석하면 안됩니다.

신 7:16 וְאָכַלְתָּ אֶת־כָּל־הָעַמִּים אֲשֶׁר יְהוָה

관계 대명사 whom

אֱלֹהֶיךָ נֹתֵן לָךְ

נָתַן 분사

"그리고 너희 하나님 여호와께서 너에게 준(נָתַן 분사 given) 그 모든 민족들을(whom the peoples), 네가 먹게 될 것이다(진멸할 것이다)."

* 관계대명사 אֲשֶׁר 이후부터 해석하는 것이 자연스럽습니다.

c. 미 완료 동사에 봐브(and)가 붙은 경우 - 완료로 해석

다음 도표를 잘 보세요. 봐브 연속법의 봐브 + 미완료(주어+동사)는 완료로 해석이 됩니다. 다소 복잡해 보이지만, 앞에 봐브가 붙었고 모음이 길다는 것 하나만 추가된 것입니다!

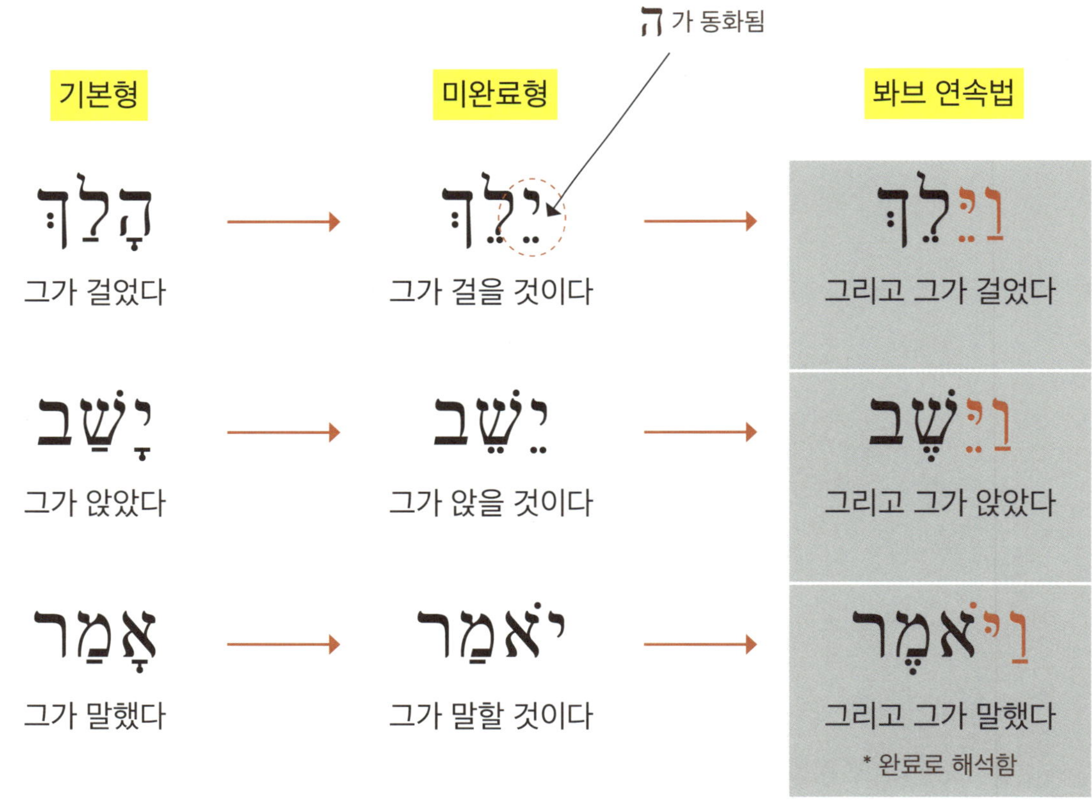

창 25:8   וַיָּמָת אַבְרָהָם

* 여기서 아브라함이 주어이기에, 3인칭 단수의 주체가 되어서, 아브라함이 죽은 것입니다. "그가 아브라함을 죽였다"가 아닙니다.

창 21:21   וַיֵּשֶׁב בְּמִדְבַּר פָּארָן וַתִּקַּח־לוֹ אִמּוֹ

봐브+3/여/단/미완료/לָקַח 취하다

אִשָּׁה מֵאֶרֶץ מִצְרָיִם

"그리고 그가 바란 광야에 앉았다(거주했다). 그리하여 그의 어머니가 그를 위하여 이집트 땅으로부터 아내를 취하였다.

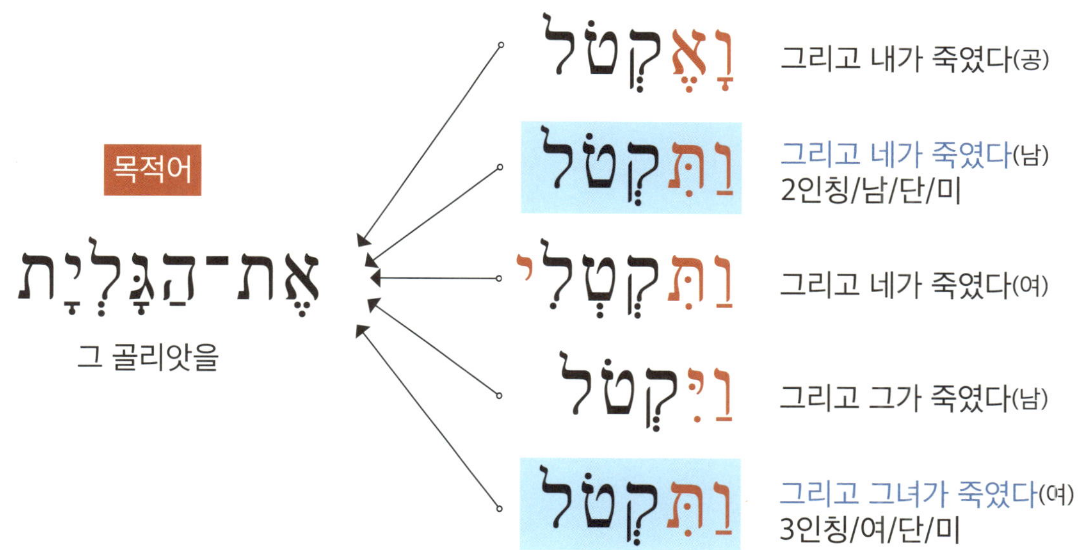

왕상 16:29

וַיִּמְלֹךְ אַחְאָב בֶּן־עָמְרִי עַל־
יִשְׂרָאֵל בְּשֹׁמְרוֹן

"그리고 오므리의 아들 아합이 사마리아에서 이스라엘을 위해 다스렸다."

יִמְלֹךְ to rule (왕-멜렉에서 유래).

왕하 3:6

וַיֵּצֵא הַמֶּלֶךְ יְהוֹרָם בַּיּוֹם הַהוּא
מִשֹּׁמְרוֹן

"그리고 그 여호람왕이 그날에 사마리아에서 나왔다(나갔다)."

렘 33:1

וַיְהִי דְבַר־יְהֹוָה אֶל־יִרְמְיָהוּ שֵׁנִית

"두 번째(second time) שֵׁנִי 그리고 여호와의 말씀이 두 번째 예레미야에게 있었다
(임하였다)."(완료형 문장으로 해석됨).

왕상 1: 11

וַיֹּאמֶר נָתָן אֶל־בַּת־שֶׁבַע אֵם־
שְׁלֹמֹה לֵאמֹר *

לֵאמֹר은 to 부정사이다(to speak).

"그리고 나단이 솔로몬의 어머니 밧세바에게 말했다. 이르기를(to speak)"

렘 33: 19

וַיְהִי דְבַר־יְהֹוָה אֶל־יִרְמְיָהוּ לֵאמֹר

"그리고 여호와의 말씀이 예레미야에게 있었다. 말하길…"

וַיָּמָת יוֹסֵף וְכָל־אֶחָיו וְכֹל הַדּוֹר

127

바브 연속법 + 3인칭 남/단/미완료 מוּת 죽다

הַהוּא

지시 대명사 that

"그리고 요셉이 죽었다 또한 그의 형제도, 그 모든 세대도."

וַיִּתֵּן יְהוָה אֱלֹהֵינוּ בְּיָדֵנוּ גַּם אֶת־

עוֹג מֶלֶךְ־הַבָּשָׁן

וְאֶת־כָּל־עַמּוֹ

"그리고 우리 하나님 여호와께서 또한 우리 손 안에 그 바산왕 옥과
그의 모든 백성을 주셨다."

* 동사 나탄의 경우에는 눈이 사라지면서, 다게쉬포르테는 남겨 줍니다.
눈(נ)이 유드(י)에 동화됨.

다음 도표는 봐브 미완료의 복수 형태입니다. 역시 봐브가 길게 붙은 것을 제외하고는 미완료형과 같습니다.

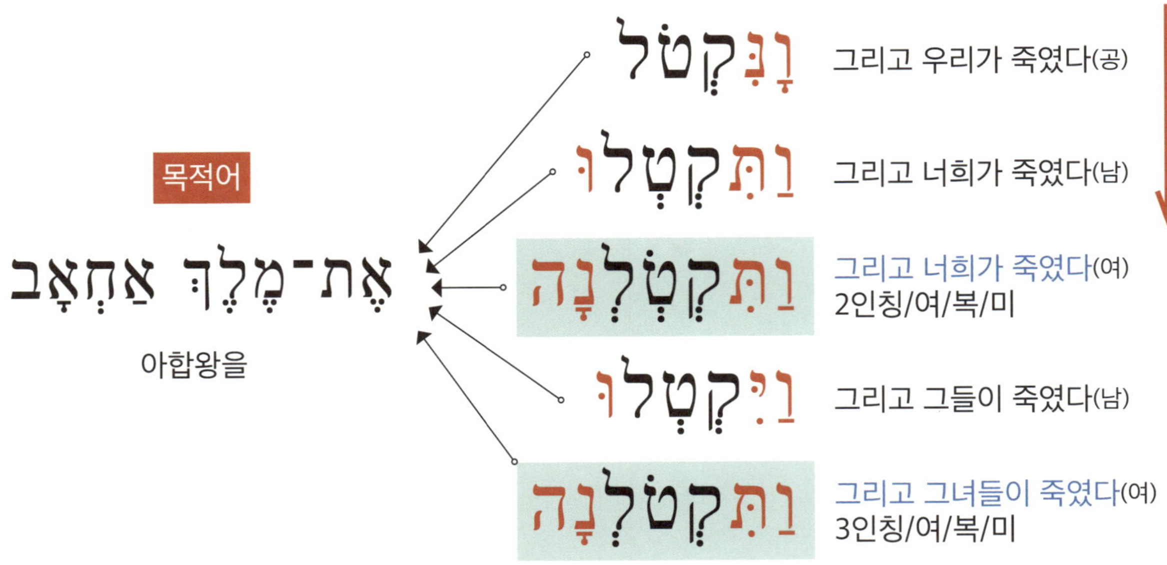

"그리고 그 물들이(3인칭/ 남성/ 복수 명사) 많아졌다. 그리하여 [그 물들이] 그 방주를 들어올렸다."

대상 5:16

"그리하여 그들이 길르앗(안)과 바산(안)에 거주했다."

וַנַּעֲבֹר אֶת־נַחַל זֶרֶד

125　　　152

봐브+ 1/공/복/미완료/ עָבַר 건너다

"그리고 우리가 세렛강(시내)을 건너갔다."

동사 해석 트레이닝

다음 문장에서 바브 + 미완료와 바브 + 완료를 자세히 살피면서, 바르게 해석하세요.

1) 바브 + 미완료 동사는 완료로 해석하고, 2) 바브 +완료 동사는 미완료로 해석하세요!

레 16:1

1 לִפְנֵי־יְהוָה וַיָּמֻתוּ

봐브+ 3/남/복/미완료/ מוּת 죽이다

민 17:12

2 וַיֹּאמְרוּ בְּנֵי יִשְׂרָאֵל אֶל־מֹשֶׁה

봐브+ 3/ 남/ 복/ 미완료/ 말하다

3 렘 34:6

וַיְדַבֵּר* יִרְמְיָהוּ הַנָּבִיא אֶל־צִדְקִיָּהוּ

피엘, 강세형 동사

מֶלֶךְ יְהוּדָה

אֵת כָּל־הַדְּבָרִים הָאֵלֶּה

בִּירוּשָׁלָיִם

4 신 14:26

וְאָכַלְתָּ שָׁם לִפְנֵי יְהוָה אֱלֹהֶיךָ

וְשָׂמַחְתָּ אַתָּה וּבֵיתֶךָ

2/남/단/완료/שָׂמַח 기뻐하다

5 삼상 9:19

וַאֲכַלְתֶּם עִמִּי הַיּוֹם

6 וַיִּקְבְּרוּ אֹתוֹ בְּשֹׁמְרוֹן וַיִּמְלֹךְ

봐브 + 3/ 남성/ 복수/ 미완료/ קָבַר 장사하다

יְהוֹאָחָז בְּנוֹ תַּחְתָּיו

7 וַיֵּשֶׁב בְּבֵית־אֵל

동사 יָשַׁב 에 3인칭 미완료 남성 단수가 생략되면서 다게쉬 포르테 (강음점)에 붙은 것임.   75

8 וַיִּכְתָּב־שָׁם עַל־הָאֲבָנִים

215   122

9 וַיְחַזֵּק*יְהוָה אֶת־לֵב פַּרְעֹה וְלֹא

피엘형 강세동사

שָׁמַע אֲלֵהֶם

출 19:3

10 וּמֹשֶׁה עָלָה אֶל־הָאֱלֹהִים וַיִּקְרָא

144

אֵלָיו יְהֹוָה מִן־הָהָר

겔 2:10

11 וַיֹּאמֶר אֵלַי בֶּן־אָדָם עֲמֹד עַל־

148

עֲמֹד 명령형 2인칭 남, 단

רַגְלֶיךָ

창 20:9

12 וַיִּקְרָא אֲבִימֶלֶךְ לְאַבְרָהָם וַיֹּאמֶר

לוֹ מֶה־עָשִׂיתָ לָּנוּ

동사 עָשָׂה (행하다)

וּמֶה־חָטָאתִי לָךְ

13 וַיִּקַּח אַבְרָם אֶת־שָׂרַי אִשְׁתּוֹ וְאֶת־

3/ 남/ 단/ 바브 연속- 미완료 לָקַח

לוֹט בֶּן־אָחִיו

14 יָצָא מִן־הַמָּקוֹם הַזֶּה לֹא־יָשׁוּב

204   100

שָׁם עוֹד

15 וּפָחַדְתָּ לַיְלָה וְיוֹמָם

142

16 וַיָּקָם בַּלַּיְלָה הוּא

17 וַעֲבַדְתֶּם אֵת יְהוָה

18 וַיִּירְאוּ הָאֲנָשִׁים מְאֹד

160

19 וַיִּשְׂרֹף אֶת־בֵּית־יְהוָה וְאֶת־בֵּית

199

שָׂרַף 봐브+ 3/남/단/ 미완료/ 불지르다

הַמֶּלֶךְ /

וְאֵת כָּל־בָּתֵּי יְרוּשָׁלַיִם

20 וַיְבָרֶךְ אֱלֹהִים אֶת־יִצְחָק בְּנוֹ

축복하다 בָּרַךְ (피엘형)

וַיֵּשֶׁב

75

יִצְחָק עִם־בְּאֵר לַחַי רֹאִי

지명: 브엘라해로이 Beer-lahairoi

21 וַיָּמָת הָרָן עַל־פְּנֵי תֶּרַח אָבִיו

데라   봐브+3/남/단/미완료/ מוּת

בְּאֶרֶץ

22 וַיִּקְרָא מֹשֶׁה אֶל־בְּצַלְאֵל וְאֶל־
אׇהֳלִיאָב וְאֶל כָּל־אִישׁ חֲכַם־לֵב
אֲשֶׁר נָתַן יְהוָה חָכְמָה בְּלִבּוֹ

23 וַיִּשָּׂא־לוֹט אֶת־עֵינָיו וַיַּרְא אֶת־

봐브+3/남/단/ 미완료 רָאָה

봐브+ 3/남/단/미완료/ נָשָׂא

כָּל־כִּכַּר הַיַּרְדֵּן

כִּכָּר 주변을

24 וַיִּשָּׂא אַבְרָהָם אֶת־עֵינָיו וַיַּרְא

25 וְאָכַל הָעוֹף אֶת־בְּשָׂרְךָ מֵעָלֶיךָ

네 위로부터 from you　　בָּשָׂר 육체/고기　　the bird / 새

183

26 יִשָּׂא יְהוָה פָּנָיו אֵלֶיךָ וְיָשֵׂם לְךָ שָׁלוֹם

봐브+3/남/단/ 미완료/ שׂוּם 두다/ to put

27 וַיְבַקְשׁוּ נַעֲרָה יָפָה בְּכֹל גְּבוּל

지경

167

봐브+3/남/복/미완료/ בָּקַשׁ 찾다

יִשְׂרָאֵל

וַיִּמְצְאוּ אֶת־אֲבִישַׁג הַשּׁוּנַמִּית/

수넴 사람　　봐브+ 3/남/복/미완료/ מָצָא 발견하다

וַיָּבִאוּ אֹתָהּ לַמֶּלֶךְ

봐브+ 3/남/복/ 미완료 / בּוֹא 오다

1_레 16:1   여호와 앞에서 그리고 그들이 죽었다.

2_민 17:12   그리고 이스라엘 자손들이 모세를 향하여 말했다.

3_렘 34:6   그리고 그 선지자 예레미야가 유다왕 시드기야에게 이 모든 말들을 예루살렘에서 선포했다.

4_ 신 14:26   그리고 너희 하나님 여호와 앞 그곳에서 너는 먹게 될 것이라. 또한 너와 그리고 너의 집이 기뻐하게 될 것이다.

5_ 삼상 9:19   그리하여 오늘 나와 함께 너희들이 먹게 될 것이다.

6_ 왕하 10:35   그리하여 그들이 그를 사마리아에 장사했다. 그리고 그의 아들 여호아하스가 그의 뒤를 이어(그 뒤로) 다스렸다.

7_ 왕하 17:28   그리고 그가 벧엘에 거주했다.

8_ 수 8:32   그리고 그가 그곳에서 그돌들 위에 기록했다.

9_ 출 9:12   여호와께서 바로의 마음을 강팍하게(하작크의 피엘형 강세 동사) 하셨다. 그리하여 그가 그들을 듣지 않았다.

10_ 출 19:3   그리고 모세가 그 하나님을 향하여 올라갔다. 그리고 여호와께서 그 산으로부터 그를 불렀다.

11_ 겔 2:10   그리고 그가[하나님] 나에게 말씀하셨다.사람의 아들(인자)야, 너의 발로 일어서라!

12_ 창 20:9   그리고 아비멜렉이 아브라함을 불렀다. 그리고 그에게 말했다. "네가 우리를 위해 무슨 일을 한 것이냐?"또한 내가 네게(2/f/s) 무슨 악한 짓을 했느냐? (히브리어에는 가끔 성을 혼용해서 사용하 기도 하는데, 여기서 여성 단수를 사용했지만, 아브라함을 가르킨다).

13_ 창 12:5   그리고 아브람이 그의 아내 사래와 그의 형제의 아들 롯을 취했다(여정을 진행하려고 준비 시킴).

14_ 렘 22:11   그가 이 장소로부터 나갔기에, 그곳으로 다시는 그가 돌아오지 않을 것이다.

15_ 신 28:66   그리하여 너는 밤에도 그리고 낮에도 두려워 할 것이다.

16_ 창 32:22   그리고 그가 그 밤에 일어났다. (여기서 후는 지시 대명사이므로that night로 해석합니다.)

17_ 출 23:25   그리고 너희들은 여호와를 섬길 것이라.

18_ 창 20:8   그리고 그 남자들이 매우 두려워했다.

19_ 왕하 25:9   그리하여 그가 여호와의 집(성전)을, 그리고 그 왕의 집을, 그리고 예루살렘의 모든 집들을 불 살라버렸다.

20_ 창 25:11   그리고 하나님께서 그의(아브라함) 아들 이삭을 크게 축복했다(피엘형). 그리고 이삭은 브엘라해로이에 거주했다.

21_ 창 11:28   그리고 하란은 그의 아버지 데라[가 살던 땅] 그의 면전에서 죽었다.

22_ 출 36:2   그리고 모세가 브살렐과 그리고 오홀리압과 그리고 여호와께서 그의 마음에 지혜를 주신 지혜로운(마음의 지혜가 있는) 모든 남자를 불렀다.

23_ 창 13:10   그리고 롯이 그의 눈을 들었다. 그리고 그 모든 요단 주변을 바라보았다.

24_ 창 22:13   그리고 아브라함이 그의 눈을 들었다. 그리고 그가 바라보았다.

25_ 창 40:19   그리고 그 새가 네 위로부터 너의 몸(육체/고기)을 먹을 것이라.

26_ 민 6:26   여호와께서 그의 얼굴을 네게 드시고, 그리고 네게 평화를 베푸시길.
(이 문장은 축복문이기에, 희구법으로 해석함이 옳습니다).

27_ 왕상 1:3   그리하여 그들이 어여쁜 아가씨를 이스라엘 지경에서 찾았다. 그리곤 그들이 수넴 사람 아비삭을 발견했다. 그리고 그녀를 왕에게 데리고 왔다.

창 35:19

וַתָּמָת רָחֵל וַתִּקָּבֵר

141

"그리하여 라헬은 죽었고, 그리고 그녀는 매장되었다."

여기서 라헬이 3인칭 여성 단수(she)라서, 동사 מוּת 와 קָבַר 에 3인칭 여성 미완료 접두사 ת 가 붙었습니다. 또한 미완료 접두사 ת 가 봐브(and)와 결합하면서, 완료 형태로 번역된 것을 기억하세요.

창 47:15

וְלָמָּה נָמוּת נֶגְדֶּךָ

→ נֶגְדֶּךָ front of you, 당신 앞에서 / 1인칭 /공/ 미완료

"그런데 왜 우리가 당신 앞에서 죽어야 하리까."

다음은 1) 완료와 2) 봐브 연속법 + 미완료가 함께 있는 문장입니다. 아담이 범죄 후에 하나님과 대화하는 장면입니다.

창 3:10

אֶת־קֹלְךָ שָׁמַעְתִּי בַּגָּן וָאִירָא

→ 봐브 + 1인칭/ 공성/ 미완료   יָרֵא 두려워하다   49

"내가 당신의 소리를 그 정원에서 들었습니다. 그러자 나는 두려웠습니다."

수 4:14

וַיִּרְאוּ אֹתוֹ כַּאֲשֶׁר יָרְאוּ אֶת־מֹשֶׁה

→ 3인칭/공성/복/완료 יָרֵא 두려워하다   봐브 + 3인칭/남/복/미완료 יָרֵא 두려워하다

"그리하여 그들이 모세를 두려워한 것처럼, 그를 두려워했다."

출 2:23

1 וַיָּמָת מֶלֶךְ מִצְרַיִם

창 31:10

2 וָאֶשָּׂא עֵינַי וָאֵרֶא בַּחֲלוֹם

135

봐브+1/공/단/미완료　רָאָה　　봐브+ 1/공/단/ 미완료 / נָשָׂא

삼하 3:32

3 וַיִּשָּׂא הַמֶּלֶךְ אֶת־קוֹלוֹ

135

시 27:8

4 אֶת־פָּנֶיךָ יְהוָה אֲבַקֵּשׁ

167　1/공/단/미완료 / בָּקַשׁ

5 וַיִּרָא שָׁאוּל מִלִּפְנֵי דָוִד כִּי־הָיָה

160

봐브 + 3인칭/ 남/ 단/ 미완료 יָרֵא 두려워하다

יְהוָה עִמּוֹ

창 24:64

6 וַתִּשָּׂא רִבְקָה אֶת־עֵינֶיהָ וַתֵּרֶא

봐브+3/여/단/미완료 רָאָה (라아의 ה가 생략됨)   봐브+ 3/여/단/ 미완료 / נָשָׂא

אֶת־יִצְחָק

삼상 4:7

7 וַיִּרְאוּ הַפְּלִשְׁתִּים כִּי אָמְרוּ בָּא

אֱלֹהִים אֶל־הַמַּחֲנֶה

180

וַתֹּאמֶר דְּבֹרָה אֶל־בָּרָק קוּם כִּי

명령형 /2인칭 남/ 단

זֶה הַיּוֹם אֲשֶׁר נָתַן

יְהוָה אֶת־סִיסְרָא בְּיָדֶךָ

렘 29:13

וּבִקַּשְׁתֶּם אֹתִי וּמְצָאתֶם

봐브+2/남/복/미완료 מָצָא　　봐브+2/남/복/ 미완료 בָּקַשׁ

출 2:1

וַיֵּלֶךְ אִישׁ מִבֵּית לֵוִי וַיִּקַּח אֶת־

봐브+3/남/단/ 미완료 לָקַח　　봐브+3/남/단/ 미완료 הָלַךְ

בַּת־לֵוִי

1_ 출 2:23 그리고 이집트 왕은 죽었다.

2_ 창 31:10 그리고 내가 나의 눈을 들었다. 그리고 내가 그 꿈에서 보았다.

3_ 삼하 3:32 그리고 그 왕이 그의 목소리를 높혔다.

4_ 시 27:8 여호와여! 내가 당신의 얼굴을 찾을 것입니다.

5_ 삼상 18:12 그리하여 사울이 다윗의 면전으로부터 두려워 했다. 여호와께서 그와 함께 계셨기 때문에.

6_ 창 24:64 그리고 리브가가 그녀의 눈을 들어올렸다. 그리고 이삭을 바라보았다.

7_ 삼상 4:7 그 블레셋인들이 두려워했다. 왜냐면 그들이 말하길(했다). 하나님이 그 진영(텐트)으로
들어왔기 때문이라고.

8_ 삿 4:14 그리고 드보라가 바락에게 말했다. 일어나라! 여호와께서 시스라를 네 손에 주신 날이
바로 오늘이다.

9_ 렘 29:13 그리하여 너희들이 나를 구할 것이요, 그러면 너희는 찾게 되리라.

10_ 출 2:1 그리고 레위의 집(가문)으로부터 남자가 갔다. 그리고 그가 레위(가문)의 딸을 취했다.

깜놀 그림 카드·1

카드를 뜯어서 사용하세요.

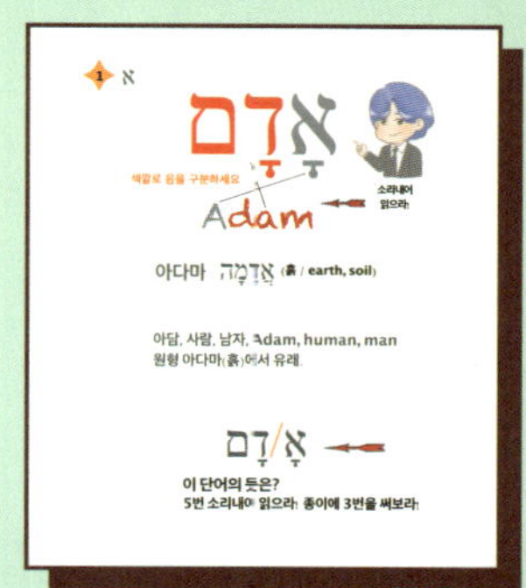

인명·지명 카드 23개 수록

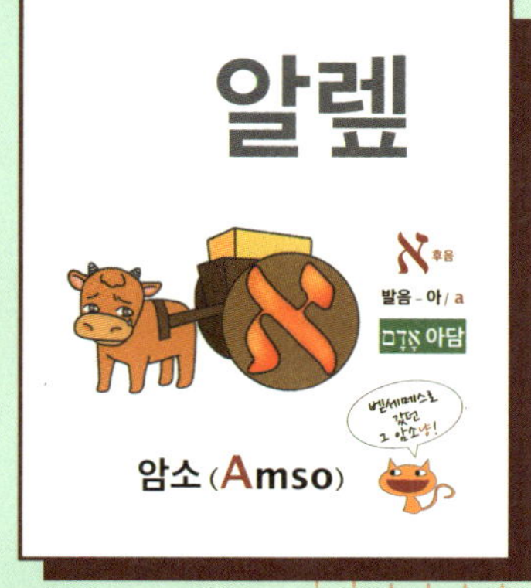

알렢

알파벳 카드 22개 수록

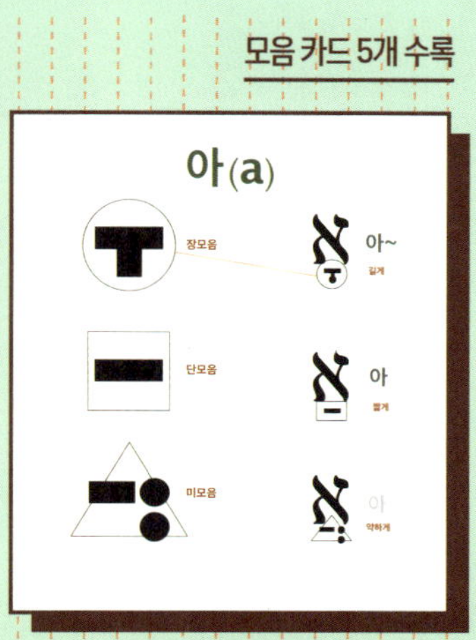

기타 카드 5개 수록

깜놀 그림 카드 270개 수록

- 알파벳 카드 · 모음 카드
- 인명/지명 카드 · 단어 카드
- 기타 카드

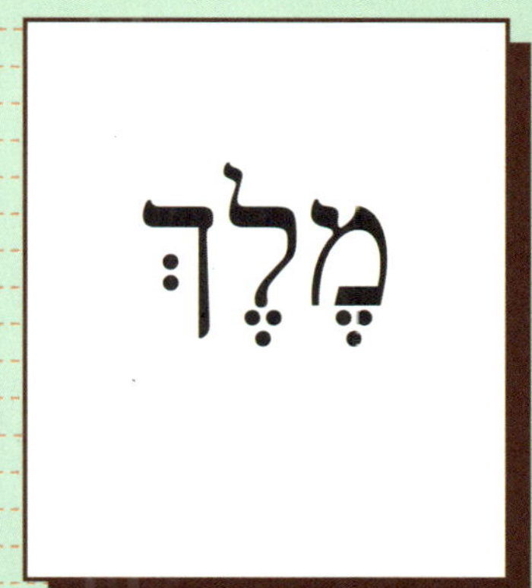

단어 카드 216개 수록

요엘 TV
Tube

The Hebrew Alphabet / 알파벳

봐브 v 발음	헤 h 발음	달렛 d 발음	깃멜 g 발음	베트 b/v 발음	알렙 a 발음
라메드 l 발음	카프 k 발음	유드 y 발음	테트 t 발음	헷트 ḥ 발음	자인 z 발음
어미형 짜디 tz 발음	어미형 페 p/f 발음	아인 a 발음	싸멜 s 발음	어미형 눈 n 발음	어미형 멤 m 발음
	타브 t 발음	신 s 발음	쉰 sh 발음	레쉬 r 발음	쿠프 k, q 발음

알렙

א 후음

발음 – 아 / a

אָדָם 아담

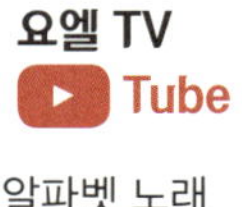

암소 (Amso)

베트

ב

발음 – 바 / b,v

בֵּית-אֵל
베이트 엘 (벧엘)

뱀 (Baem)

이렇게 익히세요!

요엘 TV Tube

알파벳 노래

1. 알파벳 노래로 익히면, 금세 외워진답니다!
2. 각 알파벳이 가진 음 소리(sound)도 알아야 해요.
3. 2~3 사람이 카드를 보여주며 익히세요!
4. 입 소리를 내시고, 귀로 듣고, 눈으로 보고, 손으로 쓰면 일석사조 효과 증폭 (👁 = 👁no! eye only).
5. 히브리어 인명 지명의 뜻을 암기하세요! 이 단어들이 문장에서 재사용됨.
6. 후음 문자(a guttural sound)는 빨간색으로 표기했어요. 후음들이 (ע/ ע /ח /ה /א) 발음에 큰 영향을 주니 익히세요!
7. QR 코드를 찍으면, 저자의 동영상이 나타납니다. 짜잔~

 **2**

 **1**

단어를 알면 문장이 보인다.

깃멜

거북이 (Gubugi)

달렛

돌 고래 (Dol Gorae)

헤

하마 (Hama)

바브

백조 (Vack jo)

단어를 알면 문장이 보인다.

자인

발음-자 / z

זְבוּלֻן
즈불룬/스불론

쥐 (Zwi)

헷트

ח 후음

발음-ㅋ하 / ḥ

חִזְקִיָּהוּ
히즈키야후 / 히스기야

(Ḥack)

테트

ט

발음-타 / t

טוֹב 토브 /
좋은, 선한

투칸 (Tukan)

유드

י

발음-야 / y

יְהוֹשֻׁעַ
예호슈아 / 여호수아

염소 (Yomso)

8
7
10
9

카프

발음-카 / k, ch

칼렙/
갈렙

코끼리 (Kokiri)

라메드

발음-라 / L

라반

라이온 (Lion)

멤

발음-마 / m

모쉐/ 모세

말 (Mal)

눈

발음-나 / n

나탄/ 나단

너구리 (Nuguri)

단어를 알면 문장이 보인다.

싸멜

ס

발음-사 / s

סְדוֹם
스돔 / 소돔

사자 (Saja)

아인

ע 후음

발음-아 / a

עִמָּנוּאֵל
임마누엘

악어 (Ack au)

페

פ

발음-파 / p / f

פַּרְעֹה
파르오 / 바로왕

펭귄 (Penguin)

짜디

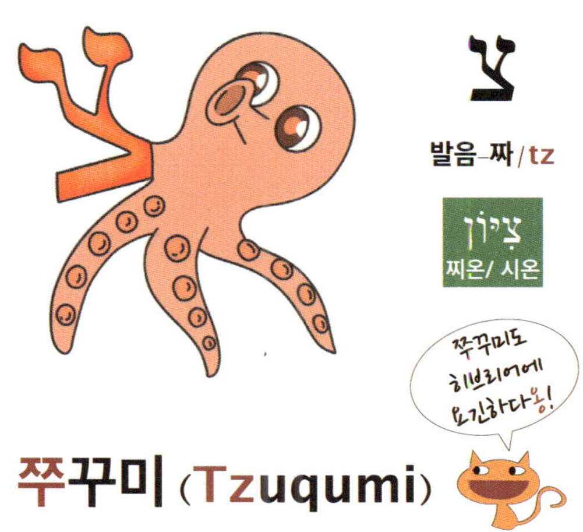

צ

발음-짜 / tz

צִיּוֹן
찌온 / 시온

쭈꾸미 (Tzuqumi)

단어를 알면 문장이 보인다.

쿠프

ק

발음-카 / k

קַיִן
카인 / 가인

캥거루 (**Kanguru**)

레쉬

ר

발음-라 / r

רֹעֶה
로에 / 목자

로봇개 (**Robot Gae**)

쉰 / 신

오른쪽
שׁ

שָׁאוּל
샤울 / 사울

발음-샤 / sh

왼쪽
שׂ

שָׂרָה
사라

발음-사 / s

새 (**Sae**)

타브

ת

발음-타 / t

תָּמָר
타말 / 다말

타조 (**Tajo**)

단어를 알면 문장이 보인다.

아 (a)

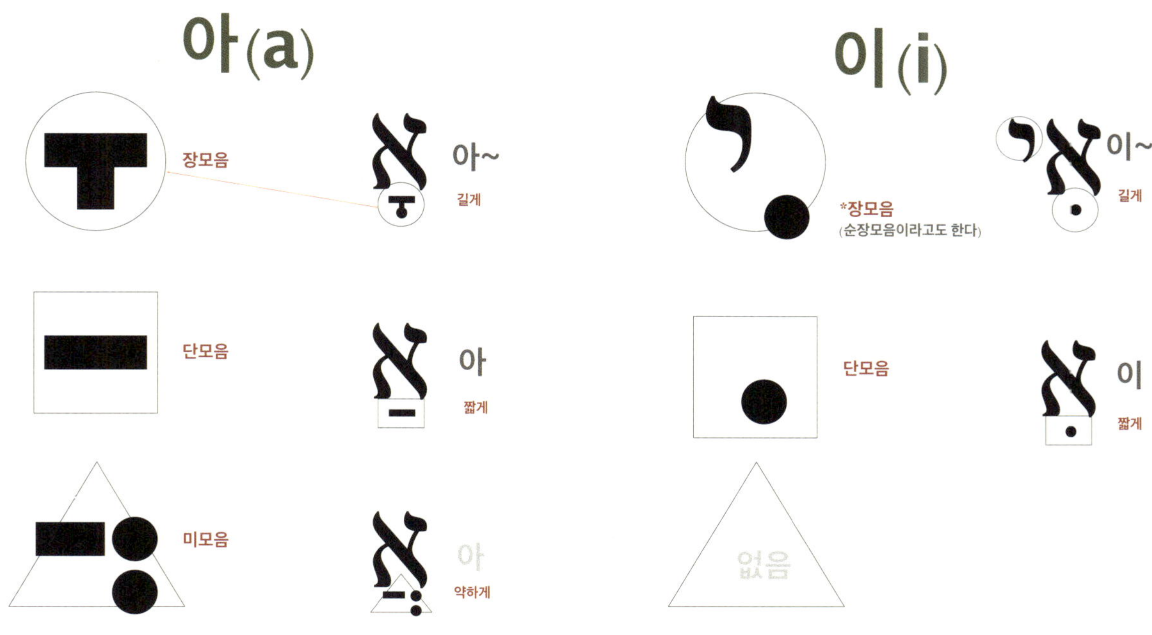

장모음 — 아~ 길게
단모음 — 아 짧게
미모음 — 아 약하게

이 (i)

*장모음 (순장모음이라고도 한다) — 이~ 길게
단모음 — 이 짧게
없음

우 (u)

*장모음 (순장모음이라고도 한다) — 우~ 길게
없음
단모음 — 우 짧게
없음

이름으로 히브리어 읽기 연습하기!

1. 반드시 소리를 내서 읽으세요!
2. 반복해서 읽고, 쓰면서 암송하세요.
3. 사용 빈도수가 높은 이름들을 알면 유용합니다.
4. 셀프 스터디 후 짝을 지어 질문식 공부를 하셔요.
예) ("다니엘의 뜻이 뭐야? 토브의 뜻은 뭐야?).
5. 히브리어 색깔과 영어 음 색깔을 똑같이 표기 함.
   (색을 구분해서 읽으시면 큰 도움이 됩니다).

모음과 인명 · 지명 카드는
동영상 강의가 없습니다.

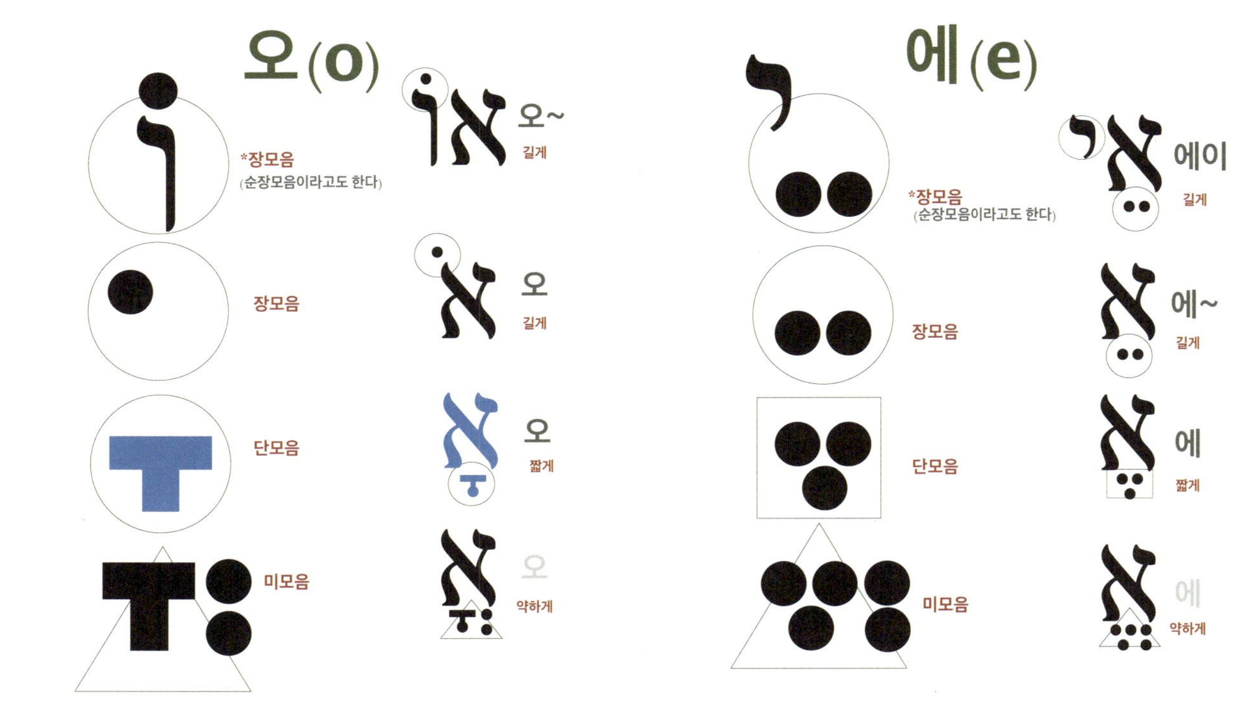

아다마 אֲדָמָה (흙 / earth, soil)

아담, 사람, 남자, Adam, human, man
원형 아다마(흙)에서 유래.

이 단어의 뜻은?
5번 소리내어 읽으라! 종이에 3번을 써보라!

단어를 알면 문장이 보인다.

2 בּ
בֵּית לֶחֶם
색깔로 음을 구분하세요
소리내어 읽으라!
Beit Lehem
레헴 + בֵּית 바이트 לֶחֶם
베들레헴 바이트 (집), 레헴 (빵)
A house of bread (Bethlehem)
בֵּי/ת לֶ/חֶם
이 단어의 뜻은?
5번 소리내어 읽으라! 종이에 3번을 써보라!

4 ד
דָּנִיֵּאל
소리내어 읽으라!
Da ni el
엘 אֵל + 딘 דִּין
(하나님)   (심판하다 to judge)
하나님은 나의 심판 (God is my judge)
דָּ/נִי/אֵל
이 단어의 뜻은?
5번 소리내어 읽으라! 종이에 3번을 써보라!

6 ו
אִישׁ וְאִישָּׁה
소리내어 읽으라!
Yishi ve Yishah
뵈 이솨 וְאִישָּׁה + 이쉬 אִישׁ
그리고, 여자 (아내)   남자 (남편)
woman, wife   man, husband
וְ (and)는 앞뒤 단어를 연결하는 접속사다.
명사뿐만 아니라, 거의 모든 단어 앞에 붙는다.
אִי/שׁ וְ/אִי/שָּׁה
이 단어의 뜻은?
5번 소리내어 읽으라! 종이에 3번을 써보라!

8 ח
חִזְקִיָּה
소리내어 읽으라!
Hiz ki yah
야 יָּה + 히즈키 חִזְקִ
여호와의 축약형   동사 원형: 하자크 חָזַק
강하다 / be strong
여호와는 나의 강함이시다 Yahweh is my strength.
히스기야 Hezekiah
חִ/זְ/קִ/יָּה
이 단어의 뜻은?
5번 소리내어 읽으라! 종이에 3번을 써보라!

*
슈바가 겹 자음 앞에 올 때
그 슈바는 유음이다. 할롤루야가 아닌, 할렐루야로 발음한다.

야 יָהּ + 할랄 הַלֵל

(여호와의 축약형)　(찬양하다 /
　　　　　　　　빛을 비추다 to praise / shine)

여호와를 찬양하라 (Praise the Lord)

הַלְלוּ/יָהּ ←

이 단어의 뜻은?
5번 소리내어 읽으라! 종이에 3번을 써보라!

갈랄 גָּלַל

(구르다, 물결 치다, to roll, wave, wheel)
갈릴리의 히브리어는 갈릴

갈릴리는 "굴러간다"의 원형 갈랄 גָּלַל 에서 옴.

גָּ/לִל ←

이 단어의 뜻은?
5번 소리내어 읽으라! 종이에 3번을 써보라!

토브 טוֹב

좋은 / 선한 / 최고의 (good, best)

טוֹב 는 형용사며, 명사를 꾸며 준다. 예) 이쉬 토브 טוֹב אִישׁ -
좋은 남자, 선한 남자(남편)의 뜻이다. 히브리어 형용사는 명사 뒤에 온다

טוֹב ←

이 단어의 뜻은?
5번 소리내어 읽으라! 종이에 3번을 써보라!

* ז/ ס/ שׁ/ שׂ 등 s / z 음으로 시작하는 단어 앞의 슈바는 묵음이다.
제카르야가 아닌 즈카리야

야 יָהּ + 즈카르 זְכַר

여호와 축약형 Lord +   기억하다 to remember
　　　　　　　　　　 동사 원형: 자칼 זָכַל
여호와께서 기억했다 (Yahweh has remembered)

זְ/כַר/יָהּ ←

이 단어의 뜻은?
5번 소리내어 읽으라! 종이에 3번을 써보라!

단어를 알면 문장이 보인다.

10

Yo na tan

요나단 Jonathan

요 יוֹ + 나단 נָתַן
(여호와 축약형) 동사 원형: נָתַן (주다 to give)
"여호와께서 주셨다" Yahweh has given.

이 단어의 뜻은?
5번 소리내어 읽으라! 종이에 3번을 써보라!

12

La Van

라반 / לָבָן

하얀 (white)

לָבָן 은 야곱의 장인이며, white 의 뜻이다.
레바논 לְבָנוֹן 이 여기서 유래함

이 단어의 뜻은?
5번 소리내어 읽으라! 종이에 3번을 써보라!

14

Na Tan

מַתָּנָה נְתַנְאֵל נָתַן
마타나 네탄엘(나다나엘) 나탄
선물 / gift gift of God 주다 / to give

주다(to give)로서 나단 선지자의 이름이다.

נָתַן

이 단어의 뜻은?
5번 소리내어 읽으라! 종이에 3번을 써보라!

16

YiMaNuel

엘 אֵל + 아누 אָנוּ + 임 עִם
하나님 / God 우리 We 함께 / together
(아나크누 축약형)

3 개의 단어가 합쳐서 명사가 되었다. 하나님이 우리와 함께 계시다(God is with us).

עִמָּנוּ אֵל

이 단어의 뜻은?
5번 소리내어 읽으라! 종이에 3번을 써보라!

מִיכָאֵל

Mi Ka el ← 소리내어 읽으라!

엘 אֵל   케 כְ   미 מִי
하나님 / God   같은 / like   누구 / who

"하나님 같은 자가 누구냐?" who is like God?

מִי / כְ / אֵל ←

이 단어의 뜻은?
5번 소리내어 읽으라! 종이에 3번을 써보라!

כֶּלֶב

Kal lev ← 소리내어 읽으라!

כֶּלֶב   렙 לֵב + 콜 כָּל
(개, dog)   (마음)   (모든 all / whole)

갈렙이 전심을 다하여 주를 따른 것처럼, 모든 마음
(whole heart) 이라는 뜻, 또는 개(dog)라는 뜻

כֶּ / לֶב ←

이 단어의 뜻은?
5번 소리내어 읽으라! 종이에 3번을 써보라!

פֶּסַח

Pe Sach ← 소리내어 읽으라!

유월절 Pesach פֶּסַח
Passover

넘다, 생략하다 " to skip" or "jump"

פֶּ / סַח ←

이 단어의 뜻은?
5번 소리내어 읽으라! 종이에 3번을 써보라!

סֵפֶר

Se Fel ← 소리내어 읽으라!

세펠 סֵפֶר
책: book

세펠에서 유래한 말 בֵּית סֵפֶר   סוֹפְרִים
학교 school (house of book)   서기관들 scribes

סֵ / פֶר ←

이 단어의 뜻은?
5번 소리내어 읽으라! 종이에 3번을 써보라!

단어를 알면 문장이 보인다.

 **18** צ

יָה + צֶדֶק
야 + 쩨덱
여호와 축약형 Lord + 의 righteousness

여호와는 나의 의로우심 "Yahweh is my righteousness"

צִד/קִ/יָה ←

이 단어의 뜻은?
5번 소리내어 읽으라! 종이에 3번을 써보라!

 **20** ר

르우벤 Reuben

רָאָה + בֵּן
벤 + 라아
아들 보다/ 보다의 명령형-르우

뜻 – 보라 아들이다! "behold, a son"

רְאוּ/בֵן ←

이 단어의 뜻은?
5번 소리내어 읽으라! 종이에 3번을 써보라!

 **22** שׂ

사라 שָׂרָה   שַׂר 에서 유래

최고, 통치자, 관료, 대장 /
chief, ruler, official, captain

여장부 woman ruler

שָׂ/רָה ←

이 단어의 뜻은?
5번 소리내어 읽으라! 종이에 3번을 써보라!

깜놀 단어 카드

 인칭대명사	남성	 명	남성 명사
 인칭대명사	여성	 명	여성 명사
 인칭대명사	공성	형	남성 형용사
 전치사	전치사	형	여성 형용사
의문사	의문사	동	동사
 지시대명사	지시 대명사	부	부사
수	여성수사	수	남성수사
접속사	접속사		

각 단어의 품사까지 반드시 기억하세요!

21 שׁ

삼손 **Shim Shon** ← 소리내어 읽으라!

벧 세메쉬　　　　쉐메쉬 שֶׁמֶשׁ

בֵּית־שֶׁמֶשׁ　태양의 집　　태양/ sun

태양, 태양의 남자 sun, man of the sun

שֶׁם/שׁוֹן ←

이 단어의 뜻은?
5번 소리내어 읽으라! 종이에 3번을 써보라!

인칭 대명사

복수 Plural		단수 Single		
우리는 We	אֲנַחְנוּ	나는 I	אֲנִי	1 인칭 공성
너희는 You	אַתֶּם	너는 You	אַתָּה	2 인칭 남
너희는 You	אַתֶּן	너는 You	אַתְּ	2 인칭 여
그들은 They	הֵם	그는 He	הוּא	3 인칭 남
그들은 They	הֵן	그녀는 She	הִיא	3 인칭 여

19 ק

Ka In ← 소리내어 읽으라!

Cain קַיִן / 카나 קָנָה 에서 유래

소유하는, 획득하는 possessing, acquiring

קַ/יִן ←

이 단어의 뜻은?
5번 소리내어 읽으라! 종이에 3번을 써보라!

23 ת

Ta Mar ← 소리내어 읽으라!

다말　타마르 תָּמָר

타마르의 뜻- 종려나무 열매: "date palm"
유다의 며느리로 그리스도의 족보에 올라감

תָּ/מָר ←

이 단어의 뜻은?
5번 소리내어 읽으라! 종이에 3번을 써보라!

단어를 알면 문장이 보인다.

인칭 대명사
1인칭 공성, 단수
אֲנִי
1
나는…,
아니야!
그럼 나면 어떻겠냥?
אֲנִי (아니) 나는 / I, I am
אֲנִי אַבְרָהָם 나는 아브라함입니다
아브라함 아니

인칭 대명사
2인칭 남성, 단수
אַתָּה
2
아 타야지, 네가 먼저~
토다 라바
תּוֹדָה רַבָּה
내 자리 맡아 놨냥!
אַתָּה (아타 atah) 너는 / you
אַתָּה אֱלֹהִים 당신은 하나님이십니다
엘로힘 아타

인칭 대명사
2 인칭 여성, 단수
אַתְּ
3
너는 아트 좋아하는구나!
YOU
날 좋아하면 안되겠냥?
אַתְּ (아트 at) 너는 / you
אַתְּ שָׂרָה 당신은 사라입니다
사라 아트

인칭 대명사
3인칭 남성, 단수
הוּא
4
후~ 불면
날아갈 그분…
그리 약하냥!
הוּא (후 hu) 그는 / he
הוּא אָדָם 그는 아담입니다
아담 후

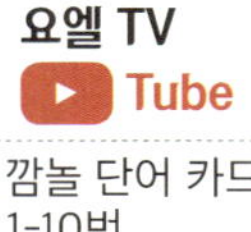
요엘 TV
Tube
깜놀 단어 카드
1-10번

אַתָּה   

הוּא   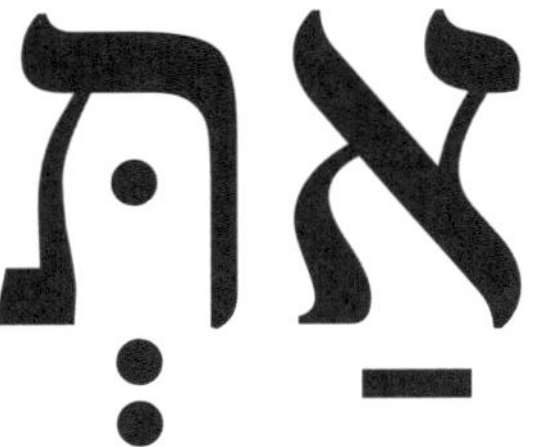

הִיא

히히덕거리며
웃는 **그녀**…,

הִיא (**히** *hi*) 그녀는/ **she**

הִיא שָׂרָה 그녀는 사라였네요!
사라 히

אֲנַחְנוּ

아! 우리는
언제**나 크누**

אֲנַחְנוּ (**아나크누** *anahnu*) 우리/ **we**

우리는 아론과 모세와 미리암이죠!

אֲנַחְנוּ אַהֲרוֹן וּמֹשֶׁה וּמִרְיָם
뵈 미르얌 뵈 모쉐, 아론 아나크누

אַתֶּם

아! 득**템**을 좋아하는
너희…!

אַתֶּם (**아템** *atem*) 너희는/ **you**(m, pl.)

너희는 여호수아와 갈렙과 아간이구나!

אַתֶּם יְהוֹשֻׁעַ וְכָלֵב וְעָכָן
뵈 아칸 뵈 칼렙, 예호슈아 아템

אַתֶּן

아테네 [**아텐**]
여인 같은 **너희들**!

אַתֶּן (**아텐** *aten*) 너희는/ **you**(f, pl.)

너희는 사라, 리브가, 라헬이네!

אַתֶּן שָׂרָה וְרִבְקָה וְרָחֵל
뵈 라헬 뵈 리브카 사라 아텐

הִיא

אֲנַחְנוּ

הֵם

그들은 <u>헴</u>을 좋아해···,

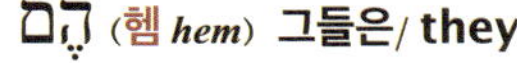

הֵם (헴 hem) 그들은/ they

그들은 나발과 아합왕이네! הֵם נָבָל וּמֶלֶךְ אַחְאָב
아흐압 우 멜렉 나발 헴

הֵן

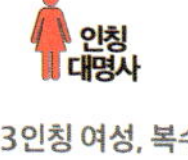

그녀들은 <u>헨</u>델을 좋아해···,

הֵן (헨 hen) 그들은/ they

그들은 미리암과 드보라네! הֵן מִרְיָם וּדְבוֹרָה
우 드보라 미리암 헨

בֵּן

아들은 <u>벤</u>을 타고···,

בֵּן (벤 ben) 아들/ son

בַּת

딸은 <u>밭</u>을 가꾼다

בַּת (밭 bat) 딸/ daughter
뜻: 맹세의 딸 בַּת־שֶׁבַע
밭 쉐바

단어를 알면 문장이 보인다.

 명 · 명 **13** אִשָּׁה · אִישׁ

이쉬~ 하며
인상 쓰는 **남편**

이솨~ 하며
짐 나르는 **아내**

אִישׁ (이쉬 ishi) 남편 / 남자 / husband, man
אִשָּׁה (이솨 isha) 아내 / 여자 / wife, woman

 명 **14** אֱלֹהִים

하나님이 **젤로 힘** 이 쎄!

אֱלֹהִים (엘로힘 elohim) 하나님 / God

명 **15** רוּחַ

바람같은 **성령**…,
룰**루**랄라~ **아흐** 좋아라!

רוּחַ
(루아흐 ruach) 바람, 성령 / Spirit, wind

동 **16** בָּרָא

하나님이 **창조**한 세계를
바라 보라!

בָּרָא (바라 bara) 창조하다 / create
He created

אִישׁ

אִשָּׁה

אֱלֹהִים

רוּחַ

בָּרָא

단어를 알면 문장이 보인다.

שָׁמַיִם

건물 **사마!임** 대료
하늘 같으니…,

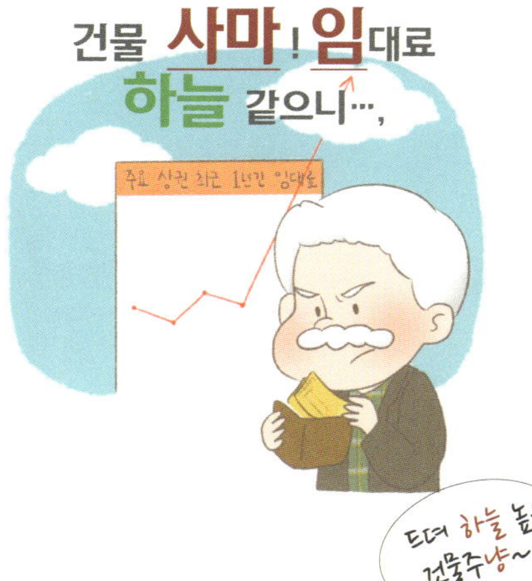

שָׁמַיִם (**샤마임** *shamaim*) 하늘, /
heaven

אֶרֶץ

אֶרֶץ (**에레쯔** *eretz*) 땅/ **land, earth**

ה

정관사는 **하**나야!

ה (**하** *ha*) 그 (정관사)/ **the**

the bread, 그 빵 הֶלֶּחֶם = לֶחֶם+ה
레헴+하

אֵם · אָב

엠뷸런스에 실린 **엄마**
압장 서신 **아빠**…,

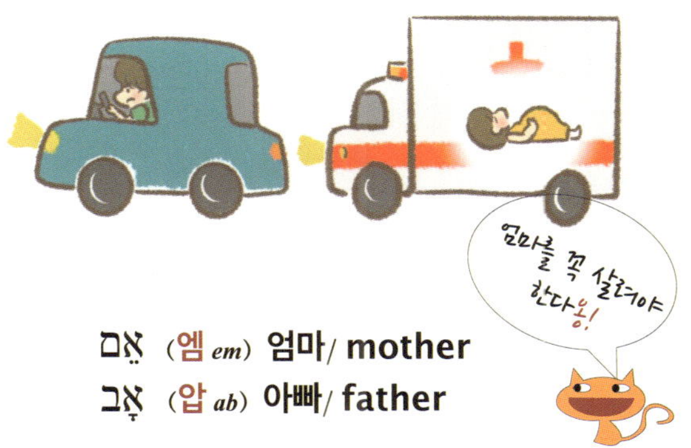

אֵם (**엠** *em*) 엄마/ **mother**
אָב (**압** *ab*) 아빠/ **father**

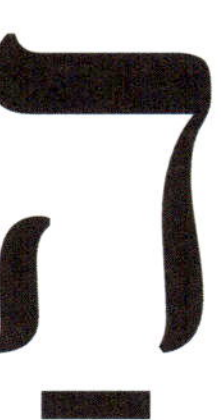

단어를 알면 문장이 보인다.

בֹקֶר טוֹב 21

아침…, **부엌**에서
빵을 **톱**질 한다!

boker *tov*
בֹקֶר טוֹב (보켈 톱) 좋은 아침 /
good morning

명 

בַּיִת 22

바이 투 (buy two)!
집 두 채 사세요!

בַּיִת (바이트 *bait*) 집 / **house**

명 

לֶחֶם 23

베들**레헴**은 **빵** 집!

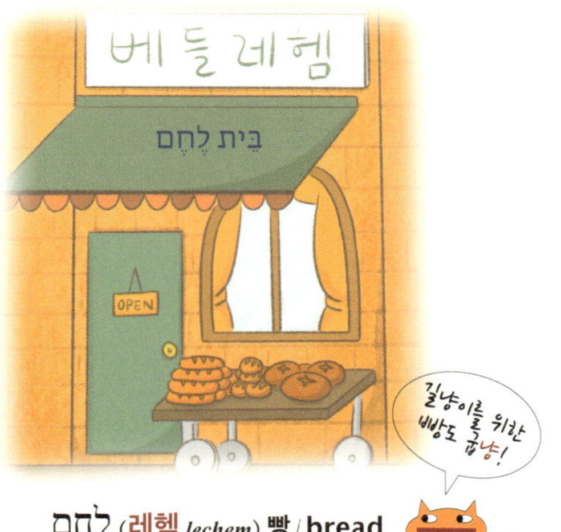

לֶחֶם (레헴 *lechem*) 빵 / **bread**

명 

יוֹם 24

운동회 **날**! 기**욤** 을 토하는 날!

יוֹם (욤 *yom*) 날, 낮 / **day**

בֹּקֶר

טוֹב

בַּיִת

לֶחֶם

יוֹם

단어를 알면 문장이 보인다.

명
25
לַיְלָה
라일락 향기 날리는 밤
교정에서 만나자...,
날 데려가면 안되겠냥!
לַיְלָה (라일라 lailah) 밤 / night
명
26
אֲדָמָה
집 짓기 좋은
아다만 땅
방1 방2
거실
아담한 곳
내 방 기대해도 되겠냥?
אֲדָמָה (아다마 adamah) 땅, 흙 / land, earth
명
27
גַּן
간신히 정원 (Garden)에 들어왔네 !
GARDEN
간디도 들어왔냥!
גַּן (간 gan) 정원, 동산 / garden
명
28
עֵץ
어쭈! 나무 보다 커졌네!
중 2된 거냥~
עֵץ (에쯔 etz) 나무 / tree

깜놀 그림 카드

אֲדָמָה

לַיְלָה

עֵץ

דָּג

단어를 알면 문장이 보인다.

עָפָר

아 **팔**에 **티끌**이 묻었군!

עָפָר (아팔 *afar*) 먼지, 티끌 / dust

חֹשֶׁךְ

호색은 **어둠**을 좋아해

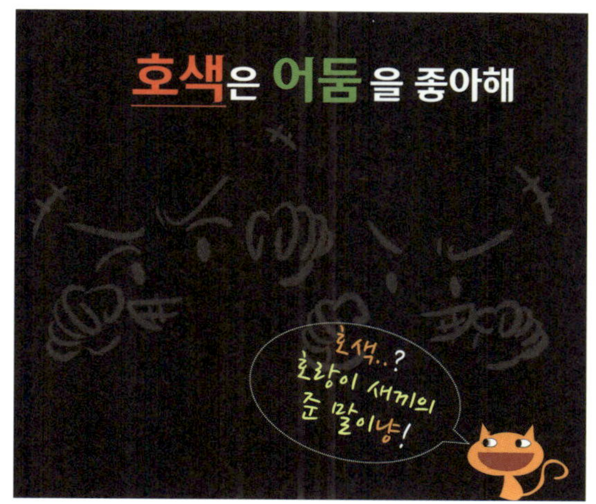

חֹשֶׁךְ (호쉨 *hoshek*) 어둠 / darkness

אוֹר

올바로 인도하는 **빛**!

אוֹר (오르 *or*) 빛 / light

פְּרִי

프리 (free) 하게 **과일** 드슈!

פְּרִי (프리 *pree*) 과일 / fruit

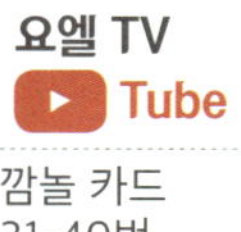

요엘 TV
▶ Tube

깜놀 카드
31-40번

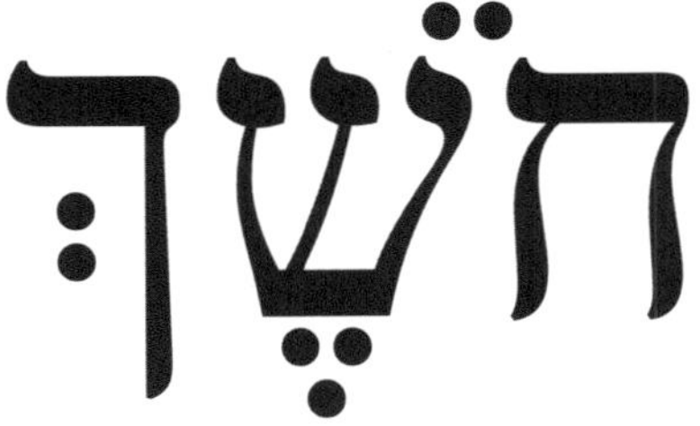

단어를 알면 문장이 보인다.

명
33
מַיִם
물 마이 마셔야 해!
야합에게
마이 줘!
마임
마이동풍이냥!
מַיִם (마임 maim) 물/ waters
מַי (마이 mai) 물/ water (단수)

명
34
מֶלֶךְ
말락 말락한 빵을 좋
아하는 왕!
그래서
빵 굽는
관원장이
죽은 거냥~?
מֶלֶךְ (멜렉 melek) 왕/ king

명
35
יָם
바닷가에서
얌얌 먹는 점심이 최고야!
내 것까지
먹기냥?
יָם (얌 yam) 바다/ 호수/ sea, lake

형
36
טוֹב
톱 클래스의 좋은 학생이
모인 가말리엘 학교
Paul
Gamaliel
School
나도 입학이
가능하냥!
טוֹב (톱 tov) 좋은/ good

טוֹב

형
37
גָּדוֹל
가재가 큰 돌을 굴리네!  
"가돌 가돌!"
흔들흔들~
내가
밀어줄까냥!
גָּדוֹל (가돌 gadol) 큰, 위대한 / big, great
여성 ♀ גְּדוֹלָה (그돌라)

형
38
קָטָן
유카탄 반도는
한반도보다 작다
라쿠카라차
Mexico~
Korea
Yucatan, Mexico
유카탄이
멕시코냥?
קָטָן (카탄 katan) 작은 / small

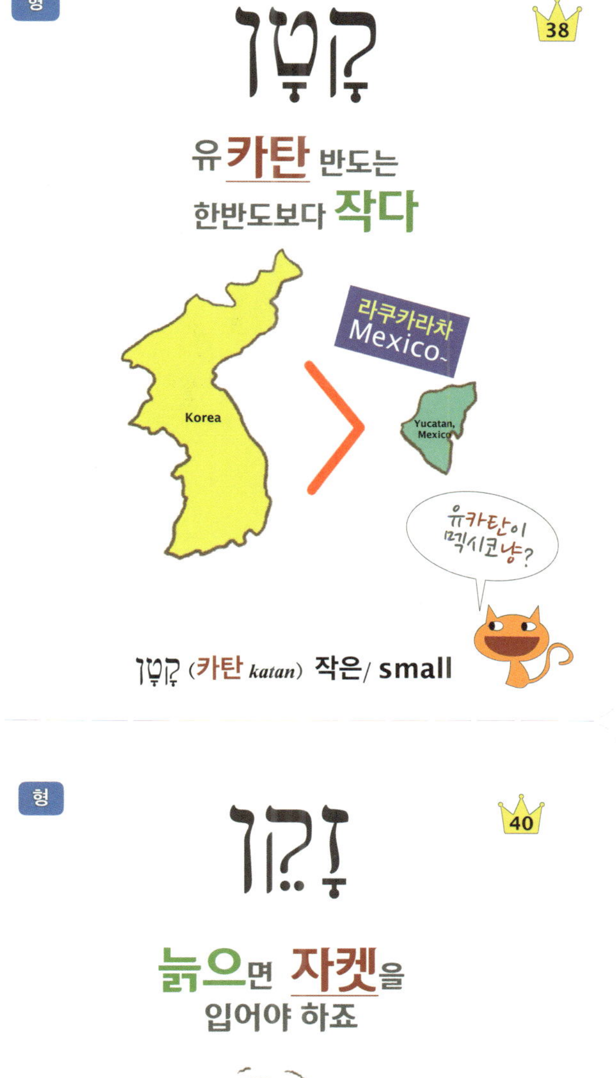

형
39
יָפֶה
사라! 넘 예뻐 (야페) 요!  
그래서
아비멜렉이
사망할 뻔
한 거냥!
יָפֶה (야페 yafeh) 예쁜 / beautiful, pretty
יָפָה 야파 (여성)

형
40
זָקֵן
늙으면 자켓을
입어야 하죠
내 자켓은
없는 거냥?
זָקֵן (자켄 zaken) 늙은 / 늙은이 / old

קָטָן

גָּדוֹל

זָקֵן

יָפֶה

단어를 알면 문장이 보인다.

שֵׁם 41

샘~! 이름이 뭐예요?

שֵׁם (쉠 *shem*) 이름/ name

שְׁמִי שָׂרָה
내 이름은 사라입니다
사라 슈미

נֶפֶשׁ 42

네 펫의 (4 Pets) 영혼이 안녕~!

נֶפֶשׁ (네페쉬 *nefesh*) 영혼, 목숨/ soul

הַר 43

할 수 있거든,
산이 들려 바다에…

הַר (할 *har*) 산 / mountain

סֵפֶר 44

새 책을 펼쳐라! 세펠~

סֵפֶר (세펠 *sefer*) 책 / book

요엘 TV
▶ Tube

단어를 알면 문장이 보인다.

명
45
רֶבֶד
종이
애 배도다
혹시
하갈이 아니냥!
רֶבֶד (에베드 eved) 종/ servant

명
46
נָבִיא
나비처럼 나는
선지자…,
나비라면
내가 아니냥?
נָבִיא (나비 navi) 선지자/ prophet

명
47
כֹּהֵן
코가 핸섬한
제사장
내 코랑
비교할 테냥?
כֹּהֵן (코헨 kohen) 제사장/ Priest

명
48
עִיר
도시엔 일 이 산더미…!
혹시 일산
신 도시냥?
עִיר (일 yir) 도시/ city

깜놀 그림 카드

단어를 알면 문장이 보인다.

כָּל   קוֹל   49

모든 **콜**라를 **소리**없이 마신 그녀!

כָּל (콜 *col*) 모든 / **all**

קוֹל (콜 *kol*) 소리 / **voice**

전차사   עִם   50

임과 **함께** 같이 산다면~

עִם (임 *yim*) 함께 / **together**

אָמַר   51

아~말 해 보세요! 한 **말씀**~

אָמַר (아말 *amar*) 말하다 / **to speak**

הָלַךְ   52

광야를 **할딱** (할라크)거리며 **걸었네**

הָלַךְ (할라크 *halak*) 가다, 걷다 / **to walk**

요엘 TV

▶ Tube

깜놀 카드
51-60번

כֹּל

קוֹל

עִם

הָלַךְ

אָמַר

동
53
자갈에 새긴 유언,
기억해!…
자갈 내용 기억하겠냥!
זכר (자칼 zakar) 기억하다 / to remember

명
54
말씀 한 다발!
그거 돈 다발 아니냥!
דבר (다발 davar) 말씀 / word, thing

부
55
맞다! 켄터키 후라이 치킨!
아! 그 새벽 수탉..
베드로 치킨이냥!
כן (켄 ken) 맞다 / yes

부
56
내로남불
로맨스는 No !
나까지 노 냥!
לא (로 lo) 아니다 / no, not

단어를 알면 문장이 보인다.

נָתַן

57

나단이 눈물 병을
주었다

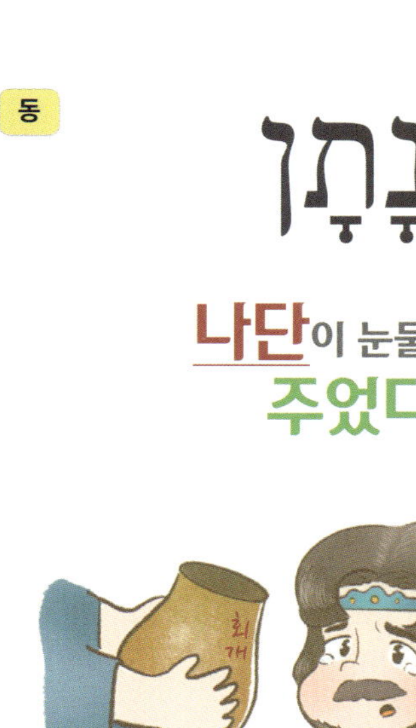

נָתַן （**나단** *natan*） 주다 / **to give**

לֵב

58

랩은 **마음**대로 불러야!

לֵב （**렙** *lev*） 마음 / **heart**

צַדִּיק

59

옷 **짜**서 **데크**에
말려주는 **의인**

צַדִּיק （**짜디크** *tzadik*） 의로운, 의인 /
righteous〔one〕

הֵיכַל

60

헤이! 칼 가져와!
궁전에서

הֵיכַל （**헤이칼** *heikal*） 궁전 / **palace**

נָתַן

לֵב

צַדִּיק

הֵיכָל

단어를 알면 문장이 보인다.

61 עַם

암을 이기는 **백성**이 되자!

עַם (암 *am*) 백성 / people

62 זֶה

이게 제일 좋아!

זֶה (제 *ze*) 이것 / this (m / s)
남성 명사를 지시 할 때 זֶה 를 사용한다.

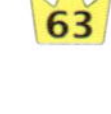

63 זֹאת

난 **이게 조오타**!

זֹאת (조오트 *zot*) 이것 / this (f 여 / s 단)
여성 명사를 지시할 때 זֹאת 를 사용한다.

64 אֵלֶּה

이것들 LA (**엘레**)이서 왔죠!

אֵלֶּה (엘레 *eleh*) 이것들 / these (pl.)
אֵלֶּה 는 복수 지시 대명사로 남성 / 여성에 사용 가능

단어를 알면 문장이 보인다.

부
65
שָׁם
그곳서 **샴**페인 터트려요!
그곳
나랑 터트릴거냥!
שָׁם (샴 sham) 그곳 / there
יְהוָה שָׁמָּה (여호와 샴마) 여호와께서 그곳에 계시다(겔 48:35).

부
66
גַּם
감 또한 맛있다!
감이 오냥
גַּם (감 gam) 또한 / also

형
67
רָם
람보르니기에 값은 높다
비싼 몸이라구~
너만 높냥 나도 높당!
רָם (람 ram) 높은 / high

형
68
רַב
랍스터! 많이 잡혔네!
싼 값에 먹을 수 있는 거냥?
רַב (랍 rav) 많은 / many, much
(히브리어 רַב은 양, 수에 모두 쓰인다)

גַּם

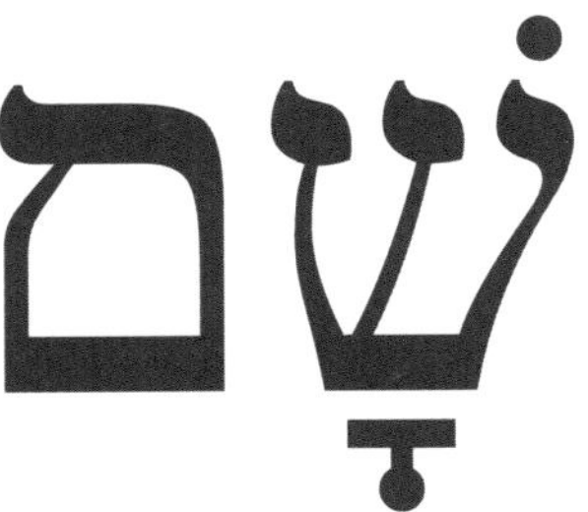
שֵׁם

רַב

רָם

단어를 알면 문장이 보인다.

형 | רָעָה | 69

라아 면은 밤에 **나쁘다!**

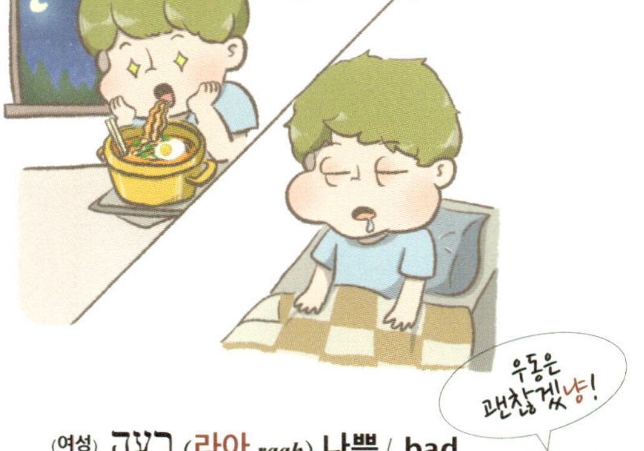

(여성) רָעָה (라아 *raah*) 나쁜 / bad
(남성) רַע

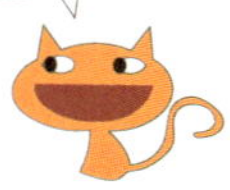

명 | חֶרֶב | 70

헤헤 **헤~랩** 에 **칼**을 싸야 안전!

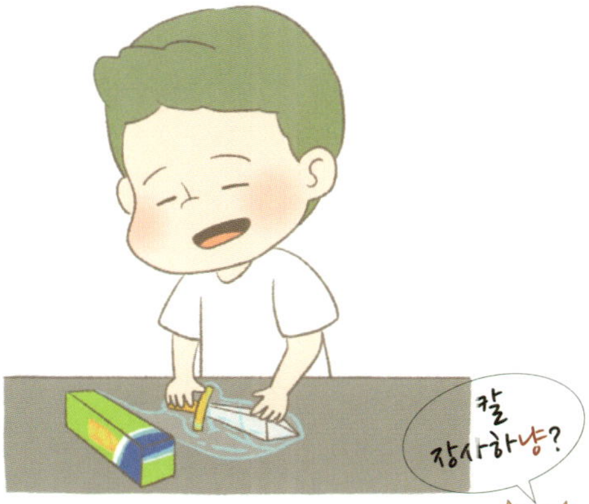

חֶרֶב (헤렙 *herev*) 칼 / sword

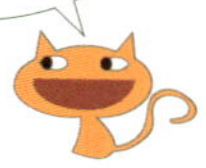

동 | אָכַל | 71

아! 칼이 있어야 **먹지!**

Steak

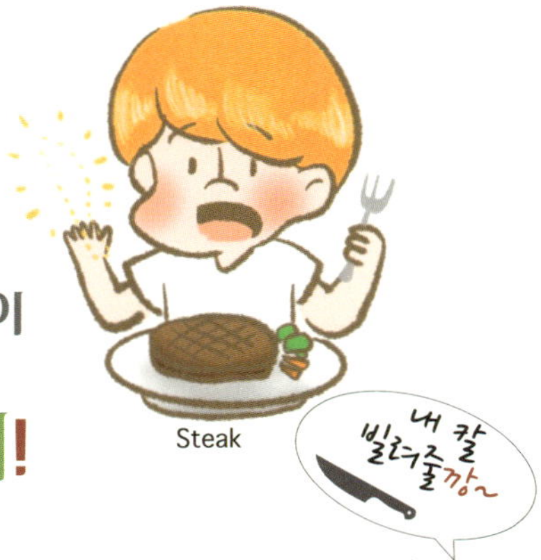

אָכַל (아칼 *akal*) 먹다 / to eat

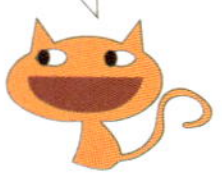

동 | קָרָא | 72

걸 그룹 **카라**가 주를 **부르네**

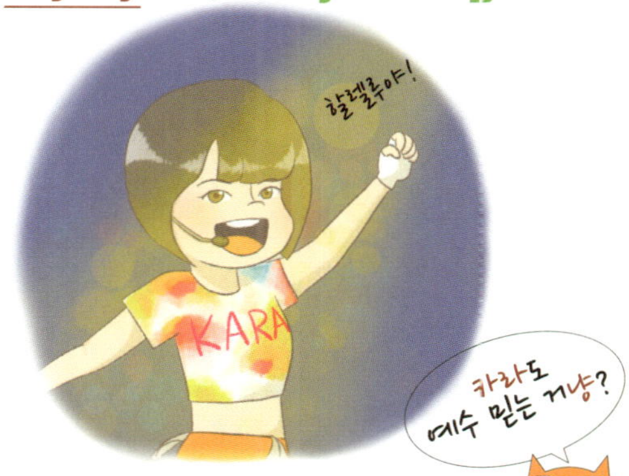

קָרָא (카라 *kara*) 부르다, 부르짖다, 외치다 / call, cry, shout

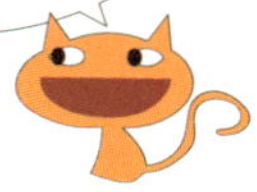

단어를 알면 문장이 보인다.

동
73
בָּא
자~ 밥이 왔다…., 바아~ 압
내 밥도 가져왔냥!
בָּא (바아 ba) 오다/ to come

동
74
עָשָׂה
아사 하기 전에, 만들자
לֶחֶם
내 빵은 안 만들어도 되냥!
עָשָׂה (아사 yasa) 만들다/to make

동
75
יָשַׁב
야 삽질 해~ 앉아 있지 말고…,
쉬는 게 그리 좋으냥!
יָשַׁב (야샵 yashav) 앉다/ to sit down, dwell

동
76
הָיָה
백지장처럼 하야 케 되다니..,
깜놀 히브리어 때문이냥…!
הָיָה (하야 haya) 되다 / was, to be

עָשָׂה

단어를 알면 문장이 보인다.

שָׁמַר

77

샤마리아 성을 **지키는**
아합왕!

שָׁמַר (**샤마르** *shamar*) 지키다/ to keep

78

דָּג

닥 받아!   잉~ 히브리어론
생선인데!

דָּג (**닥** *dag*) 생선/ fish

בָּנָה

79

나봇이 **바나 나** 농장을
세웠으면, 살았을 텐데…

בָּנָה (**바나** *bana*) 세우다/ to build

מָצָא

80

셜록 홈스!
마차에서 보물 **발견**함!

מָצָא (**마짜** *matza*) 발견하다 / to find

דָּג

מָצָא

단어를 알면 문장이 보인다.

כָּבוֹד

81

무거운~
키보드로 **영광**을…!

כָּבוֹד (카보드 *kavod*) 영광, 무거움 / glory, heaviness

רֹאשׁ

82

머리의 달인 **로쉬**니의
세빌리야 이발사

רֹאשׁ (로쉬 *rosh*) 머리 / head

חָכְמָה

83

세상 **지혜**에
혹하지 마!

세 속

חָכְמָה (호크마 *hokmah*) 지혜 / wise

חָכָם

84

지혜자가 사라지면
하늘이 **캄**캄해진다!

חָכָם (하캄 *hakam*) 지혜자 / the wise

요엘 TV
▶ Tube

깜놀 단어 카드
81-90번

רֹאשׁ   כָּבוֹד

חָכָם   חָכְמָה

단어를 알면 문장이 보인다.

 전치사  85

לִפְנֵי

얼굴 쫙 <u>리프트</u> 해봐! 내 **앞에서**

לִפְנֵי (리프네 *lifne*) **앞에서** / before
לִפְנֵי אֱלֹהִים 하나님 앞에서
엘로힘 리프네

 전치사   86

מִן

구약이 어려우면
민수기**부터** (from)!

מִן
(민 *min*) ~**부터** / from, compared to

 전치사   87

עַל

닭이 지붕 **위에** 알을…?

עַל (알 *al*) **위에** / 위하여, 대하여
upon, over, for, against

 명   88

שֻׁלְחָן

<u>술탄</u> 왕이 **책상**에서 잠꼬대!

שֻׁלְחָן
(슐칸 *shulchan*) 상, 책상 / table

깜놀 그림 카드

מִן

לִפְנֵי

שֻׁלְחָן

עַל

단어를 알면 문장이 보인다.

עַד

아득한 곳**까지** 주 따르리!

89

עַד （아드 *ad*） ~까지 / until

부
90

פֹּה

여기(here) 가 **포**항이죠!

פֹּה （포 *poh*） 여기 / here is

명
91

יַיִן

와인은
히브리어 **야인**에서 옴…,

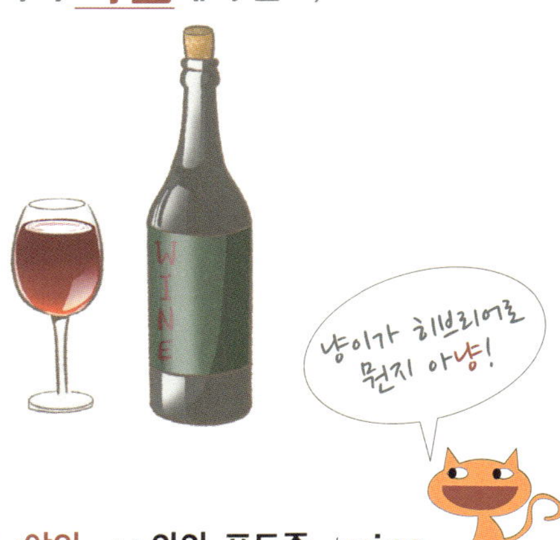

יַיִן （야인 *yain*） 와인(포도주) / wine

동
92

יָלַד

라헬이 **얼라**를 **드**려 **낳음**!

יָלַד （얄라드 *yalad*） 낳다 / to bear

요엘 TV

▶ Tube

깜놀 단어 카드
91-100번

פֶּה

עֵד

מֶלֶךְ

יַיִן

단어를 알면 문장이 보인다.

93

옐로우와 레드를 받은 소년

יֶלֶד (옐레드 *yeled*) 소년, 아이 / **boy**

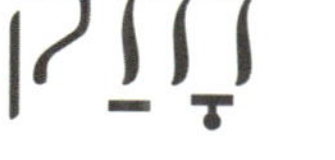
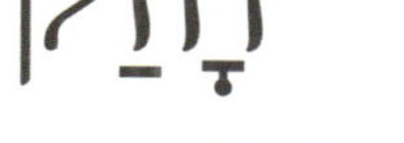

94

강하게 사탄을 아작 내라!

חָזַק (하작크 *hazak*) 강하게 하다 /
to strengthen

נָחָשׁ

95

나 **하**마터면
쉬할 뻔했어,
뱀 땜에…

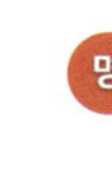

נָחָשׁ (나하쉬 *nahash*) 뱀 / **snake**

נָשִׁים

96

나 쉼을 갖고 싶어~
여자들이니까…,

נָשִׁים (나쉼 *nashim*) 여자들 / **women**
אִישָׁה (이솨) 아내 / 여자 / wife, woman 의 복수

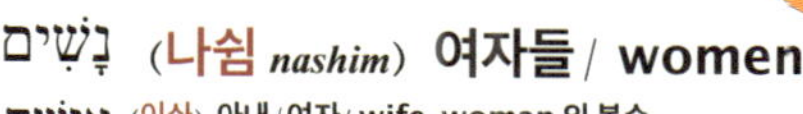

단어를 알면 문장이 보인다.

אֲנָשִׁים

선글라스 남자들 아시나요? (아나심)

אֲנָשִׁים *anashim*
(아나쉼) 남자들/사람들 men, people
אִישׁ (이쉬) 남편/남자/ husband, man의 복수

אָבוֹת

아버지들이 아! 보트에 탔네~

אָבוֹת (아보트) 아버지들/조상/ fathers
אָב (압/ 아버지의 복수 *avot*)

אַחִים

아 힘이 센 형제들이군!

אַחִים
(아힘 *achim*) 형제들/ brothers
אָח 형제/ brother의 복수

יָצָא

야 짜다! 걍 나가자

יָצָא (야짜 *yatza*) 나가다/ he went out,
departed

אֲנָשִׁים

אָבוֹת

אַחִים

יָצָא

단어를 알면 문장이 보인다.

동
101

빈대 내 보내다
초가집 살랐다!
속상하냥!
שָׁלַח (샬라 *shalach*) 보내다/ to send

동
102

따끈한 숩
만들었으니…, 돌아오렴!
탕자
야곱 레서피냥?
soup
שׁוּב (숩 *shub*) 돌아오다/ to return

명
103

삼손 형님! 꿀 드셔봤수~
젖과 꿀이 흐르는
동네 사는 거 모르냥…!
דְּבַשׁ (드바쉬 *dvash*) 꿀/ honey

명
104

할라브
할아버지가 좋아하는 우유
MILK
할-money가
좋아하는 건
돈이냥!
חָלָב (할라브 *halav*) 우유/ milk

요엘 TV
Tube

깜놀 단어 카드
101-110번

שָׁלַח   שׁוּב

חָלָב   דְּבַשׁ

단어를 알면 문장이 보인다.

יֵשׁ
105

예쉬바에는 랍비가 **있다**
[유대인 종교학교]

יֵשׁ (예쉬 *yesh*) 있다/ there is there are

אֵין
106

애인 / **없는 건**
경제적 !

אֵין *ein*
(에인) ~없다/ there is(are) no/ nothing
내게는 집이 없습니다　אֵין לִי בַּיִת (예)

דֶּרֶךְ
107

길 나쁘니 **드룩** 드룩!

דֶּרֶךְ (데렉 *derek*) 길/ road

כֶּסֶף
108

돈 위해 **은**을 **캐세**…!

כֶּסֶף (케셒 *kesef*) 돈, 은/ money, silver

단어를 알면 문장이 보인다.

 형

חָדָשׁ

하다 쉬면…,
새롭게 해야!

 109

חָדָשׁ **(하다쉬** *hadash*) 새로운/ new

명

יָמִין

오른손이 **예민**하네요!

 110

יָמִין
(야민 *yamin*) 오른쪽/ right side

 의문사

לָמָה

엘리 엘리 **라마** 라마 사박다니!
어찌하여(why) 버리셨나이까!

 111

לָמָה **(라마** *lamah*) 왜, 어찌하여/ why

 의문사

מָה

마술이 **뭐냐(what)?**

 112

מָה **(마** *ma*) 무엇/ what

요엘 TV
▶ Tube

깜놀 카드
111-120번

יָמִין

מָה

단어를 알면 문장이 보인다.

의문사
113
מִי
저 까만
미녀는 누굴까?
아가서에
나오는
술람미냥?
מִי (미 mi) 누구 / who

부
114
אַל
공룡 알은 후라이가 안 돼요!
Dinosaur Egg
할 수 없거든이
무슨 말이냥!
אַל (알 al) 아니다 / no, not

명
115
בַּעַל
와인 마신 후
바알(빨)게진 남편
홀짝 혼자
마시기냥!
בַּעַל
(바알 baal) 남편, 바알 / husband, Baal

명
116
עַיִן
이 아인 …, 눈이 보석 같네!
내 눈과
비교 되냥!
עַיִן (아인 ain) 눈 / eye

אֵל   מִי

עַיִן   בַּעַל

단어를 알면 문장이 보인다.

명
117
פֶּה
페는 입 과 연결됨!
냥이도 똑같지 않겠냥!
פֶּה (페 peh) 입 / mouth

명
118
יָד
얏!, 손으로 때리지 마!
그 손 치우지 않겠냥!
יָד (야드 yad) 손 / hand

명
119
אַהֲבָה
아 해봐, 사랑니 났네!
내 송곳니 본 적 있냥!
אַהֲבָה (아하바 ahavah) 사랑 / love

동
120
יָדַע
야다 안 치지 마요! 알아요!
예쁜 딸 사랑해야 하지 않냥!
יָדַע (야다 yada) 알다 / to know (he knew)

단어를 알면 문장이 보인다.

명

שָׁנָה

121

해마다 **사냐** 안 사냐 싸운다

שָׁנָה (샤나 *shanah*) 해, 년 / year

동

כָּתַב

122

커트
Cut 붓, 붓 잘라 **쓴다**

כָּתַב (카타브 *katav*) 쓰다 / to write
He wrote

명

גִּבּוֹר

123

용사는 **귓볼**이 큼직하다!

גִּבּוֹר (깃볼 *gibor*) 용사 / warrior

명

חֶסֶד

124

해는 **새드**(sad) 하지 않아요.
인자함을 비추죠!

חֶסֶד (헤세드 *chesed*) 인자, 자비 / kindness

요엘 TV
▶ Tube
깜놀 단어 카드
121-130번

כָּתַב

שָׁנָה

חֶסֶד

גִּבּוֹר

단어를 알면 문장이 보인다.

נַחַל

125

나 수영 할래! 요단 강에서

נַחַל
(나할 *nachal*) 강, 시내 / River, Stream

בָּטַח

126

배 타라는 노아의 말 믿어야 하나?

בָּטַח
(바타흐 *batach*) 믿다 / trust

דּוֹר

127

돌 마다 세대가 있다.

דּוֹר
(돌 *dor*) 세대, 시대 / generation, era

כְּמוֹ

128

ㅋㅋ ㅋ…, 모지?
스모같아 …,

כְּמוֹ (크모 *kmo*) ~ 같은 / as like

בֶּטַח

단어를 알면 문장이 보인다.

고기는 바싹 구워야 해요!

בָּשָׂר （바쌀 *basar*） 고기, 육체 / **flesh, meat**

헤롯은 까탈스러워 죽었다

קָטַל （카탈 *katal*） 죽이다 / **to kill**

욘 샤마에 대해 들었냐 ?

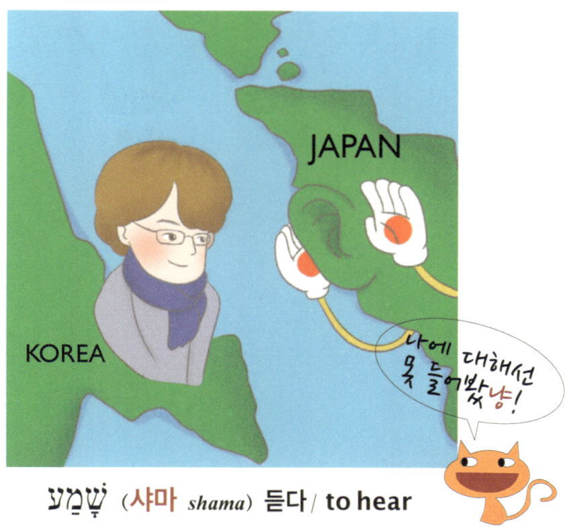

שָׁמַע （샤마 *shama*） 듣다 / **to hear**

야! 쏴지는 말고 구원해줘!

יָשַׁע （야쏴 *yasha*） 구원하다 / **to save, to rescue**

요엘 TV
▶ Tube

깜놀 카드
131-140번

קָטַל

רָשַׁע

שָׁמַע

עָזַב

아 잡지 못해 그 남잔 **떠났네**!

עָזַב (아잡 *azav*) 떠나다 / to leave

מִצְרַיִם

이집트 **미**녀가 **짜**준 **라임** 주스

מִצְרַיִם (미쯔라임 *mitzraim*) 이집트 / Egypt

נָשָׂא

나사를 **들어올려라**!

נָשָׂא (나사 *nasa*) 들어올리다 / lift up

קוּם

달리다**쿰** 소녀가 **일어났다**!

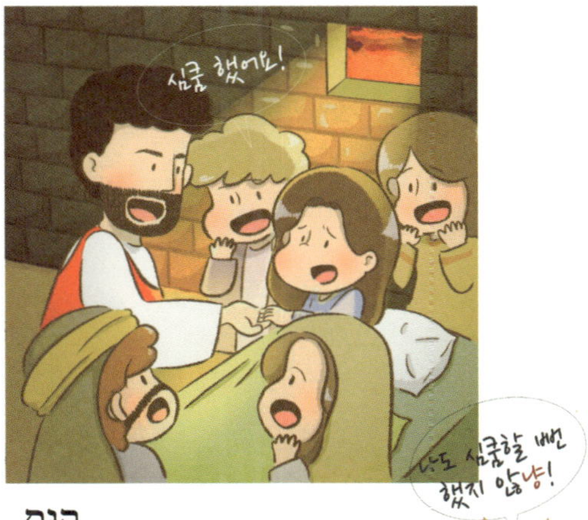

קוּם (쿰 *kum*) 일어나다 / to arise, stand up

עָזַב

מִצְרַיִם

קוּם

נָשָׂא

단어를 알면 문장이 보인다.

לָקַח

137

알라스**카**를 **가졌다**.

לָקַח (라카 *lahach*) **가지다, 취하다** / to take, grasp

אֶתְמוֹל

138

어제, 물감 사러
Art Mall 에 갔다…

אֶתְמוֹל (에트몰 *etmol*) **어제** / yesterday

גֶּשֶׁם

139

비가 오면 **게**도 **쉰**다.

גֶּשֶׁם (게쉠 *geshem*) **비** / rain

אֶמֶת

140

제사장은
진리에 **애매**한 **트**집을 잡는다

אֶמֶת (에메트 *emet*) **진리** / truth

단어를 알면 문장이 보인다.

동

מוּת

141

מוּת (무트 *mut*) 죽다 / to die
מָוֶת (마뷀 *mavet*) 죽음 / death(명)

동

פַּחַד

 142

파하도 물 없으니 두렵다!

פַּחַד (파하드 *pahad*) 두려워하다 / to scary

명

אֵשׁ

143

 불은 에쉬(ash 재)를 남긴다.

אֵשׁ (에쉬 *esh*) 불 / fire

동

עָלָה

 144

알라딘 연기가
하늘로 올라갔다!

עָלָה (알라*alah*) 올라가다 / to go up

요엘 TV

Tube

פַּחַד   מות

עָלָה   אֵשׁ

단어를 알면 문장이 보인다.

명
145
תּוֹרָה
토라율법 읽고 토라지지 마!
율법이 토라지게 하냥?
תּוֹרָה (토라 torah) 율법, 모세오경 / law, Pentateuch

관계대명사
146
אֲשֶׁר
아쉘
히브리어에 관계 대명사 있는 걸 몰랐냥!
관계 대명사절   주 동사   관계 대명사   주어
הַיֶּלֶד אֲשֶׁר נָתַן אֶת־לֶחֶם אֶל־יֵשׁוּעַ
to Jesus   a bread   he gave   who   the boy
예수님께   빵을   준 (그가 했다),   관.대   그 소년
The boy WHO gave a bread to Jesus.

명
147
אָדוֹן
아둔한 주인
지혜가 그리 없냥!
אָדוֹן (아돈 adon) 주인, 주 / master, lord

동
148
עָמַד
아마 두부 먹으려 일어났겠지…?
내 아침 두부 없냥!
עָמַד (아마드 amad) 일어서다 / to stand up

תּוֹרָה

עָמַד

אָדוֹן

단어를 알면 문장이 보인다.

רָאָה (라아 raah) 보다 / to see

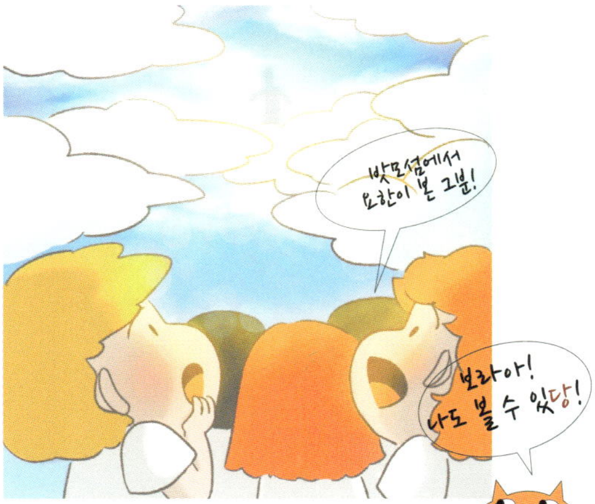

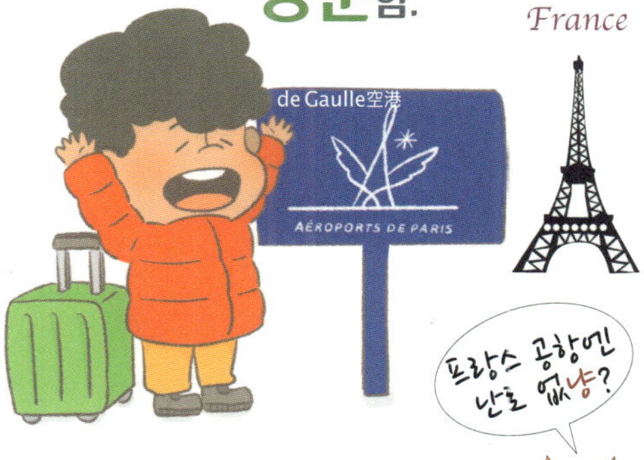

פָּקַד (파카드 pakad) / 방문하다, 돌보다
to visit, to attend to

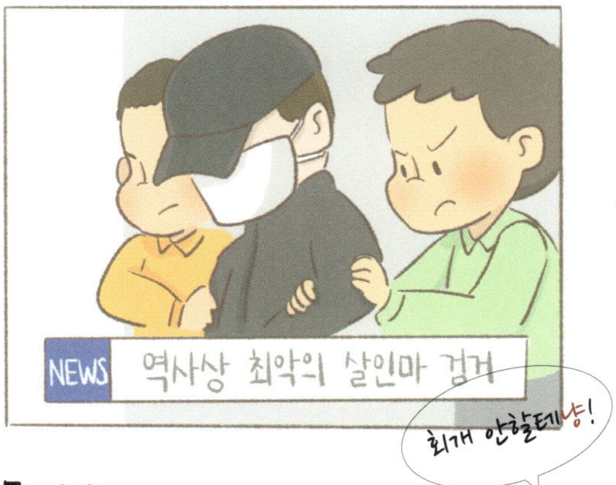

חָטָא (하타 hata) 죄를 짓다 / sin, commit a mistake
(명) חַטָּאה (하타아) 죄 / sin, 속죄 제물 (sin offering)

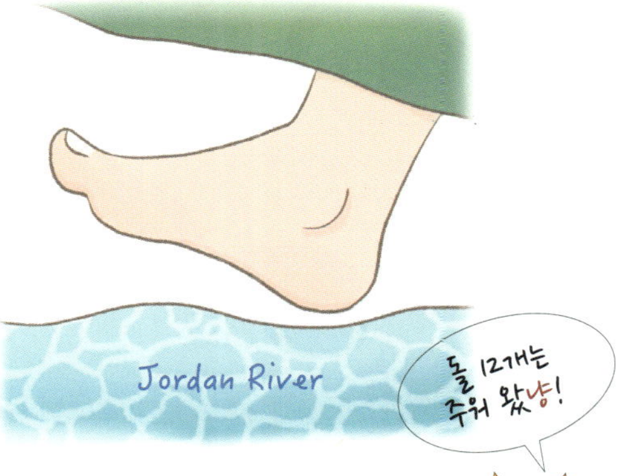

עָבַר (아발 avar) 건너다 / pass through

요엘 TV
▶ Tube

깜놀 카드
151-160번

פָּקַד

단어를 알면 문장이 보인다.

 명 | 153

מִשְׁפָּחָה

미스 파나마 가족이죠!

מִשְׁפָּחָה
(미스파하 mispachah) 가족 / family

 명 | 154

עוֹלָם

올라 가면 세상이 보인다!

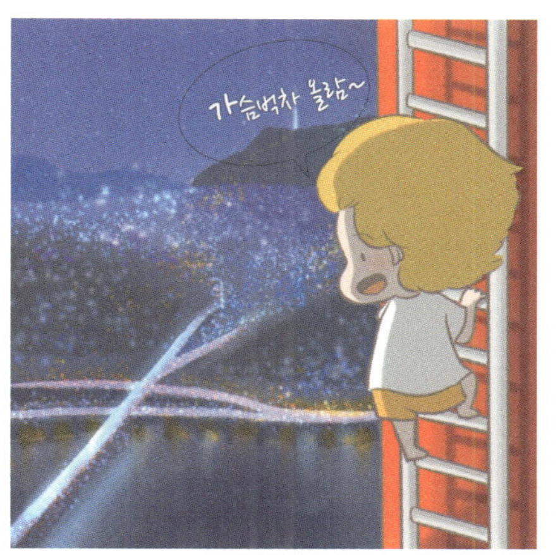

עוֹלָם (올람 olam) 세상 / world

 명 | 155

דַּם

담에 피가 묻었네!
유월절인가?

דַּם (담 dam) 피 / blood

 명 | 156

בְּרִית

언약을 부러트
(브리트)릴 수 없다!

בְּרִית (브리트 brit) 언약 / covenant

מִשְׁפָּחָה

עוֹלָם

דָּם

בְּרִית

단어를 알면 문장이 보인다.

동
157
저리 가라~쉬!
쫓아내다
그리 궁훌이 없냥!
גָּרַשׁ (가라쉬 garash) 쫓아내다 / drive out
동
158
하바드에 가려면
열심히 일해야 해!
하버드!!
꼭 하버드만 가야겠냥!
עָבַד (아바드 avad) 일하다 / to work
동
159
아! 바둑 시합서 폭망
너만 망해봤겠냥!
אָבַד (아바드 avad) 망하다 / to perish
동
160
야래(夜来) 밤이 오는 게 두렵다…!
함께서 읽으면 확 깨지 않겠냥!
יָרֵא (야레 yare) 두려워하다 / to fear

단어를 알면 문장이 보인다.

요엘 TV
▶ Tube

깔놀 카드
161-170번

מָגֵן

כָּנָף

שָׁלוֹם

יָבֵשׁ

약해 **바**스러지기 **쉬**운,
마른 갈대도 꺾지 않는…,

יָבֵשׁ 동사
יָבֵשׁ (야바쉬 *yabash*) 마른 / dry up

פַר

수소는 **팔팔**하다!

פַר (팔 *par*) 수소 / young bull
פָרָה (파라 *para*) 암소 / cow

בָּקַשׁ

박카스를…, **구하라**!

בָּקַשׁ (박카쉬 *bakash*) 구하다, 찾다 / to seek

זֶרַע

씨를 **재라** 하지 않았다!

זֶרַע (제라 *zera*) 씨, 자손 / Seed, descendant

단어를 알면 문장이 보인다.

חֹק

훅크 선장은 …, **규칙**을 안 지킴!

חֹק (훅크 *hok*) 규칙, 규례 / regulation

חֲצִי

절반이나 할인 **햇찌~**

חֲצִי (헷찌 *hetzi*) 절반 / half

חָפֵץ

기쁘다! 반 값 **핫 팬츠~**

חָפֵץ (핫페츠 *hafetz*) 기뻐하다 / to delight in

כְּלִי

그릇은 **클리**넥스로 싸야 함!

כְּלִי (클리 *kli*) 그릇, 성전 기물 / vessel

요엘 TV
▶ Tube

깜놀 카드
171-180번

חָצִי   חוֹק

단어를 알면 문장이 보인다.

נָפַל

나풀 거리며
떨어지누나

נָפַל (나팔 *nafal*) 떨어지다 / fall
נְפִילִים 네피림

אֹהֶל

사라가 **장막**에서
웃은 걸, **오핼**마세요

אֹהֶל (오헬 *ohel*) 장막 / tent

מֵאָה

메아리는
100 번도 들려온다

מֵאָה (메아 *meah*) 100 / hundred

אֶלֶף

1,000 마리 **보랏빛**
엘레판트가 온다!

אֶלֶף (엘레프, *elef*) 1,000 / thousand

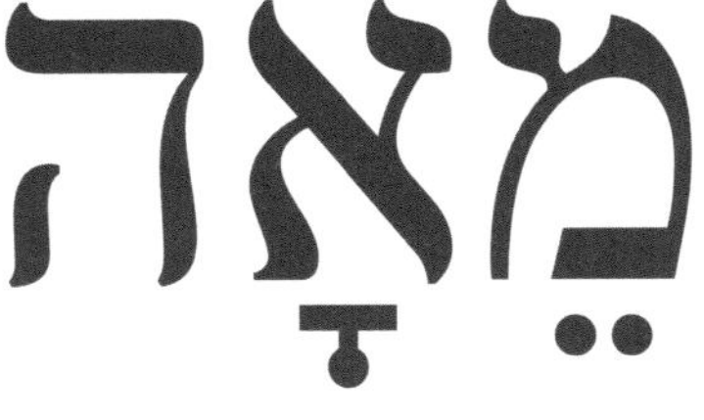

단어를 알면 문장이 보인다.

נכה

나카사키를 강타한 원폭

נכה (나카 *nachah*) 치다, 강타하다 / strike, smite

צוּר

바위가 쭈르룩 미끄러졌당!

צוּר (쭈르 *tzur*) 바위 / rock

כָּבֵד

카 car에 베드 bed가 무겁게 실렸군…,

כָּבֵד (카베드 *kaved*) 무거운 / heavy, severe

מַחֲנֶה

텐트를 쳐주니 공부를 막하네!

מַחֲנֶה (막하네 *mahaneh*) 텐트, 야영 / encampment

נָכֶה

צַיָּר

כָּבֵד

מַחֲנֶה

단어를 알면 문장이 보인다.

אֹיֵב

오예! 원수는
외나무 다리서!

אֹיֵב (오옙 *oyev*) 원수 / enemy

מַצָּה

맛이 **짜**지 않아
무교병이다!

מַצָּה (맛짜 *matzah*) 무교병 / unleavened bread

מַעַל

산꼭대기에 서면
마알갛게 보인당!

מַעַל (마알 *maal*) 꼭대기 / on the top of, above

עֶצֶם

어쩜~ 뼈가 이리 튼튼하냐!

עֶצֶם (에쩸 *etzem*) 뼈 / bone

요엘 TV
▶ Tube

깜놀 카드
181-190번

단어를 알면 문장이 보인다.

내 **선물** 맡아 놔! (마타나)

מַתָּנָה (마타나 *mattanah*) 선물 / gift

다락방서 **쉬** 잖고 **구하는** 120명

דָּרַשׁ (다라쉬 *darash*) 구하다 / seek

별이 쏟아지는 **코카사스** 의 **뷰** view

כּוֹכָב (코카브 *kokav*) 별 / star

말씀을 **메다** 버릴 순 없다!

מְדַבֵּר (메다벨 *medaver*) 말씀 / word, 말하기, speaking

דָּרַשׁ

מַתָּנָה

מְדַבֵּר

כּוֹכָב

단어를 알면 문장이 보인다.

מִדְבָּר

미드에서 발견한 광야

מִדְבָּר (미드발 *midval*) 광야 / **wilderness**

בָּמוֹת

산당은 바보들 모여 트집 잡는 곳

בָּמוֹת (바모트 *bamot*) 산당 / **high place**

זָהָב

자~ 보배합 열어 황금을 드리세 !

זָהָב (자합 *zahav*) 황금 / **gold**

חוֹמָה

호마로 성벽 도는 느헤미야 !

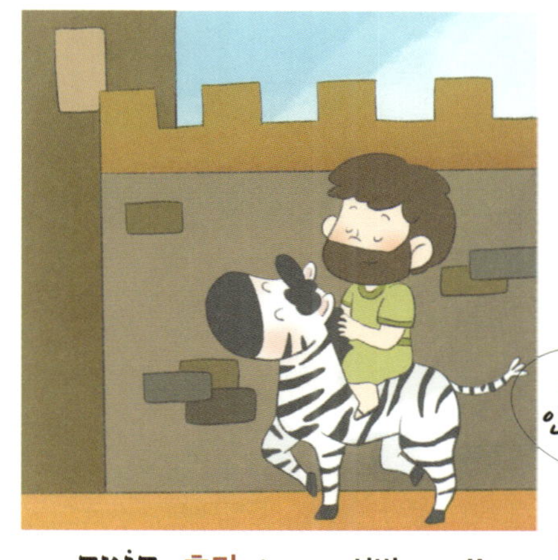

חוֹמָה (호마 *homah*) 성벽 / **wall**

요엘 TV
▶ Tube

깜놀 카드
191-200번

בָּמוֹת

단어를 알면 문장이 보인다.

אוֹת

새 **옷**에 **표**가 달렸다!

אוֹת (오트 *ot*) 표, 사인 / sign

מִנְחָה

전하! 백성民이 하사한 제물 받으소서!

מִנְחָה (민하 *minhah*) 소제 / grain offering

שִׁיר

쉴 새 없이 **노래**가 나오네

שִׁיר (쉴 *shir*) 노래 / song

מִזְמוֹר

미즈 들이 가는 **몰** 엔 **시**가 나오네!

מִזְמוֹר (미즈몰 *mizmol*) 시 / poem, song

אוֹת

מִנְחָה

שִׁיר

מִזְמוֹר

단어를 알면 문장이 보인다.

צָעַק

휘장이 <u>짜악</u> 찢어지니 백성이 울부짖다 !

צָעַק (짜악크 *tzaak*) 울부짖다 / cry out

אָרוֹן

<u>아론</u>도 <u>방주</u>에 탔을까?

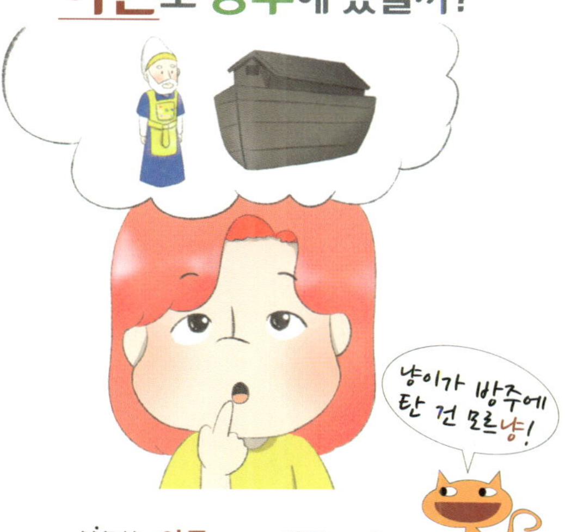

אָרוֹן (아론 *aron*) 방주 / ark

שָׂרַף

불 <u>싸</u> 지르고 싶어?

שָׂרַף (사라프 *saraf*)
그가 불지르다 / he burned

אֳנִיָּה

요나 님 ! 배에 오르시죠! <u>오냐~</u>

אֳנִיָּה (오니야 *oniyah*) 배, boat

אַרוֹן   צָעַק

אָבָה   שָׂרַף

단어를 알면 문장이 보인다.

월(세) 밀리면
호데게 쉬달린다

חֹדֶשׁ (호데쉬 *hodesh*) 월, month

소 팔면 shofar
뿔 나팔은 건져~

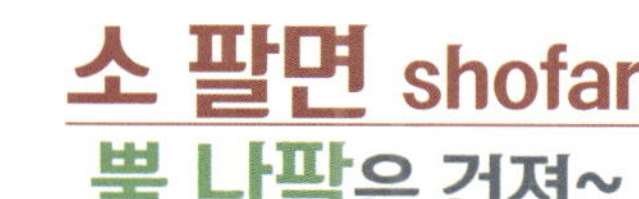

שׁוֹפָר (쇼파르 *shofar*) 뿔 나팔 / a horn

꽃~ 펴라하!

פֶּרַח (페라흐 *perach*) 꽃 / flower

말(馬마)과 곰이 사는 장소

מָקוֹם (마콤 *makom*) 장소 / place

요엘 TV

▶ Tube

깜놀 카드
201-216번

שׁוֹפָר

חָדָשׁ

מָקוֹם

פָּרָה

단어를 알면 문장이 보인다.

205

바위 **파니**
얼굴이 나왔네 !

פָּנִים (파님 *panim*) 얼굴 / face

206

베헤마 (뱀아!) 너도
짐승이냐!

בְּהֵמָה (베헤마 *behemah*) 짐승 / beast

207

양을 **자바** 제물로

זֶבַח (제바 *zevach*) 제물 / a sacrifice

접속사

208

레미안 사기 **위해선**
돈 모아야 해!

לְמַעַן (레마안 *lemaan*) ~하기 위하여 / in order to

פָּנִים

בְּהֵמָה בַּ

לָמָּה

זֶבַח

단어를 알면 문장이 보인다.

כֶּבֶשׂ

양이 케베스 (KBS) 에 나옴!

כֶּבֶשׂ (케베스 *keves*) 양 / a lamb

בֶּגֶד

베개도 옷을 만들 수 있당!

בֶּגֶד (베게드 *beded*) 옷 / a cloth

עָזַר

애절히 도움을 요청하는 여인

עָזַר (에젤 *ezer*) 도움, 보호 /
he protected, helped

אָחִי

아히~! 좋아라 내 형제

אָחִי (아히 *ahi*) 내 형제 / my brother

단어를 알면 문장이 보인다.

בְּרָכָה (베라카 *berakah*) 축복 / blessing
(동) בָּרַךְ (바라크 *barak*) 축복하다 / bless

רָשָׁע (라샤 *rasha*) 사악한 / wicked

אֶבֶן (에벤 *even*) 돌 / stone

סוּס (숫스 *soos*) 말 / horse
הסוּסה 여성/ 암말

בְּרָכָה

רָשָׁע

אֶבֶן

סוּס

단어를 알면 문장이 보인다.

6개 의문사 익히기

אָמַרְתִּי 내가 말했다 (I said) – 완료

אָמַרְנוּ 우리가 말했다 (We said) – 완료

칼 동사 완료(단수)/ 쉽게 익히기

기타 카드는 동영상 강의가 없습니다.

티/타/트/하

תִּי תָּ תְּ ה
내가　네가　네가　그녀가

218

칼 동사 완료– 단수

6개의 의문사

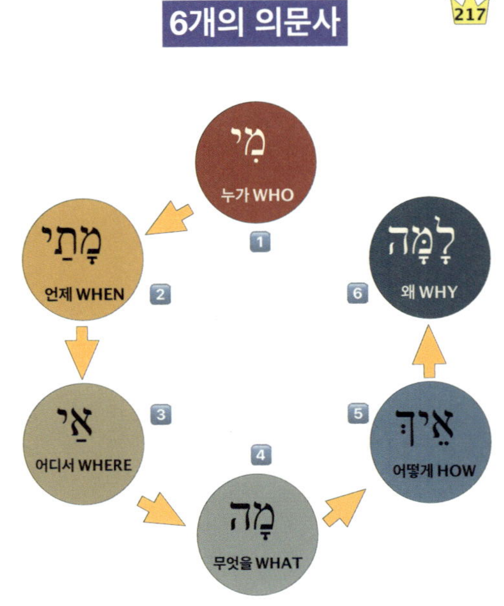

칼 동사 완료(복수)/ 쉽게 익히기

220

누/템/텐/우

וּ תֶּן תֶּם נוּ
우리가　너희가　너희가　그들이

219

칼 동사 완료– 복수

단어를 알면 문장이 보인다.